ALFRED DARIMON

ANCIEN DÉPUTÉ DE LA SEINE

L'AGONIE DE L'EMPIRE

NOUVELLE ÉDITION

AUGMENTÉE DE 5 NOUVEAUX CHAPITRES ET DE DOCUMENTS NOUVEAUX

DES

NOTES POUR SERVIR A L'HISTOIRE

DE

LA GUERRE DE 1870

PARIS

PAUL OLLENDORFF, ÉDITEUR

28 *bis*, RUE DE RICHELIEU, 28 *bis*

1891

L'AGONIE DE L'EMPIRE

DU MÊME AUTEUR

A travers une Révolution (1847-1855). — Un volume grand in-18.

Histoire de douze ans (1857-1869). — *Notes et Souvenirs.* — Un volume.

Histoire d'un Parti. — *Les Cinq sous l'Empire* (1857-1860). — Un volume.

L'Opposition libérale sous l'Empire (1861-1863). — Un volume.

Le Tiers Parti sous l'Empire. — Un volume.

Notes pour servir à l'Histoire de la Guerre de 1870. (1re édition) — Un volume.

ALFRED DARIMON

ANCIEN DÉPUTÉ DE LA SEINE

L'AGONIE DE L'EMPIRE

NOUVELLE ÉDITION

AUGMENTÉE DE 5 NOUVEAUX CHAPITRES ET DE DOCUMENTS NOUVEAUX

DES

NOTES POUR SERVIR A L'HISTOIRE

DE

LA GUERRE DE 1870

PARIS

PAUL OLLENDORFF, ÉDITEUR

28 *bis*, RUE DE RICHELIEU, 28 *bis*

1891

INTRODUCTION

On ne discute plus aujourd'hui sur les causes qui ont amené les lamentables désastres de l'Année terrible; ils sont dus, tout le monde en convient, d'une part à la mauvaise préparation de la guerre; d'autre part, à l'insuffisance de notre diplomatie.

L'éminent historien des révolutions d'Italie, Joseph Ferrari, dans l'œuvre magistrale par laquelle il a couronné sa carrière et sa vie, la *Théorie des périodes politiques*, a posé en principe et démontré par les faits qu'en tous temps et en tous pays, l'opposition est toujours du parti de l'étranger. Appliquant cet aphorisme à ce qui s'est passé en France, à la suite des foudroyantes victoires de la Prusse sur l'Autriche, on peut dire que chacun semble s'être entendu pour faire le jeu de l'Allemagne et de M. de Bismarck.

L'empereur Napoléon III, se réveillant comme d'un long sommeil, avait compris enfin que la France était menacée de perdre son rang en Europe et d'être dépouillée du prestige dont elle jouissait depuis deux siècles aux yeux des puissances occidentales, si elle ne mettait pas son appareil militaire au niveau de celui de la Prusse.

Dès le mois d'octobre 1866, il instituait une grande commission chargée d'examiner la question de réorganisation de l'armée. A côté des ministres, il y plaçait les généraux. Il y appelait son cousin, le prince Napoléon.

La création de cette commission souleva une opposition formidable.

Ce n'était pas seulement parmi ceux qu'on appelait alors les *irréconciliables* que cette opposition se manifestait; c'était surtout parmi les hommes les plus dévoués à l'Empire. C'est de la majorité du Corps législatif que partit ce cri d'alarme, qui devint la devise de tous les adversaires de la loi en élaboration : *Il n'y aura plus de bons numéros !*

Les membres de la majorité disaient, je l'ai entendu de mes propres oreilles : « Le projet de loi placera les députés dans la position la plus difficile; ils seront entre l'enclume et le marteau. On ne peut pourtant pas leur demander de se sacrifier toujours et quand même; ils se doivent comme les autres à leurs électeurs. Or, toute augmentation du contingent est condamnée à l'avance par le peuple des campagnes. Le gouvernement va mettre la majorité à une rude épreuve. »

Cette attitude des députés de la majorité semble avoir jeté le trouble dans l'esprit des membres de la commission; elle a certainement beaucoup contribué à faire adopter cet étrange projet dans lequel on ajoutait à l'armée active, sous prétexte de la renforcer, des éléments qui ne pouvaient que contribuer à l'affaiblir. J'ai recueilli cet aveu de la bouche d'un officier supérieur qui a joué un grand rôle dans la commission : « Que faire? me disait-il, voilà les députés qui ne veulent pas qu'on touche à leurs électeurs! Si la majorité s'oppose à la réforme de l'armée, il en résultera une énorme diminution de notre influence à l'extérieur. Pour que ces sortes de choses réussissent, il faut l'unanimité des représentants du pays; pour peu qu'ils manifestent de la résistance et de l'opposition, c'est une affaire ratée. »

Ce fut en effet une affaire ratée; car la résistance fut à peu près unanime. Une chose triste à dire, c'est que cette opposition rencontrait un appui parmi les ministres eux-mêmes. Le ministre d'État, M. Rouher, et le président du Conseil d'État, M. Vuitry, s'étaient arrangés pour que le projet primitif, rédigé par l'empereur, fût rogné, modifié, et rendu, autant que possible, impraticable : « Il ne faut pas contrarier l'empereur, disaient-ils; donnons-lui satisfaction, mais en apparence seulement, et dans une certaine mesure. »

On se rappelle l'accueil qui fut fait à la loi sur la réorganisation de l'armée dans le sein du Corps législatif. La commission qui fut nommée était tout entière composée de membres qui étaient disposés à introduire dans le projet des modifications profondes. L'élaboration fut longue et pénible; elle dura près d'un an et remplit deux sessions. Le projet, tel qu'il était sorti du travail du Conseil d'État, avait disparu sous une couche épaisse de remaniements qui l'avaient complètement défiguré; il était énervé et réduit à rien.

La répugnance de la majorité subsistait néanmoins. J'ai été témoin d'une scène que je dois consigner ici, parce qu'elle met dans tout son jour le véritable esprit de la Chambre.

C'était à la fin du mois de décembre 1867. Depuis plusieurs jours, la discussion publique du projet de loi était commencée. Avant l'ouverture de la séance, un groupe s'était formé sous le cadran qui est dans le couloir, à la gauche du président. M. Rouher était au milieu de ce groupe, adossé à la cloison de marbre. Je m'approchai, et j'entendis qu'on pressait le ministre d'État de provoquer le retrait de la loi. C'étaient MM. Lacroix Saint-Pierre et Calley Saint-Paul qui se montraient les plus animés.

« Plus nous allons, disaient ces messieurs, plus la loi devient impopulaire. On a beau répéter sur tous les tons qu'elle est une atténuation de la loi de 1832, les populations refusent de se rendre à l'évidence. Toutes les explications et tous les commentaires s'effacent et disparaissent devant ces mots mis en circulation par l'opposition : « Il n'y a plus de bons numéros! »

M. Rouher répliquait : « Il se peut que vous ayez raison. Peut-être même la loi mérite-t-elle toutes les critiques qu'on dirige contre elle. Mais il est trop tard pour reculer. La loi sur la réorganisation de l'armée a fait trop de tapage à l'extérieur depuis un an pour que le gouvernement puisse la retirer. S'il prenait cette détermination, on croirait à l'étranger que le gouvernement impérial n'a plus la confiance du pays. Cette conviction amènerait la Prusse et l'Italie à se coaliser pour nous attaquer et pour achever, aux dépens de la France, l'œuvre que ces deux puissances ont accomplie en 1866. Nous aurions ainsi amené chez nous tout à la fois l'invasion et la révolution. »

La séance s'ouvrit; le groupe se dispersa; les députés regagnèrent leurs places, attristés, mais non convaincus.

Au vote sur l'ensemble de la loi, il n'y eut pourtant que soixante voix. Mais il y avait une dizaine d'abstentions; en outre, un certain nombre de membres, pour ne pas avoir à se prononcer, s'étaient fait porter *absents par congé*. Parmi les soixante opposants, se trouvaient des membres de la majorité, entre autres MM. Drouot, le marquis de La Grange, le comte d'Arjuzon, etc.

J'ai voté avec les soixante. Quelque bon vouloir que j'y misse, il me paraissait impossible de voter cette loi. Pendant dix ans, à la *Presse*, j'avais prêché le désarmement; en 1863, dans ma profession de foi, je m'étais élevé contre les grosses armées et les forts effectifs. Voter la loi, c'eût été, à mon sens, mentir à toute ma vie politique. Une seule considération eût pu me décider à le faire, c'est que la loi eût été présentée comme une mesure de salut national, et comme n'ayant, par conséquent, qu'une durée de circonstance. Or, toujours le gouvernement avait déclaré que c'était une loi ayant un caractère permanent et ne devant produire son effet que dans quatre ou cinq ans. En outre, il affirmait constamment que la France n'était nullement jalouse des succès de la Prusse et des agrandissements de l'Italie, et qu'il ne songeait point à se départir d'une politique de paix. Du moment qu'aucun *casus belli* n'était posé, je n'avais pas trouvé qu'il y eût des motifs suffisants pour adopter la loi, et je l'avais repoussée.

J'ai eu tort. Quand il s'agit de la défense du pays, c'est trahir son devoir que de se laisser guider par des considérations purement philosophiques et transcendantales. L'honneur domine tous les principes. C'était un fait indéniable que la victoire de Sadowa avait grandi la Prusse et diminué la France. En marchandant au gouvernement impérial les forces militaires qu'il réclamait, le Corps législatif a préparé nos défaites de 1870, et ce sera pour moi un éternel regret que d'avoir émis, dans des conditions aussi graves, un vote d'opposition.

Le maréchal Niel chercha à tirer le meilleur parti possible de cette loi boiteuse. Mais, outre qu'il était bien difficile de remédier à ses défauts, l'esprit qui l'avait dictée persistait dans la majorité; elle ne voulait pas qu'on dérangeât ses électeurs, et pour être plus sûre qu'on les laisserait tranquilles, elle refusait ou elle amoindrissait les crédits qui lui étaient demandés pour organiser la garde mobile ou pour constituer les moyens de faciliter le passage du pied de paix au pied de guerre. Voilà comment il se fait qu'en 1870 la mobilisation se fit sans plan, sans système arrêté d'avance, et comment il arriva qu'après trois semaines d'efforts inouïs, on ne put opposer à l'armée allemande que 235 000 hommes répandus le long du Rhin sur une ligne de plus de quarante lieues.

Ce qui m'a le plus frappé, dans l'étude que j'ai faite de la guerre de 1870, c'est la faiblesse de notre diplomatie. Je me garderai bien de porter sur M. le duc de Gramont le jugement brutal qu'on a attribué à M. de Bismarck. M. de Gramont était un homme d'esprit, de beaucoup trop d'esprit peut-être. Son long séjour à Vienne l'avait mis au courant de tout le mouvement qui s'était produit en Allemagne à la suite de la guerre de 1866. On doit lui reprocher d'avoir épousé un peu trop les rancunes de M. de Beust, le chancelier de l'Autriche-Hongrie, contre le chancelier de la Confédération du Nord. Le sentiment qui semble l'avoir guidé lorsque se produisit l'incident Hohenzollern fut d'infliger à M. de Bismarck un échec personnel humiliant. Toute l'action diplomatique, engagée dès le 3 juillet 1870, a eu pour objectif ce but unique.

M. de Gramont paraît avoir ignoré d'abord ce qui s'était passé à propos de la candidature du prince Léopold de Hohenzollern au cours de l'année 1869. S'il avait consulté les archives des affaires étrangères, il y aurait trouvé les dépêches que M. le comte Benedetti, notre ambassadeur à Berlin, écrivait en mars et en mai 1869, la première fois qu'il avait été question de cette candidature. Sans prendre d'engagement pour l'avenir, M. de Bismarck avait paru disposé à faire droit aux observations de la France. Le ministre des affaires étrangères de Prusse, M. de Thile, avait été plus loin; il avait déclaré à plusieurs reprises et sur l'honneur qu'il ne saurait être et qu'il n'avait pas été question de la candidature du prince de Hohenzollern pour la couronne d'Espagne. La première chose à faire en juillet 1870, c'était de rappeler à M. de Bismarck le langage qu'il avait tenu en 1869, et quant à M. de Thile, lorsqu'il refusait le débat sous prétexte que la candidature Hohenzollern était une question de famille et ne regardait pas la Prusse, il était facile, en lui remettant sous les yeux ses déclarations de l'année précédente, de le forcer à parler et à discuter.

Si M. le duc de Gramont avait pris pour point de départ de ses réclamations les pourparlers de 1869, évidemment le cabinet prussien n'eût pas pu se dérober; sa mauvaise foi eût éclaté dans tout son jour; les négociations eussent suivi un cours logique et régulier, et l'on eût trouvé forcément à Berlin l'interlocuteur que M. de Gramont se plaignait de n'y pas rencontrer. En cette circonstance, il a été bien mal servi par son directeur politique.

C'est le refus du cabinet de Berlin d'entrer en conférence sur la candidature Hohenzollern qui a déterminé l'envoi à Ems de M. le comte Benedetti.

Puisque le cabinet de Berlin prétendait que cette candidature était avant tout et surtout une affaire de famille, il avait semblé naturel de s'adresser au roi Frédéric-Guillaume, qui était le chef de la famille des Hohenzollern. Lui seul pouvait en effet dénouer les difficultés, puisqu'il avait le pouvoir de défendre et d'empêcher.

Mais du moment qu'on faisait intervenir le roi de Prusse, était-il bien politique de charger M. Benedetti d'une mission où il remplirait l'office, non de représentant de son souverain, mais de porte-paroles du cabinet du 2 janvier?

Il y a ici une nuance sur laquelle il faut insister. M. Benedetti, parlant au nom de l'empereur et correspondant directement avec lui, aurait eu certainement sur son royal interlocuteur plus d'autorité que l'ambassadeur français exposant et développant les prétentions de M. le ministre des affaires étrangères. Il n'eût pas été exposé à froisser les susceptibilités du souverain prussien, et celui-ci n'eût jamais osé faire à l'envoyé immédiat de Napoléon III l'affront de refuser de reprendre avec lui un entretien sur le point le plus important de la négociation.

Mais M. le duc de Gramont était, je le répète, hanté par cette idée d'humilier M. de Bismarck et de remporter sur lui un triomphe éclatant. Il était convaincu qu'il amènerait le roi de Prusse, non seulement à désavouer le chancelier, mais à consentir à des garanties pour l'avenir. Dans ce but, il envoyait à Ems des instructions qui se terminaient par des menaces terribles. M. Benedetti avait beau adoucir son langage; à travers les formes pleines d'urbanité et de politesse dont il enveloppait les réclamations qu'il recevait l'ordre de présenter, le roi de Prusse entrevoyait la réalité. Bien loin d'avoir l'air de se douter à qui on en voulait, il prenait à son compte toutes les blessures d'amour-propre qu'on cherchait à infliger à M. de Bismarck. Il y eut un moment où il perdit complètement patience, et alors notre ambassadeur éconduit ne sut plus de quel côté il devait se tourner.

Rien, encore une fois, de plus contraire aux usages diplomatiques que la marche qui avait été suivie.

On ne trouve pas à qui parler à Berlin; on

fait à la tribune du Corps législatif cette déclaration du 6 juillet, gasconnade diplomatique qui ressemble à une déclaration de guerre.

On envoie M. Benedetti à Ems, et en même temps on supplie les puissances neutres d'intervenir auprès du cabinet de Berlin pour obtenir le retrait de la candidature Hohenzollern.

Les cabinets agissent, écrivent des notes, emploient tous leurs efforts pour écarter ce prétexte de guerre. Pendant ce temps, on expédie à M. Benedetti dépêches sur dépêches pour arracher au roi de Prusse un désaveu, qu'il refuse de donner parce qu'il le considère comme une humiliation personnelle.

La candidature Hohenzollern est enfin retirée. Ce résultat est dû, toutes les pièces en font foi, d'une part à l'action des cabinets, d'autre part aux démarches secrètes du roi Frédéric-Guillaume. On soulève des prétentions nouvelles; on demande des garanties. Cette fois le roi de Prusse se fâche; il réplique par un refus formel, et quand notre ambassadeur demande à reprendre l'entretien, il le renvoie à ses ministres.

On a considéré le renvoi aux ministres prussiens comme une fin de non-recevoir, presque comme un raffinement d'insulte. Il n'y avait cependant là-dedans rien que de très naturel. Du moment qu'on parlait d'engagements à prendre, le roi de Prusse ne pouvait qu'en référer à son gouvernement. C'était faire entendre à notre ambassadeur que le temps des conversations particulières et purement officieuses était passé, et qu'il fallait désormais suivre la voie diplomatique.

Mais M. de Bismarck, jugeant que le moment psychologique était arrivé, s'arrangea pour qu'on ne pût pas rentrer dans les termes d'une négociation régulière. Avant même que M. Benedetti eût quitté Ems, il envoyait son fameux télégramme qui amena la déclaration de guerre.

Quoi qu'il en soit, M. de Bismarck a pu dire, non sans raison, que le *memorandum* remis par M. Le Sourd, notre chargé d'affaires à Berlin, le 18 juillet 1870, et établissant l'état de guerre entre la France et la Prusse, était la première pièce diplomatique qu'il eût jamais reçue depuis la proclamation de la candidature du prince de Hohenzollern. Pour la chancellerie prussienne, les conférences d'Ems n'existaient pas.

M. de Bismarck connaissait bien le roi; il connaissait encore mieux M. de Gramont. Dès les premières communications faites à Frédéric-Guillaume, il avait deviné que notre ministre des affaires étrangères poursuivait avant tout un succès d'amour-propre et qu'il voulait lui causer une mortification. Mais il savait aussi que les prétentions de M. de Gramont seraient plus ardentes au fur et à mesure qu'on lui ferait des concessions, et qu'un moment se présenterait où il impatienterait le roi. Quand il vit qu'on en était arrivé là, il saisit l'occasion au vol, et il retourna contre M. de Gramont l'arme dont celui-ci avait voulu le frapper.

Ce sont les maladresses de M. de Gramont qui ont rendu la guerre inévitable. Certes M. de Bismarck avait poussé à la lutte autant qu'il avait pu. Il savait, par les pourparlers de 1869, combien la candidature d'un Hohenzollern portait ombrage à la France. Ce n'est pas sans motif qu'il la remit sur le tapis en juillet 1870.

Quand elle fut retirée, il ne lui fut pas difficile, grâce à l'exubérance diplomatique de M. de Gramont, de trouver un autre prétexte pour amener la guerre entre les deux pays.

On ne trouvera pas dans ces notes un récit suivi. Je les ai recueillies au hasard des confidences, des observations que j'ai pu faire, et des documents qui ont passé sous mes yeux. Je souhaite qu'elles soient utiles à ceux qui écriront l'histoire de ces temps malheureux.

ALFRED DARIMON.

NOTES POUR SERVIR A L'HISTOIRE

DE

LA GUERRE DE 1870

I

LA MISSION DU GÉNÉRAL LEBRUN A VIENNE

Quand j'ai lu les *Mémoires* de M. de Beust, j'ai été frappé du soin avec lequel cet homme d'État essaie de nier ou d'amoindrir les projets d'alliance qui, de 1867 à 1870, furent formés pour engager la France et l'empire austro-hongrois dans une action commune et effective. M. de Beust nie tout, même la mission que le général Lebrun, le défenseur de Bazeilles, eut à remplir au commencement du mois de juin 1870, c'est-à-dire six semaines avant la déclaration de guerre, ou du moins il la réduit aux dimensions « de simples pourparlers restés à l'état d'ébauche, ayant pour but, non les préparatifs d'une guerre, mais le maintien de la paix ».

L'attitude que M. de Beust a fait prendre à l'Autriche, à ce moment critique de son histoire, a été le point faible de sa carrière politique. Aussi n'y a-t-il rien d'étonnant à ce qu'il ait cherché à diminuer l'importance des pourparlers qui eurent lieu entre la France et l'Autriche pour amener une alliance offensive et défensive. Mais cette rage posthume de dénégations systématiques se comprend d'autant moins que, dès 1871, le chancelier de l'empire austro-hongrois, s'étant trouvé à Salzbourg avec M. de Bismarck, lui avait fait sa confession tout entière, et que le terrible chancelier de fer lui avait fait donner une absolution complète par son organe officiel, la *Gazette de l'Allemagne du Nord*.

Je ne me suis rencontré qu'une seule fois avec M. de Beust. C'était en 1880, à Passy, dans le petit hôtel de M. Émile Ollivier. Il arriva inopinément, pendant que j'étais en visite chez mon ancien collègue. Je crois bien qu'Ollivier avait espéré obtenir des éclaircissements sur l'étrange attitude que l'Autriche avait prise en 1870, après nos premières défaites. Il dut lui être bientôt démontré qu'il ne tirerait rien de son interlocuteur. M. de Beust ne se tenait pas seulement sur la réserve, il se dérobait; quand Émile Ollivier cherchait à mettre la conversation sur le terrain de la politique, l'ex-chancelier causait littérature, et comme il racontait bien, on le laissait aller sans l'interrompre, sauf à chercher à ramener l'entretien vers son objectif principal. Pendant plus d'une heure, ce fut pour moi un spectacle intéressant que la lutte de ces deux hommes, dont l'un voulait parler et dont l'autre voulait se taire. M. de Beust consentit cependant à donner quelques explications insignifiantes sur la dénonciation du concordat entre Rome et l'Autriche, acte qu'il avait provoqué et qu'il semblait considérer comme le plus important qu'il eût accompli pendant sa carrière.

C'était là, dira-t-on, de la discrétion diplomatique. Je ne le crois pas. L'impression qui m'est restée de cette entrevue, c'est que M. de Beust se renfermait dans le silence, parce qu'il aurait trouvé de grandes difficultés à expliquer certaines démarches qui n'étaient point marquées au coin d'une franchise complète.

La vérité qu'il ne voulait pas dire, et qu'il dissimulait, même dans ses *Mémoires,* c'est que, dès le lendemain de ses défaites de 1866, l'Autriche s'est tournée du côté de la France, et qu'elle n'a cessé de rechercher son appui. Depuis 1867, les pourparlers pour une entente en vue d'événements qui semblaient inévitables, ont existé pour ainsi dire à l'état permanent. C'est aujourd'hui un fait reconnu dans toutes les chancelleries de l'Europe. Quand M. de Beust n'en a pas été le promoteur, il y a pris une large part. On ne comprend pas à quels scrupules il a obéi, quand il a cherché à épaissir les ténèbres là où l'opinion réclamait un peu plus de lumière.

Une entrevue eut lieu en août 1867, à Salzbourg, entre l'empereur Napoléon III et l'empereur François-Joseph. On a essayé de faire considérer cette entrevue comme une visite de pure courtoisie; elle était en réalité provoquée en vue de la réalisation d'un plan politique. M. de Beust semblait avoir compris le danger que l'alliance prusso-russe faisait en ce moment courir à l'équilibre de l'Europe, et il avait travaillé à un accord qu'il considérait comme commandé par l'intérêt des deux nations. Ses idées avaient été adoptées, et il parlait ouvertement de l'alliance avec la France comme d'un fait accompli, quand il rencontra un adversaire inattendu, M. Andrassy, que, dans son étourderie, il avait eu le tort de ne pas mettre dans la confidence des négociations.

On prétend que M. Andrassy aurait adressé à Napoléon III ces paroles textuelles :

« M. de Beust s'est beaucoup trop avancé ; il est de mon devoir de vous déclarer que nous ne reconnaitrons aucun traité contre la Prusse, et que, en eussiez-vous un en poche, il ne vaudrait rien, parce qu'un traité ne compte qu'autant qu'il peut être exécuté, et je vous garantis que jamais la Hongrie ne permettra que l'Autriche fasse la guerre à l'Allemagne. »

Cette déclaration mit à néant l'alliance projetée. On se borna à l'échange d'un procès-verbal non signé de conversations insignifiantes, rédigé par M. de Beust lui-même, écrit, disait le prince Napoléon, qui a connu tous ces détails, dans un français douteux, où il était surtout question d'une entente et d'une conduite communes en Orient.

Mais, en 1868, les négociations prirent un caractère sérieux; elles se prolongèrent jusqu'au mois de juin 1869. C'était l'Italie qui, cette fois, en avait pris l'initiative, et, au grand étonnement du gouvernement français, dès le début, l'Autriche montra un grand empressement à y prendre part.

L'histoire des pourparlers qui eurent lieu à cette époque a été racontée par le prince Napoléon dans un article publié le 1er avril 1878 dans la *Revue des Deux Mondes,* et les récits du prince ont été en partie confirmés par M. le duc de Gramont, dans le numéro du 15 avril 1878 de la *Revue de France*.

Je vis le prince Napoléon quelques jours après cette double publication; il me raconta que son travail était rédigé depuis longtemps, et que, dans un de ses voyages en Italie, il avait cru devoir le soumettre à son beau-père, le roi Victor-Emmanuel. Au fur et à mesure que le prince avançait dans sa lecture, le roi disait à mi-voix : « C'est cela ! c'est bien cela ! » Arrivé au passage concernant les pourparlers avec l'Autriche, le prince s'était arrêté comme pour provoquer une observation : « Continue donc, lui dit Victor-Emmanuel, c'est bien ainsi que les choses se sont passées. »

L'esprit de parti s'est emparé des révélations du cousin de Napoléon III pour en tirer des conclusions défavorables à la politique extérieure du second Empire. Il appartenait à M. de Beust, qui a été mêlé à toutes les démarches, de redresser l'opinion qu'on avait égarée. Pourquoi s'est-il tu? Pourquoi s'est-il renfermé dans des réticences d'outre-tombe?

Pour qui connaît le caractère ondoyant de l'ancien chancelier de l'empire austro-hongrois, le silence du comte s'explique de lui-même. Si les négociations de 1868-69 n'ont pas abouti à un traité rédigé en bonne et due forme, la faute en est à M. de Beust qui encourageait l'Italie à maintenir une prétention que la France ne pouvait admettre.

C'est ici qu'éclate l'humeur brouillonne de cet homme qui se croyait un esprit supérieur, et qui n'a jamais conçu que des combinaisons mesquines.

Après un grand nombre de notes et de lettres échangées, après des consultations auxquelles avaient pris part M. Rouher et M. le marquis de La Valette, on était arrivé à l'idée de donner un corps aux négociations par la rédaction d'un projet de traité. Du cabinet des souverains où elles s'étaient jusque-là renfermées, elles devaient, pour cela, passer par les chancelleries des trois États. Dès que les ministres intervinrent, le gouvernement italien demanda formellement, comme contre-partie de l'action effective qu'il promettait, le règlement de la question romaine. Qui se montra le plus ardent à soutenir les exigences de l'Italie? Ce fut M. de Beust, qui se déclarait très hostile au pouvoir temporel du pape!

Cette prétention, soutenue avec passion jusqu'au dernier moment, rendit impossible la signature du traité qui stipulait en peu d'articles une triple alliance défensive destinée à se transformer en alliance offensive. Les démarches furent suspendues; mais les souverains se montrèrent plus sages que les ministres, et pour que le fruit de si longs efforts ne fût pas perdu, il y eut un échange de lettres personnelles entre l'empereur Napoléon et l'empereur d'Autriche, entre l'empereur Napoléon et le roi d'Italie, entre le roi d'Italie et l'empereur d'Autriche. Ces lettres ont été communiquées à un grand nombre de personnages; je les ai eues moi-même sous les yeux : elles témoignent de l'amitié et du bon vouloir des souverains. Elles avaient une grande importance en ce sens qu'elles promettaient, le cas échéant, un appui réciproque sans le formuler formellement.

C'est donc aujourd'hui un fait hors de toute contradiction que les négociations de 1868-69 se seraient closes par la signature d'un traité entre les trois souverains, si M. de Beust n'avait pas mis une obstination incompréhensible à soutenir les prétentions de l'Italie sur Rome. Comme en 1869, il semblait avoir été heureux de trouver un prétexte pour reculer.

Nous arrivons à l'année 1870. On s'est trompé quand on a dit que Napoléon III n'avait songé à nouer des alliances qu'au lendemain de la déclaration de guerre. Comme on vient de le voir, il n'y avait pas à ce moment de traité formel, mais il y avait des pierres d'attente posées, et s'il y avait eu à la tête du gouvernement austro-hongrois un ministre moins cauteleux et plus résolu, le monument diplomatique se serait édifié en quelques jours.

Cette fois, chose à signaler, ce fut l'Autriche qui reprit les démarches suspendues depuis le mois de juin 1869. Les échanges de vues devinrent plus fréquents, lors d'une visite que l'archiduc Albert, le vainqueur de Custozza, fit à Paris au mois de mars 1870. L'archiduc Albert vit tous nos arsenaux et tous nos établissements militaires.

Ce fut à la suite de cette visite du généralissime des armées autrichiennes, que l'envoi du général Lebrun à Vienne fut décidé. La mission qu'il avait à remplir était nettement tracée. Il s'agissait de concerter un plan de campagne dans lequel les armées de la France et de l'Autriche combattraient ensemble les forces de la Prusse, dans le cas où, dans un avenir plus ou moins éloigné, la Prusse viendrait à déclarer la guerre à la France, ou dans celui où la France, provoquée par la Prusse, serait forcée de la déclarer elle-même.

Le général Lebrun, qui est mon compatriote, et avec qui j'entretiens depuis de longues années des relations fréquentes, m'avait souvent parlé de la mission qu'il avait remplie à Vienne en 1870. M. de Rothan, dans ses livres, M. de Chaudordy, dans sa curieuse déposition dans l'enquête sur le gouvernement du 4 septembre, y avaient fait allusion. Quand j'ai lu avec quel dédain M. de Beust, dans ses *Mémoires*, parlait de cette mission, j'ai été frappé du contraste qui existait entre les récits du général Lebrun et les assertions du chancelier austro-hongrois. J'ai vu le général Lebrun, et je lui ai demandé s'il ne jugeait pas utile d'éclairer l'opinion publique. Il n'a trouvé aucun inconvénient à m'édifier sur le caractère qu'avait eu sa mission. « Ce qui a été arrêté à Vienne, a-t-il ajouté, c'est un plan de campagne sérieux, et M. de Beust a simplement trompé le public européen, quand il en a parlé comme de simples pourparlers n'ayant, en quelque sorte, qu'une valeur spéculative. »

Ce que je vais raconter est emprunté non seulement aux explications que le général Lebrun m'a données de vive voix, mais encore aux pièces officielles qu'il a fait passer sous mes yeux.

Si l'empereur avait fait choix du général Lebrun, c'est que celui-ci avait été employé par lui à arrêter le plan de la composition de l'armée française. Le général Lebrun était au courant des idées de Napoléon III, et il pouvait mieux que personne discuter avec les hommes compétents le détail du plan que l'empereur soumettait au gouvernement autrichien.

Le général Lebrun arriva à Vienne le 6 juin, et, le 7 au matin, il entra en rapports avec l'archiduc Albert, la plus haute personnalité militaire de l'empire, à qui il présenta le plan de l'empereur Napoléon III.

Comme ces pourparlers militaires faisaient suite à ceux qui avaient eu lieu au point de vue diplomatique en 1868-69, il était tout naturel qu'on fît entrer l'Italie dans la combinaison. Elle tenait sa place dans le plan de campagne, le roi Victor-Emmanuel s'étant engagé à unir une partie de son armée aux forces de la France et de l'Autriche dans une guerre contre la Prusse.

Voici le résumé du plan de campagne proposé par Napoléon III :

« Réunion de 350 000 hommes sur la Saar pour faire une pointe sur Mayence, s'emparer de la rive gauche du Rhin, enfin passer ce fleuve entre Mayence et Gemersheim avec la majeure partie de notre armée, pour chercher à donner la main aux armées italienne et autrichienne en Bavière.

« Réunion d'une armée intermédiaire formée de l'armée italienne, de 100 000 Français et de 100 000 Autrichiens venant de la Haute-Autriche. Ces trois contingents opéreraient leur jonction à Memmingen et se porteraient de là sur le Danube et le Mein. Tout le reste de l'armée autrichienne, rassemblé à Olmutz et en Bohême, était destiné à marcher avec la majeure partie de ses forces en Bavière à la rencontre des armées alliées. »

Une objection capitale fut faite à ce plan, c'est que l'Autriche et l'Italie ne se trouvaient pas placées dans les mêmes conditions que la France pour mobiliser et concentrer leurs armées. La France pouvait être prête en quinze jours, et les deux puissances alliées avaient besoin d'au moins six semaines pour être en état de prendre l'offensive.

A ce plan on proposa de substituer celui-ci, que le général Lebrun passa deux jours à discuter avec l'archiduc Albert :

« L'armée française profitant de la rapidité de sa mobilisation (15 jours), après avoir trompé l'ennemi sur le véritable point d'attaque, le repousserait de la Saar avec un tiers de ses forces, passerait avec les deux autres tiers le Rhin, le seizième jour après celui du rappel, pour atteindre au plus vite Stuttgart et de là Nuremberg, à peine six semaines après le rappel des hommes de la réserve.

« En cas de grandes forces derrière le moyen Neckar, ou aux environs de Nuremberg, elle s'effacerait à droite et passerait le Danube, dans le premier cas en amont, dans le second cas en aval d'Ulm, et marcherait sur Ratisbonne.

« L'armée autrichienne se concentrerait en Bohême, tout un corps d'armée au moins d'abord à Pilsen, un autre entre Olmutz et la Bohême, et y compléterait sa mobilisation qui ne pourrait être terminée avant six semaines à partir du rappel des hommes.

« L'armée italienne se concentrant à Vérone et à Udine, y attendrait le moment où l'attitude de l'Autriche lui permettrait de traverser ses provinces en chemin de fer pour atteindre Ratisbonne au plus vite. Du moment que les avant-postes français se seraient donné la main soit entre Pyn et Weiden, soit entre Ratisbonne et Schwandorff, pour le cas où l'armée française aurait dû marcher sur Ratisbonne, les opérations réunies des deux grandes armées commenceraient dans la direction des plaines de la Saxe, les deux armées s'entr'aidant pour se faciliter le passage de la Bavière et de la Bohême en Saxe.

« Si les Prussiens tombaient en Bohême avant que ces opérations réunies n'eussent commencé, l'armée autrichienne éviterait toute bataille décisive, chercherait à ne pas perdre le contact et la facilité de sa réunion avec la grande armée française. »

Au cas où ce plan rencontrerait des objections ou des difficultés d'exécution, on en proposait un troisième.

D'après ce projet, l'armée autrichienne se réunirait en Bohême ou en Moravie pour commencer les opérations vers Berlin, six semaines avant le rappel des hommes. L'armée française tomberait trois semaines plus tôt dans le Palatinat, tandis qu'une armée secondaire descendrait la vallée de la Moselle. Arrivé avec l'armée principale à Mayence, on chercherait à passer le Rhin à Mannheim; après y avoir été relevé par un corps de l'armée secondaire, on s'avancerait ainsi, à partir de la septième semaine du rappel, dans l'Allemagne du midi pour y donner la main à l'armée italienne et pénétrer ainsi dans la Hesse Électorale ou dans la Thuringe et de là vers l'Elbe, en amont de Magdebourg. L'armée italienne, se concentrant d'abord sur l'Inn, aurait à combattre les Bavarois et à chercher à gagner Ratisbonne.

On avait fixé d'abord à 100 000 hommes le contingent à fournir par l'Italie ; mais dans les plans arrêtés à Vienne on avait réduit ce contingent à 40 000 hommes. L'archiduc Albert avait estimé que l'Italie ne pouvait en donner davantage.

On avait calculé que les forces réunies de la France, de l'Autriche et de l'Italie s'élèveraient au chiffre de 1 300 000 hommes, plus que suffisantes pour arrêter la Prusse et ses alliés.

Mais tous les plans concertés entre l'archiduc Albert et le général Lebrun étaient subordonnés à une double considération : la première, que la France réunirait d'abord une armée d'au moins 400 000 hommes sur la Saar ; la seconde, qu'elle ferait tous ses efforts pour éviter une grande bataille jusqu'à ce que l'Autriche et l'Italie fussent en état de lui prêter leur concours.

Pendant les six semaines dont elles avaient besoin pour concentrer leurs forces, l'Autriche et l'Italie conserveraient l'attitude de la neutralité, mais elles accentueraient leurs préparatifs de guerre, de façon à attirer l'attention de la Prusse et à obliger les Prussiens à prendre vis-à-vis d'elles, avec une partie de ses forces, des mesures préventives qui suivraient les premières opérations des armées françaises.

De plus, au moment où la portion principale de l'armée française passerait le Rhin, l'empereur Napoléon III devait se proclamer publiquement le protecteur des États du Midi contre l'oppression de la Prusse. La proclamation devait avoir pour effet, l'empereur l'espérait du moins, de détacher ces États de leur union avec la Prusse, ou tout au moins de paralyser leur action en ralentissant la mobilisation de leurs armées.

Il y avait un autre motif qui avait dicté cette partie du programme. Dans une entrevue que le général Lebrun avait eue avec l'empereur François-Joseph, celui-ci lui avait dit :

« J'ai fait deux guerres et elles ont été toutes les deux malheureuses. Je ne pourrai entraîner mes peuples à une troisième guerre, qu'en leur présentant un grand but national à atteindre, la délivrance des États du Midi, par exemple. »

Ce n'était pas seulement dans leurs grandes lignes que les plans étaient arrêtés ; on avait prévu les moindres détails ; toutes les éventualités avaient été calculées, et on les avait fait entrer en ligne de compte.

Le général Lebrun rentra à Paris le 21 juin, et dès le lendemain il remettait à l'empereur un mémoire très détaillé sur sa mission. Quand il lui donna lecture de la clause dans laquelle il était stipulé que l'Autriche, s'appuyant sur cette considération qu'elle avait besoin de quarante-deux jours pour mobiliser complètement son armée, demandait à conserver pendant ces quarante-deux jours l'attitude de la neutralité pour ne dénoncer qu'à l'expiration de ce laps de temps les hostilités contre la Prusse et réunir effectivement son armée à celle de la France, l'empereur se récria :

« Les dispositions sympathiques de l'Autriche m'avaient fait espérer mieux que cela. »

Le général Lebrun fit remarquer à l'empereur que les côtés défectueux de ces stipulations qui excitaient sa mauvaise humeur, lui paraissaient singulièrement atténués par deux clauses que, sur ses instances, on avait consenti à insérer dans le plan de campagne. Aux termes de ces clauses, il était entendu que l'armée autrichienne commencerait à mobiliser son armée le jour même de la mobilisation en France et en Prusse ; d'autre part, l'Autriche s'engageait à concentrer, dès le premier moment de la mobilisation de son armée, en se servant pour cela de ses forces de pied de paix, deux corps d'armée de 30 à 40 000 hommes, l'un à Olmutz sur la frontière de la Silésie, l'autre à Pilna sur la frontière de la Saxe.

« Et, dit à l'empereur le général Lebrun, quand on verra à Berlin, ces deux corps autrichiens se réunir sur ces deux points, on ne prendra pas le change sur la prétendue neutralité de l'Autriche; on s'empressera de se porter du côté de la Silésie et de la Saxe; on y emploiera une portion considérable de l'armée prussienne. Au surplus, le plan de campagne arrêté à Vienne n'existe encore qu'à l'état de projet. Peut-être ne serait-il pas impossible que l'empereur obtînt par voie diplomatique qu'on modifiât dans un sens qui lui agréerait la disposition dont il se plaint. »

Quand le général Lebrun quitta l'empereur, il emporta la conviction que c'était là ce qu'il allait demander et que Napoléon III ne perdrait pas de temps pour faire consacrer le concert militaire par un traité offensif et défensif, qui lierait l'Autriche, la France et l'Italie les unes vis-à-vis des autres.

Malheureusement, à cette date du 21 juin, personne ne soupçonnait que la guerre fût si proche, et ce ne fut qu'au moment où elle allait être déclarée que les pourparlers furent repris et qu'on chercha à donner une forme définitive aux négociations de 1869 et de juin 1870.

M. de Beust n'a point ignoré la mission du général Lebrun puisqu'il y fait allusion dans la fameuse dépêche du 11 juillet adressée au prince de Metternich. On ne comprendrait pas pourquoi il cherche à en diminuer l'importance dans ses *Mémoires,* si l'on ne savait pas que le système politique de cet homme d'État consistait surtout dans la négation et dans l'atténuation des faits les plus évidents.

Mais comme il faut que la vérité soit connue en toutes choses, il est utile de dire que le ministère ne fut point avisé de la mission du général Lebrun. Tout se passa entre l'archiduc Albert et Napoléon III. Le mémoire adressé à l'empereur par le général Lebrun, ne fut communiqué au ministre de la guerre que la veille de l'entrée en campagne. Quant à M. Émile Ollivier, il n'apprit l'existence du mémoire et de la mission du général Lebrun que bien longtemps après la guerre, et de la bouche même du général Lebrun, qui lui donna lecture de la copie restée entre ses mains.

Ce mémoire a traversé des aventures bien singulières. Nommé sous-chef d'état-major de l'armée du Rhin, le général Lebrun l'avait emporté à Metz. Quand l'empereur se dessaisit du commandement en chef de l'armée en faveur du maréchal Bazaine, il crut que le nouveau généralissime pourrait, à un moment donné, faire un usage utile de cette pièce et il donna l'ordre au général Lebrun de la lui remettre. Le maréchal Bazaine prit-il la peine de la lire et d'examiner quel parti il pourrait en tirer? Rien ne l'indique. Le fait est qu'après la capitulation de Metz, le rapport du général Lebrun ne se retrouva pas dans les papiers de l'état-major. Après bien des recherches, on apprit que le maréchal Bazaine avait fait cacher une partie de ses papiers au fond de la cave d'une maison de Metz, qu'on finit par découvrir. C'est là que le rapport du général Lebrun à l'empereur fut retrouvé. Il avait été placé dans un registre dont toutes les pages étaient entièrement blanches.

Ce rapport, depuis, a été remis au général de Valazé, sous-secrétaire d'État au ministère de la guerre. Le général de Valazé, après en avoir pris connaissance, déclara qu'il ne se séparerait jamais de ce document, devenu papier d'État, et qu'il ne le communiquerait même pas à M. Thiers, bien que celui-ci fût président de la République. Plus tard, e général de Valazé, en quittant ses fonctions, a transmis la pièce au général de Cissey, son successeur. On ignore ce que celui-ci en a fait.

Mais le rapport n'est pas perdu. Outre la minute que possède le général Lebrun, il y en a une autre qui doit être entre les mains de M. le maréchal Le Bœuf.

II

LA MALADIE DE L'EMPEREUR

Le 9 janvier 1873, le jour même où l'empereur Napoléon III expirait à Chislehurst, au cours d'une opération cruelle, l'*Union médicale* publia l'article suivant, qu'il faut reproduire dans son entier, parce que les événements lui ont imprimé le caractère d'un document historique de la plus haute importance.

Le calcul vésical de l'ex-empereur Napoléon III.

« L'opinion publique s'est assez vivement émue des nouvelles arrivées de Chislehurst et relatives à la maladie de l'ex-empereur Napoléon III. D'après les récits publiés par la presse anglaise, reproduits et commentés par la presse française, des médecins de Londres, appelés auprès de l'ex-empereur, auraient reconnu l'existence d'un calcul vésical dont la formation remontait à plusieurs années, et dont un habile chirurgien serait en ce moment en train de le délivrer par l'opération toute française de la lithotritie.

« De là des suppositions et des interprétations malveillantes sur la science et le talent des médecins français aux soins desquels était confiée la santé de l'empereur pendant les dernières années de son règne, et qui n'auraient pas reconnu la présence d'un calcul dans la vessie de leur client.

« Nous sommes en mesure d'opposer des faits et des documents précis aux impressions qui sont nées de publications mal renseignées.

« Ces faits et ces documents, les voici :

« Le 1er juillet 1870, l'empereur se trouvant très souffrant, une grande consultation eut lieu au Palais des Tuileries.

« Les médecins consultants étaient MM. Nélaton, Ricord, Fauvel, G. Sée, Corvisart.

« Par suite de la délibération qui eut lieu entre ces éminents confrères, M. G. Sée fut chargé de la rédaction de la consultation, que M. Conneau fut invité à faire signer par tous les consultants et à communiquer ensuite à l'impératrice.

« Voici le texte de cette consultation, qui fut remise le 3 juillet suivant à M. le docteur Conneau et sur les derniers paragraphes de laquelle nous appelons toute l'attention de nos lecteurs :

Diagnostic.

1° Hyperesthésies cutanées ou musculaires d'origine anémique. Ces hyperesthésies se caractérisent par des douleurs superficielles de la peau des cuisses, douleurs qui s'exaspèrent au moindre toucher, diminuent au contraire par la pression et reviennent sous les influences les plus variées, particulièrement du froid.

Dans les muscles, près des articulations des pieds, on retrouve une grande sensibilité, soit spontanée, soit provoquée, des attaches musculaires, et cette sensibilité, sous forme d'élancements, reparaît aussi parfois sous l'influence du froid. Ceci ne prouve pas leur nature rhumatismale; tout ce qui est provoqué par le froid n'est pas rhumatique. Le malade n'a jamais eu de rhumatismes articulaires, bien que ces douleurs datent déjà de vingt ans, c'est-à-dire d'une époque où il y a eu deux graves causes d'anémie. Ces hyperesthésies nervo-musculaires sont, en effet, presque toujours dues à l'anémie.

2° L'anémie dont il reste à peine des traces autres que ces douleurs, a été bien plus caractérisée autrefois; elle était due à une captivité de six ans, c'est-à-dire à une aération insuffisante et aux influences morales. Une cause physique est venue s'ajouter à ces diverses causes d'anémie, c'est un flux hémorrhoïdal assez considérable, et surtout presque permanent pendant six ans.

Aujourd'hui l'anémie a presque disparu; il n'y a pas de souffle dans les vaisseaux ni dans le cœur; les battements de cœur et les bruits de l'organe sont faibles, mais parfaitement réguliers; il n'y a pas de traces de palpitations, et s'il y a eu des syncopes autrefois, cela prouve qu'il existait encore de l'anémie, mais pas de maladie de cœur, comme cela aurait eu lieu dans le rhumatisme.

3° Quelques phénomènes goutteux se sont montrés, çà et là, dans les jointures du pied, et récemment encore; mais sans rhumatisme, sans autre complication intérieure qu'une lésion de la vessie. Il y a bien de temps en temps du ballonnement du ventre, quelquefois de la susceptibilité de l'estomac et des intestins, mais c'est là le fait habituel aux hémorrhoïdaires.

Nous concluons donc en disant que ces troubles digestifs, de même que les douleurs périphériques, sont dus aux hémorrhoïdes et à l'anémie consécutive; mais il reste à interpréter la lésion de la vessie.

4° Altération des voies urinaires. Depuis cinq ans, il y a eu quatre hématuries; à la suite de celle de 1867, les urines sont restées, pendant un an, muco-purulentes, puis elles se sont éclaircies, et depuis le mois d'août 1869, où il y a eu des accidents aigus et graves dans les organes urinaires, les urines ont constamment contenu une certaine quantité de pus, évalué au minimum à 1/40, et pendant la période aiguë à 1/4 ou à 1/3 de la totalité des urines.

Très souvent aussi, il y a eu de la dysurie, de la lenteur très marquée pour uriner le matin, d'autres fois des interruptions du jet du liquide, et par moment il y a eu des difficultés telles, qu'il a fallu recourir à la sonde; c'est ce qui est arrivé à Vichy, il y a trois ans, et au mois d'août 1869. Il est à noter aussi que, depuis ce temps, l'équitation et les secousses de la voiture réveillent souvent des douleurs dans les reins ou dans le bas-ventre ou au fondement. Or une maladie caractérisée par ces trois phénomènes : 1° hématuries répétées; 2° urines purulentes depuis près de trois ans, avec des alternations plus ou moins marquées; 3° dysurie fréquente, caractérisée par le spasme et par l'inertie de la vessie, ne peut être rapportée qu'à une *pyélocystite calculeuse.*

S'il n'y avait eu que les urines purulentes, on aurait pu songer à un simple catarrhe. Si on n'avait pas à tenir compte de ce qui s'est passé avant le mois d'août 1869, on pourrait penser à un abcès périvésical ouvert dans l'urèthre.

Mais les hématuries intérieures, mais la persistance de la

purulence des urines depuis un an, le retour fréquent de la dysurie et l'augmentation des douleurs par les secousses, doivent faire penser à une cystite d'origine calculeuse, que ce calcul soit placé et enchatonné dans la vessie ou qu'il ait eu son siège primitif dans les reins.

Il y a eu d'ailleurs, de temps à autre, un excès d'acide urique et d'urates dans les urines.

C'est pourquoi nous considérons comme nécessaire le cathétérisme de la vessie à titre d'exploration, et nous pensons que le moment est opportun, par cela même qu'il n'y a actuellement aucun phénomène aigu.

Si, en effet, la dysurie et la purulence, ou les douleurs, augmentaient ou reparaissaient, on aurait à craindre de provoquer par l'exploration une inflammation aiguë.

Professeur G. SÉE.

Paris, 3 juillet 1870.

« Cette consultation, malgré l'invitation qui en avait été faite à M. le docteur Conneau, ne fut pas présentée à la signature des médecins consultants, et voilà pourquoi elle ne porte que la signature de M. le docteur Sée, quoique le diagnostic et les conseils qu'elle formule eussent été délibérés et arrêtés en commun.

« Bien plus, cette consultation ne fut pas communiquée à l'impératrice.

« Le document que nous publions n'est pas une pièce de circonstance et improvisée pour les besoins d'une cause. Elle a été saisie dans les papiers de M. le docteur Conneau par les agents du gouvernement du 4 septembre, et publiée dans une des livraisons du Recueil des papiers trouvés aux Tuileries et ailleurs [1].

« Le récit qui précède le document a été fait par M. le professeur G. Sée lui-même, en présence de M. le docteur Ricord qui nous en a attesté la complète exactitude.

« Il résulte de ce fait et de ce document, tout à l'honneur de la science médicale française, que les médecins français, le 1er juillet 1870, c'est-à-dire il y a deux ans et demi, avaient aussi formellement que possible, et par les seuls signes rationnels, diagnostiqué l'existence d'un calcul vésical chez l'empereur, sollicité et conseillé l'exploration directe immédiate, et que ce n'est que trente mois après cette consultation que les prévisions et le diagnostic de nos compatriotes ont été vérifiés par les médecins anglais.

« Mais, par sa date du 3 juillet 1870, ce document acquiert une importance historique considérable. N'est-il pas infiniment probable que si cette consultation eût été communiquée à l'impératrice, l'exploration eût eu lieu, l'existence d'un calcul eût été confirmée, l'impératrice eût demandé et obtenu le traitement immédiat, et que la déclaration de guerre, faite trois jours après, eût été certainement différée et peut-être abandonnée?

1. L'auteur se trompe. La livraison dans laquelle se trouvait cette pièce n'a jamais paru. A. D.

« Quelle immense responsabilité ont donc assumée ceux qui ont gardé secrète cette consultation, ne l'ont pas communiquée à l'impératrice, ainsi que les médecins consultants l'avaient demandé, et, dans un état maladif aussi grave, ont laissé l'empereur s'engager dans cette guerre funeste!...

« A quoi tient le sort des peuples et des empires? « A un grain de sable dans la vessie, » a déjà dit Bossuet[1].

« Docteur AMÉDÉE LATOUR. »

La publication de cet article, coïncidant avec la mort de l'empereur Napoléon III, produisit dans l'opinion une sensation profonde. Il n'y eut personne qui ne s'associât aux réflexions mélancoliques de l'auteur; il n'y eut qu'un cri à Paris et dans les moindres recoins de la province : « Si la maladie de l'empereur, disait-on de toutes parts, avait été connue des personnes intéressées à la connaître, la guerre n'eût point été déclarée et les malheurs de la patrie eussent été évités. »

On se mit donc à rechercher les causes qui avaient empêché que les résultats de la consultation fussent communiqués à l'impératrice et aux ministres. Mais par un sentiment qui s'explique très facilement, en raison de l'immense responsabilité qu'ils avaient assumée, les personnes qui avaient

1. C'est Pascal qu'il faut dire. A. D.

gardé le silence en juillet 1870 trouvèrent bon de ne pas le rompre en janvier 1873. Encore aujourd'hui les explications font défaut, et c'est encore un mystère, à l'heure qu'il est, que de savoir si la consultation a été, oui ou non, communiquée à l'impératrice.

Les médecins consultants font remonter à cinq années les symptômes graves de la maladie. Suivant une lettre écrite par M. Rouher à un de ses amis, le 11 juillet 1873, ils se seraient déclarés plus tôt.

« L'autopsie, dit M. Rouher, a démontré les terribles ravages faits dans la santé de l'empereur par les maladies de 1866, 1867 et 1869. Les deux reins et l'intérieur de la vessie étaient gravement attaqués. Un des résultats de ces désordres irrémédiables, la pierre, était d'ancienne et lente formation; elle était énorme. L'esprit demeure confondu à la pensée des souffrances que le malheureux souverain a stoïquement supportées *depuis plus de dix années.* »

M. Rouher ne faisait, dans cette lettre, que traduire l'opinion des médecins anglais appelés à opérer l'illustre malade : ils faisaient remonter l'affection dont l'empereur souffrait à huit ou dix ans.

Un fait qui vient à l'appui de ces conjectures, c'est le récit suivant qui m'a été fait par le docteur

G. Sée dans une conférence que j'avais avec lui au mois de mars 1886 :

« En 1864, lors d'un voyage fait en Suisse par la famille impériale, plusieurs des personnes qui accompagnaient l'empereur et l'impératrice furent victimes d'un cruel accident. La princesse Anna Murat et la lectrice de l'impératrice, Mlle Bouvet (aujourd'hui Mme Carette), furent fort maltraitées et coururent de grands dangers. L'empereur prolongea son séjour en Suisse. On vit dans cette circonstance un sentiment de bienveillante commisération de la part du souverain pour les charmantes et intéressantes blessées. »

Là n'était pas la vérité. Napoléon III avait été subitement en proie à une crise qui ne laissait aucun doute sur le siège du mal. Des hématuries violentes s'étaient déclarées. Des médecins avaient été appelés et avaient recommandé le repos le plus absolu. Une amélioration s'étant produite, l'empereur avait pu rentrer en France au bout de trois semaines.

Les mêmes accidents se reproduisirent en 1865, s'il faut en croire le docteur Larrey, qui écrivait au *Figaro* le 8 février 1886 :

Ce fut dès 1865, que l'empereur me fit appeler auprès de lui, un matin, au camp de Châlons, où j'avais eu l'honneur de l'accompagner chaque année. Il avait éprouvé dans la nuit des accidents dont les signes, bien exposés par lui-même, révélèrent absolument pour moi, comme c'eût été pour tout autre chirurgien, les symptômes de la pierre dans la vessie. La constatation du diagnostic restait seulement à faire par la sonde ou le cathétérisme.

Je priai vivement l'empereur de se soumettre, dans le délai le plus rapproché possible, à une exploration que je considérais comme nécessaire. Il n'y voulut point consentir, et me recommanda même de la façon la plus formelle de ne parler jusqu'à nouvel ordre de ces accidents à personne sans exception. Je dus me conformer à sa volonté sans qu'il eût besoin de ma parole d'honneur pour lui garantir le secret médical.

Des accidents analogues se manifestèrent les années suivantes; la consultation du 3 juillet 1870 en fait foi. Au mois d'août 1869, ils prirent un caractère véritablement alarmant. Dès le 9 août, le mal s'était déclaré avec une violence extrême. L'empereur avait dû garder la chambre. Il avait cessé de paraître au conseil des ministres. Tout le service d'honneur avait été suspendu. Un petit nombre de personnes seulement pénétraient auprès du souverain. Les docteurs Nélaton, Fauvel et Corvisart, auxquels avait été bientôt adjoint le docteur Ricord, se tenaient presque en permanence au château. Il fut même un moment question d'appeler le docteur Chelius, célèbre spécialiste allemand. On le fit venir dans tous les cas à Paris, et il se tint pendant quelques jours à la disposition de l'auguste malade.

J'ai eu occasion de rencontrer, vers la fin d'août 1869, le docteur Caudmont, qui était mon ancien condisciple. Il me dit que tous les symptômes qui accompagnaient la maladie de l'empereur indiquaient des accidents graves du côté de la vessie. Il n'osait pas affirmer qu'il y avait un calcul; mais il déclarait qu'il n'en serait pas étonné.

Le docteur Caudmont était l'élève du célèbre Civiale. Il passait pour un praticién d'une habileté consommée. Il avait fait offrir ses services; on les avait déclinés, parce qu'on les jugeait inutiles, et aussi parce qu'on attribuait au docteur Caudmont des opinions républicaines.

Au cours de l'année 1870, j'avais fait demander une audience à l'empereur, pour l'entretenir des nominations prochaines à la Cour des comptes, où il voulait me faire entrer en qualité de conseiller-maître. Je ne pus obtenir cette audience qu'au bout de trois semaines. L'empereur, disait-on, avait eu la grippe. Je fus introduit dans un des grands salons des Tuileries. Quand je vis l'empereur venir à moi, je fus frappé de l'altération de ses traits et de la difficulté qu'il éprouvait à se mouvoir; il avait une peine infinie à conserver la station droite, et il se mordait fréquemment la moustache comme un homme qui éprouve une douleur continue. « L'empereur est malade, » dis-je à Conti, que je vis au sortir de l'audience. Conti leva les yeux au plafond de son cabinet et ne répondit rien.

Qu'un grand nombre de personnes sussent que depuis longtemps l'empereur était malade, et quelle était la nature de sa maladie, c'est là un point qui ne peut plus être mis en doute. Ce qui est resté obscur, c'est de savoir si les personnes qu'on avait instruites ont reçu communication de la consultation du 3 juillet 1870. D'après le docteur Amédée Latour, qui était du reste bien informé, puisqu'il tenait ces faits du docteur G. Sée lui-même, celui-ci, en remettant la pièce au docteur Conneau, l'invita à la présenter à la signature des autres médecins consultants. Le docteur Conneau n'en fit rien. Le document, quand il fut retrouvé, ne portait que la seule signature du docteur G. Sée. Quels motifs ont déterminé le médecin ordinaire de l'empereur, qui était en même temps son ami, à tenir secrète une pièce aussi importante? Je n'ai pu recueillir à ce sujet que des indices.

Au mois de juin 1879, je dînais chez le prince Napoléon. Parmi les convives, se trouvait le docteur Ricord, un des médecins qui avaient assisté à la consultation du 1er juillet 1870. Le docteur Ricord était de longue date l'ami du prince. Celui-ci eut l'idée de lui demander comment il se faisait que le résultat de la consultation eût été tenu secret, et que la pièce ne portât que la seule signature du docteur G. Sée.

Le docteur Ricord répondit que le vrai coupable était son confrère, le docteur Nélaton : « Il avait craint, dit-il, si les diagnostics étaient connus, d'être appelé pour opérer l'empereur. Or, le peu de succès qu'il avait obtenu l'année précédente, en opérant le maréchal Niel, l'avait effrayé sur la responsabilité qu'il était exposé à encourir. Sans refuser précisément sa signature, il n'avait pas demandé à l'apposer au bas du procès-verbal de la consultation. Ses confrères avaient suivi son exemple. »

— Voilà un homme, dit le prince Napoléon après le départ du docteur Ricord, qui a tenu entre ses mains les destinées de la France. Si ce vieillard avait parlé, nous n'aurions pas eu l'effroyable guerre de 1870.

Le prince Napoléon raconta ensuite ce qui s'était passé entre lui et le docteur Conneau après la mort de Napoléon III. Il m'avait fait souvent ce récit en tête à tête ; mais j'étais bien aise qu'il le fît en présence de plusieurs personnes, car il en consacrait en quelque sorte l'authenticité.

Dans les papiers de l'empereur à Chislehurst, on avait trouvé l'original de la consultation signée du seul docteur G. Sée. Le prince fut stupéfait de cette découverte. Après avoir pris connaissance du document, il aperçut le docteur Conneau dans un coin, et il l'apostropha avec sa vivacité habituelle :

— Comment se fait-il que tu aies tenu cachée une pièce aussi importante?

— On ne peut rien vous dire, répondit le docteur Conneau, vous êtes si violent!

— Mais enfin, parle, la chose en vaut la peine, dit le prince.

— J'ai montré la pièce à qui de droit et en temps utile, répliqua le pauvre docteur en baissant la tête.

— Et que t'a-t-on répondu?

— On m'a répondu : « Le vin est tiré; il faut le boire. »

Les ministres n'ont point connu la consultation du 1er juillet. Le fait m'a été attesté à diverses reprises par M. Émile Ollivier et par M. Maurice Richard. M. Émile Ollivier m'a constamment répété : « Je jure que mes collègues et moi, nous ignorions la maladie de l'empereur. Si nous l'avions sue, nous n'aurions pas laissé l'empereur prendre le commandement de l'armée et nous l'aurions retenu à Paris. C'est un crime d'avoir gardé dans un tiroir une pièce qui pouvait exercer une influence décisive sur les résolutions du gouvernement. »

Quand l'empereur partit pour Metz, le 17 juillet 1870, les médecins consultants éprouvèrent une sorte de remords de le laisser ainsi partir pour l'armée sans prendre de précautions en cas d'accidents. « Un jeune médecin, m'a dit le docteur G. Sée, reçut la confidence de la situation dans laquelle se trouvait l'empereur. On l'avait mis au courant des résultats de la consultation du 1er juillet et on lui avait dicté des instructions sur les soins à donner si des symptômes graves venaient à se déclarer. On l'avait même muni d'une trousse d'instruments destinés à une opération urgente, si elle était jugée indispensable. »

Au cours de la campagne, l'état de santé de l'empereur ne tarda pas à se révéler et à produire des effets désastreux.

Le 2 août, au combat de Sarrebruck, l'empereur s'était tenu constamment aux endroits les plus exposés. Il était à cheval, ayant à sa droite le prince impérial et à sa gauche le général Lebrun, son aide de camp, sous-chef d'état-major de l'armée. Tant que l'action avait duré, il était resté impassible, échangeant à peine quelques paroles avec son fils, qui subissait avec intrépidité ce qu'en style militaire, on appelait le baptême du feu.

Mais quand le combat eut cessé, le général Lebrun fit la remarque que l'empereur éprouvait une certaine difficulté à descendre de cheval. Il s'approcha de lui et lui offrit son bras pour l'aider à regagner sa voiture qui l'attendait à une cinquantaine de pas en arrière. L'empereur marchait péniblement.

— Votre Majesté, dit le général Lebrun, paraît fort souffrante.

— Mon cher général, répondit l'empereur en étouffant un cri de douleur, je souffre horriblement.

Et en effet, le visage de l'empereur, crispé et presque décomposé, accusait de vives souffrances.

A quelques jours de là, ce fut le maréchal Le Bœuf qui reçut la confidence de la situation de l'empereur. Voici ce qui m'a été raconté par le prince Napoléon, témoin oculaire :

« A la suite des deux défaites de Forbach et de Wœrth, le maréchal Le Bœuf, voyant l'état de découragement dans lequel était tombée l'armée, comprit qu'il fallait au plus vite un succès pour lui rendre de l'énergie et la relever aux yeux de la France et de l'Europe ; il alla trouver l'empereur, et il lui tint ce langage :

« Il nous reste vingt divisions qui n'ont pas été
« entamées. Frossard a exécuté sa retraite en bon
« ordre, et son corps d'armée demande à grands
« cris une revanche. D'un autre côté, il résulte des
« renseignements qu'on a pu recueillir au delà de
« la frontière, que les deux armées de Steinmetz

« et du prince Frédéric-Charles sont encore en « voie de formation. Concentrons toutes nos for- « ces; prenons en flagrant délit la première et la « deuxième armée prussienne. Nous remporterons « une victoire éclatante. L'armée reprendra son « élan, et l'opinion publique nous reviendra. »

« L'empereur ne nia pas qu'il n'y eût un grand avantage à tenter une action décisive; mais il avoua que son état ne lui permettait pas de se mettre à la tête des troupes, et que, d'un autre côté, dans la situation que lui avait faite une double défaite, il lui était impossible de céder le commandement.

« Le maréchal Le Bœuf leva les bras au-dessus de sa tête en signe de désespoir :

« — Ah! si c'est comme cela! s'écria-t-il.

« Et il quitta l'empereur en proie à une émotion profonde. »

C'est maintenant la régence qui va être mise au courant de l'état de la santé de l'empereur. Le secrétaire particulier de Napoléon III, M. Franceschini Pietri, qui l'avait interrogé, avait recueilli de sa bouche des aveux qu'il avait cru devoir faire connaître à l'impératrice. Il écrivait le 7 août dans une dépêche confidentielle :

J'ai demandé à l'empereur s'il se sentait assez de force physique pour supporter les fatigues d'une campagne active, pour passer les jours à cheval et les nuits au bivouac. Il est convenu avec moi qu'il ne le pouvait pas. Je lui ai dit alors qu'il valait mieux aller à Paris réorganiser une autre armée, soutenir l'élan national avec Le Bœuf comme ministre de la guerre, et laisser le commandement à Bazaine qui a la confiance de l'armée et à qui on attribue le pouvoir de tout réparer. S'il y avait un insuccès nouveau, l'empereur n'en aurait pas la responsabilité. C'est aussi l'avis des vrais amis de l'empereur.

A cette dépêche, l'impératrice-régente fit la réponse que l'on connaît :

Je reçois une dépêche de Pietri. Avez-vous réfléchi à toutes les conséquences qu'amènerait votre retour à Paris sous le coup de deux revers? Pour moi, je n'ose prendre la responsabilité d'un conseil. — Si vous vous y décidez, il faudrait du moins que la mesure fût présentée au pays comme provisoire : l'empereur revenu à Paris, réorganisant la 2e armée, et confiant provisoirement le commandement en chef de l'armée du Rhin à Bazaine.

Le cabinet a-t-il été consulté sur la réponse à faire à l'empereur? C'est encore là un point qui est resté obscur. Voici pourtant des renseignements qui m'ont été donnés par une personne bien informée :

M. Maurice Richard avait été envoyé à Metz par le cabinet, le 7 août 1870, pour s'assurer de l'état de santé de l'empereur et du degré de confiance qu'il inspirait aux troupes. M. Maurice Richard revint avec les plus mauvaises nouvelles; l'empereur ne pouvait se tenir à cheval qu'avec les plus grandes difficultés, la fatigue le saisissait tout de suite; on continuait dans l'armée à avoir une grande affection pour sa personne, mais ses aptitudes militaires étaient mises en doute et on demandait tout haut que le commandement fût remis entre des mains plus fermes et plus énergiques.

Fort des renseignements que rapportait M. Maurice Richard, M. Émile Ollivier posa devant le conseil la question du retour de l'empereur à Paris. L'impératrice s'y opposa avec énergie. M. Émile Ollivier, sans s'expliquer sur les faits, insista; il déclara d'une façon générale que le retour était indispensable. Il avait compté que M. Maurice Richard raconterait les faits qu'il avait recueillis dans son voyage à Metz et lui prêterait l'appui de son témoignage. A son grand étonnement, M. Maurice Richard, qui assistait au conseil, garda le silence.

Il paraît cependant que, dans une conversation particulière avec l'impératrice, le ministre des beaux-arts lui avait fait connaître ce qu'il avait appris pendant sa courte mission.

Il était désormais impossible de dissimuler l'état de souffrance de l'empereur; il éclatait à tous les regards. Les témoignages abondent. C'est le maréchal Bazaine qui, allant saluer Napoléon III le 16 août 1870 au moment où celui-ci quittait l'armée du Rhin pour se rendre au camp de Châlons, déclaire que l'*empereur paraissait souffrant;* c'est le maire de Verdun qui, venant avec deux de ses adjoints recevoir l'empereur à la gare, est frappé de l'altération que présentait sa physionomie et qui dit, dans une déposition, qu'il lui a paru *en proie à de vives souffrances;* c'est le docteur Constantin James qui écrit : « Je tiens de source certaine que, pendant les dix jours qui ont précédé la bataille de Sedan, l'empereur urinait du sang presque pur. » (*Des causes de la mort de l'empereur,* p. 33.) C'est enfin M. Leray (d'Abrantès) qui nous apprend qu'à Sedan même, l'empereur éprouva une crise terrible : « A plusieurs reprises, durant la matinée, on l'avait vu, près de succomber sous la douleur physique, s'appuyer contre les arbres pour se tenir debout. (*Essai sur la régence de* 1870, p. 335.)

Le 2 septembre 1870, parut dans la *France* un article qui, au milieu des terribles préoccupations du moment, ne paraît pas avoir éveillé l'attention de personne :

Le *British medical Journal,* disait la *France,* rapporte que M. Priscott Hawitt, médecin de l'hôpital Saint-Georges, a été au camp de l'armée française pour donner une consultation sur la santé de l'empereur Napoléon. Cette consultation a été jugée nécessaire à la suite de fatigues corporelles et intellectuelles auxquelles le chef de l'État a été naturellement soumis. Le *British medical Journal* ne dit pas quel est le résultat de cette consultation; mais il est bien entendu qu'elle n'a pas été des plus rassurantes.

Quelques journaux virent là une réponse aux bruits qu'on avait fait courir en France sur les accès de folie auxquels était sujet le roi de Prusse; mais, que la consultation soit un fait réel ou une pure invention, il est certain qu'à l'étranger, on était mieux instruit qu'en France sur la maladie qui paralysait les facultés de l'empereur.

L'état maladif de Napoléon III, cela est indiscutable, a eu son contre-coup dans les opérations militaires de la campagne de 1870. Tous les faits qui ont précédé ou suivi la consultation prouvent que l'empereur était hors d'état de prendre une résolution virile et de donner un conseil énergique.

Une question se pose tout naturellement : les médecins qui ont pris part à la consultation du 1er juillet 1870 étaient-il admis à invoquer le secret professionnel pour se disculper du mutisme dans lequel ils se sont renfermés?

Je n'hésite pas à me prononcer énergiquement pour la négative.

On conçoit qu'un médecin respecte le secret professionnel, quand il s'agit de l'intérêt d'un simple particulier ou d'une famille, lorsque certaines révélations jetées en pâture à la curiosité publique peuvent porter le trouble dans la vie privée et atteindre l'honneur et la considération d'un homme.

Mais quand c'est l'intérêt de l'État qui est en jeu, je ne vois pas bien en quoi ce secret professionnel peut servir à excuser un silence qui met tout en péril, même l'existence de la patrie.

Ce n'est pas seulement à l'impératrice, comme on l'a dit, que la consultation du 1er juillet 1870 aurait dû être communiquée ; on aurait dû appeler à délibérer sur ses conclusions le conseil des ministres et même le conseil privé.

On aurait ainsi constaté l'impossibilité de confier le commandement de l'armée au chef de l'État, et sans aucun doute les résolutions qui ont été prises et qui ont conduit à la défaite et au désastre eussent subi des modifications profondes. Peut-être se fût-on montré moins pressant et moins exigeant vis-à-vis de la Prusse, et la guerre eût été, sinon écartée, du moins ajournée.

III

LA CANDIDATURE HOHENZOLLERN

Le 20 janvier 1884, M. Émile Ollivier m'écrivait de sa villa de Saint-Tropez :

Pourriez-vous me rendre un service ? Serrano est à Paris ; je comptais l'y retrouver, mais je sais qu'il va quitter Paris et donner sa démission. Ne pourriez-vous pas aller le voir de ma part, lui dire que, dans mon histoire, je compte parler de lui très bien et que, ne pouvant recueillir de sa bouche des renseignements, je vous ai prié de les lui demander en mon nom.

Vous savez qu'il était régent au moment de la candidature Hohenzollern. Demandez-lui comment s'est introduite cette candidature, qui en a eu l'idée ? Quels ont été le rôle et l'action de Bismarck ? S'il est vrai qu'il ait payé Prim ? Enfin faites-lui dire tout ce que vous pourrez ; faites-m'en ensuite un compte rendu exact comme vous savez les faire. Si Serrano devait être encore à Paris, en avril, époque de mon retour, je viendrais alors causer avec lui.

Cette invitation de M. Émile Ollivier était pour moi une bonne fortune. J'avais rassemblé de nombreuses notes sur les origines de la candidature Hohenzollern. C'était une circonstance heureuse de pouvoir les compléter que cette occasion qui m'était offerte d'entrer en rapports avec l'homme qui, après Prim, avait, en 1870, rempli le rôle le plus important dans les affaires de l'Espagne.

Aussi je m'empressai d'adresser au maréchal Serrano une demande d'audience :

Paris, 26 janvier 1884.

Monsieur le maréchal,

Mon ancien collègue, M. Émile Ollivier, qui est absent de Paris, et qui aura probablement le regret de ne pas vous y retrouver à son retour, me prie de solliciter de Votre Excellence quelques éclaircissements sur les événements qui ont précédé la guerre de 1870. Je n'ai pas fait partie du ministère du 2 janvier, mais j'ai assez vécu dans le voisinage de M. Émile Ollivier pour comprendre la portée des renseignements qu'il voudrait obtenir.

Dans le cas, monsieur le maréchal, où vous ne verriez aucun inconvénient à m'accorder un entretien, je prie Votre Excellence de vouloir bien m'indiquer le jour et l'heure où je pourrai me présenter à l'hôtel de l'ambassade d'Espagne.

Veuillez agréer, etc...

Alfred DARIMON.

J'ai joint à cette demande une lettre d'introduction que m'avait envoyée M. Émile Ollivier, et j'ai attendu la réponse qui ne s'est pas fait attendre. Dès le lendemain le maréchal Serrano m'écrivait :

Paris, le 27 janvier 1881.

Monsieur,

En réponse à votre lettre d'hier, je m'empresse de vous accorder l'entretien que vous demandez, le jour que vous voudrez, de dix heures à trois heures.

Agréez, etc.

Maréchal SERRANO.

Je me suis rendu dès le lendemain à l'ambassade d'Espagne. On m'a introduit dans la salle du trône, qui sert, à ce qu'il paraît, de salle d'attente. Au bout de cinq minutes, un secrétaire est venu me dire que le maréchal ne pourrait me recevoir qu'à deux heures. On avait dû traduire la lettre de M. Émile Ollivier en espagnol pour la rendre plus intelligible, et cette traduction, me dit le secrétaire, n'était point encore terminée.

Je suis retourné à l'ambassade à deux heures et j'ai été reçu immédiatement. Je crois bien que, malgré la traduction que l'on venait de lui faire de la lettre de M. Émile Ollivier, le maréchal Serrano n'était pas très éclairé sur l'objet de ma démarche, car il me dit en m'abordant :

— Je viens de relire la lettre de M. Ollivier et je ne comprends pas trop ce qu'il me veut. Mais vous allez me l'expliquer.

Il m'a offert très gracieusement un fauteuil, nous nous sommes assis en face l'un de l'autre, nos genoux se touchant presque, et j'ai développé du mieux que j'ai pu la mission dont j'avais été chargé auprès de lui. Il a manifesté une certaine inquiétude.

— J'espère, m'a-t-il dit, que vous n'allez pas me compromettre.

— Soyez tranquille, monsieur le maréchal, je ne suis ni un *reporter* ni un *interviewer*. Je viens tout simplement, au nom d'un homme qui a un grand intérêt à savoir sur qui doivent porter les responsabilités des événements de 1870, m'éclairer sur certains points jusqu'ici restés obscurs. J'ai si peu l'intention de vous compromettre que j'ai réuni dans un questionnaire très court les explications que j'ai à vous demander. Vous me répondrez ce que vous voudrez. J'ai fait une étude toute particulière des pourparlers diplomatiques qui ont précédé la malheureuse guerre de 1870 ; je vous comprendrai à demi-mot, mais je ne dirai que ce que vous m'aurez dit, et comme vous me l'aurez dit.

J'ai déployé un petit papier, et j'ai posé au maréchal, successivement, les questions que j'avais préparées. L'ex-régent y a répondu avec précision. J'ai remarqué, que, dans son langage, empreint du reste d'une grande franchise et d'une parfaite urbanité, il ne dépassait pas les limites des explications qui avaient été données par le gouvernement espagnol, quand celui-ci avait été interrogé sur la participation qu'il avait prise à la candidature Hohenzollern.

La conversation a duré trois quarts d'heure, et je n'ai eu qu'à me louer de la patience que le maréchal a mise à écouter mes questions et à y répondre.

Quand il s'agit de grands événements auxquels un homme d'État s'est trouvé mêlé et où il a eu sa part d'initiative, tous les mots portent, et ils doivent être pesés. Aussi, après une promenade d'une demi-heure sur le boulevard des Invalides, consacrée à remettre un peu d'ordre dans mes souvenirs, je me suis hâté de monter chez moi et de reproduire immédiatement, dans mon carnet de notes, les jugements que l'ex-régent d'Espagne avait portés sur les hommes et sur les choses.

Ce sont ces notes, prises en quelque sorte sur le vif, que je donne ici. Elles ont un caractère documentaire qui n'échappera à personne.

Tout d'abord le maréchal Serrano a tenu à bien établir la situation qu'il avait adoptée au lendemain de la révolution de 1868, à laquelle il avait pris une part des plus actives.

« Je n'ai jamais été convaincu, m'a-t-il dit, de la possibilité d'établir la République en Espagne; je voulais un roi. Mon candidat, je l'avoue très franchement, était le duc de Montpensier. J'ai défendu cette candidature le plus longtemps qu'il m'a été possible. Quand j'ai vu que je ne pouvais pas la faire accepter, je me suis enfermé dans une passivité absolue, me bornant à maintenir la nécessité d'une monarchie et me déclarant prêt à me soumettre à tout roi que les Cortès choisiraient. »

Puis il a ajouté, en appuyant sur chaque mot :

« En cette circonstance, j'ai tenu à conserver l'attitude et le rôle d'un monarque constitutionnel. »

J'ai pris alors mon petit papier, et j'ai demandé au maréchal la permission de lui poser la première question ; il m'a fait un signe d'assentiment, et je lui ai fait ma demande.

Pour cette demande, comme pour les suivantes, et pour les réponses qui ont été faites, je conserverai, si on le veut bien, la forme d'un procès-verbal que je lui ai donnée tout d'abord. Outre que cette forme est plus commode, elle traduira mieux la physionomie de la conversation.

1re *question.* — Qui a eu l'idée de la candidature Hohenzollern?

« Le maréchal Serrano déclare qu'il l'ignore absolument. Il n'a connu cette candidature qu'au retour de Prim qui était allé chasser dans les montagnes de Tolède, c'est-à-dire le 1er juillet 1870. Il n'a pu faire d'opposition à ce choix, parce qu'il ne s'en présentait pas d'autre, qu'on lui avait fait le plus grand éloge du prince Léopold, et surtout parce qu'on lui avait assuré qu'il ne sortirait de cette candidature aucune complication du côté de la France.

« L'ex-régent n'a rien su des démarches qui avaient été faites au mois de mars 1869, à Berlin, par M. de Ramès, démarches qui avaient éveillé les défiances et les susceptibilités du gouvernement impérial. Tout le monde, dit-il, était à la recherche d'un roi, chacun s'en mêlait. Il est probable que M. de Ramès, comme beaucoup d'autres, a agi de son propre mouvement et sous sa seule inspiration.

« Quant à la personne qui a fait en 1870 des démarches pour ressusciter cette candidature, c'est M. Salazar y Mazzaredo qui est député aux Cortès. Ce personnage a raconté comment il avait réussi à faire accepter la candidature au prince de Hohenzollern, dans un écrit qui a été publié par tous les journaux du temps et qu'il est facile de retrouver. »

2e *question*. — Quel a été le rôle de Prim?

« Sur cette question, le maréchal s'est montré très réservé. Il affirme que Prim ne lui a rien dit de ses démarches. Les Cortès avaient donné un blanc-seing à Prim. C'est à elles seules que le comte de Reuss devait compte des moyens qu'il avait mis en œuvre pour découvrir un candidat. Il a présenté le prince Léopold, mais le conseil des ministres, réuni à la Granja, sous la présidence du régent, ne lui a pas demandé comment il s'y était pris pour parvenir à ses fins. »

3e *question.* — Quel rôle a joué M. de Bismarck? A-t-il versé de l'argent?

« Le maréchal Serrano croit que Prim a entretenu des correspondances avec M. de Bismarck; mais en ce qui le concerne, il ne s'est jamais enquis de quelle nature étaient ces correspondances, ni sur quels points elles portaient. Indifférent à tout, depuis que la candidature Montpensier avait échoué, il laissait faire, en attendant qu'on lui apportât une solution.

« L'ex-régent ne croit pas que l'argent ait joué un rôle dans l'affaire, ni surtout que Prim ait été acheté. On pressait Prim de présenter un candidat; il a pris celui qui s'offrait sous sa main. »

4e *question.* — Lorsqu'on a appris, le 12 juillet, la renonciation du prince Léopold, n'a-t-on pas délibéré à Madrid si on ne la repousserait pas, et n'est-ce pas à l'influence du régent que l'acceptation de la renonciation est due, malgré certaines oppositions?

« Je n'ai eu, m'a répondu le maréchal, aucune peine à abandonner la candidature Hohenzollern; je n'avais pas inventé cette candidature, et il me suffisait qu'elle fût désagréable à la France pour me déterminer à y renoncer.

« Il ne s'est point manifesté d'opposition proprement dite : tout le monde, dans le conseil, a été d'accord qu'il ne fallait pas amener de complications avec la France. Seulement, il y avait à ménager l'amour-propre espagnol. Si une discussion s'est engagée entre les conseillers de la régence, c'est uniquement sur ce point secondaire. Le débat a du reste été très court, M. Olozaga reçut immédiatement pour instructions de déclarer que la candidature était refusée, et qu'elle ne devait pas se représenter. »

Pendant la conversation, le maréchal a répété à diverses reprises : « Je n'étais qu'un simple régent; les Cortès seules étaient maîtresses; mais j'ai toujours été préoccupé de ne pas blesser la France. »

Bien que les événements qui s'étaient passés dans la Péninsule l'eussent amené à abandonner l'ambassade d'Espagne, le duc de La Torre tenait évidemment à laisser à Paris cette impression qu'il avait toujours été favorable à notre pays.

Somme toute, notre conversation n'a pas produit un grand résultat. La connaissance que j'ai des événements de 1870 me permettait de guider le maréchal Serrano et de le mettre sur la voie; je crois que c'est cela même qui l'a mis en défiance; il a craint de trop s'engager avec un homme si bien instruit des événements.

Ollivier, à qui j'ai envoyé mon procès-verbal, m'a écrit :

> J'ai reçu votre récit; c'est peu de chose. Mais il fallait aller frapper à cette porte pour savoir s'il y avait quelque chose.

J'avais eu l'intention de reprendre l'entretien, et cette fois de le pousser à fond; mais le maréchal Serrano quitta brusquement Paris et retourna en Espagne.

IV

LA DÉCLARATION DU 6 JUILLET

Dans les jugements qu'on a portés sur la déclaration du 6 juillet 1870, il m'a toujours semblé qu'on n'avait pas tenu un compte suffisant des circonstances. Je conviens que c'était une œuvre de dépit et de colère, et par conséquent un acte impolitique; mais il y a des moments où il est bien difficile de conserver son sang-froid, et le ministère Ollivier était précisément dans un de ces moments-là.

Le cabinet avait fait preuve en toute occasion de ses sentiments pacifiques : il avait proposé le désarmement; il avait consenti à la réduction du contingent à 90000 hommes. Il y a plus : lors de l'accession du duc de Gramont au ministère, quelques journaux allemands avaient exprimé la crainte que ce diplomate, qui, depuis Sadowa, avait été mêlé à toutes les tentatives faites pour opérer une entente cordiale entre la cour de Vienne et la cour des Tuileries, ne continuât, comme ministre, la politique qu'il avait suivie comme ambassadeur : « Une pareille attitude, disaient-ils, ferait courir à la France, du côté de la Prusse, les plus grands périls. » Le duc de Gramont avait fait dire par les journaux officieux que c'étaient là des interprétations erronées. Il avait en outre profité de l'interpellation qui avait eu lieu à propos du tunnel du Saint-Gothard. pour formuler les déclarations les plus rassurantes.

M. Émile Ollivier avait été plus loin. Interpellé par M. Jules Favre, il avait répondu le 30 juin :

« Le gouvernement n'a aucune espèce d'inquiétude; à aucune époque, le maintien de la paix en Europe n'a été plus assuré. De quelque côté qu'on regarde, on ne voit aucune question irritante engagée; de toutes parts les cabinets ont compris que le respect des traités s'impose à tous, notamment les deux traités les plus importants auxquels la paix de l'Europe est le plus particulièrement attachée, le traité de 1856 et celui de 1866, qui assurent la paix de l'Allemagne, sont considérés, de l'aveu de tous, comme devant être inviolablement respectés. »

Et pour accentuer plus fortement sa pensée, M. Émile Ollivier ajoutait :

« Puisque vous parlez de Sadowa, je vous dirai que nous avons fait le Sadowa français, le Plébiscite. »

Et c'est à la suite de ces déclarations très nettes, très sincères et très loyales, qu'on venait lancer dans les jambes des ministres cette candidature Hohenzollern qui remettait en question la paix que l'affaire du Saint-Gothard avait semblé un instant compromettre.

C'est parce que la paix paraissait assurée, qu'au Château, on avait cru pouvoir réunir des médecins pour les consulter sur la santé de l'empereur. Il s'agissait de savoir si, par un traitement convenable, on ne pourrait pas avoir raison du mal chronique dont Napoléon souffrait depuis plusieurs années.

M. Émile Ollivier s'attendait si peu à un incident, qu'il était allé le 1er juillet, à Villenouvelle, chez son chef de cabinet, M. Ernest Adelon, pour assister au baptême d'une cloche, dont sa jeune femme était la marraine.

Dans tous les cas, il était loin de s'attendre que ce serait du côté de l'Espagne que lui viendrait le coup. Dans une circonstance toute récente, ayant à régler avec le gouvernement espagnol certaines questions juridiques, il avait envoyé à Madrid son frère Adolphe, qui lui servait de secrétaire. M. Adolphe Ollivier avait vu à diverses reprises le maréchal Prim, et celui-ci ne l'avait même pas pressenti sur le projet de candidature auquel pourtant il travaillait depuis longtemps : « Prim a été bien coupable envers moi, répétait souvent M. Émile Ollivier, nous avions des relations personnelles ; je lui avais envoyé mon frère, et il l'avait laissé repartir d'Espagne sans lui rien dire de son projet. »

C'était en effet la prétention de Prim de tenir cachée jusqu'au dernier moment la candidature Hohenzollern, et l'on sait quel dépit il éprouva quand, le 1er juillet, arrivant des montagnes de Tolède, où il venait d'aller chasser, il trouva son projet éventé. Le parti carliste, qui comprenait l'irritation que cette candidature allait produire en France, s'était hâté d'en télégraphier la nouvelle à Paris ; c'est la *Gazette de France* qui reçut les premières confidences et c'est par elle que M. de Gramont apprit « que le maréchal Prim avait expédié une députation en Allemagne pour offrir la couronne d'Espagne au prince Léopold de Hohenzollern ». La dépêche était du reste rédigée d'une façon très perfide : on ajoutait que « aussitôt l'acceptation donnée, le maréchal Prim ferait un coup d'État pour proclamer le prince prussien, afin de brusquer le dénouement, et qu'il était décidé à se passer de l'intervention des Cortès ».

Le gouvernement français, absorbé par la discussion de la pétition des princes d'Orléans, qui demandaient à être relevés de l'exil, n'avait pas en ce moment les regards tournés du côté de l'extérieur. Aussi la nouvelle de la candidature Hohenzollern produisit-elle sur lui l'effet d'un coup de foudre. M. de Gramont, qui avait eu souvent maille à partir avec M. de Bismarck et à qui le chancelier prussien n'avait pas épargné les quolibets, vit dans le choix du prince de Hohenzollern une injure personnelle. Il perdit littéralement tout son sang-froid. On peut juger des sentiments qui l'agitaient, en lisant les dépêches fiévreuses qu'il adressait à M. Mercier de Lostende, notre ambassadeur à Madrid, et à M. Le Sourd, qui, en l'absence de M. Benedetti, était notre chargé d'affaires à Berlin.

Les réponses que notre ministre des affaires étrangères recevait de ces deux capitales, n'étaient point propres à faire rentrer le calme dans son esprit. A Madrid, Prim opposait des faux-fuyants, cherchait à gagner du temps, employait tous ses efforts pour faire accepter par le conseil de régence la candidature allemande, et hâtait la convocation des Cortès. A Berlin, M. de Thile, ministre des relations extérieures, déclarait que le gouvernement prussien ignorait cette affaire et qu'elle n'existait pas pour lui.

A M. de Werther, ministre de Prusse en France, M. de Gramont avait exposé en termes très vifs les difficultés qu'il y aurait à continuer des relations amicales, si l'on cherchait à Berlin à se faire de l'Espagne un appui contre la France. M. de Werther avait répondu par des paroles banales, ce qui avait encore accru l'irritation du ministre.

On prétend que, du quai d'Orsay, M. de Werther était allé place Vendôme, où M. Émile Ollivier en l'apercevant s'était écrié brusquement : « Dites à votre gouvernement que la France n'acceptera pas l'intronisation d'un prince prussien en Espagne. » M. Émile Ollivier a pu exprimer cette pensée, mais il ne l'a certainement pas fait sous cette forme.

On n'était pas encore arrivé, néanmoins, à croire qu'on dût faire de la candidature Hohenzollern un *casus belli*. Le 3 juillet, le prince Napoléon était parti pour Cherbourg où il devait s'embarquer à bord de son yacht pour faire une excursion, en compagnie de MM. Renan et Berthelot, sur les côtes de la Norvège. Son retour était fixé pour les premiers jours d'août. Il n'avait donné l'ordre de lever l'ancre qu'après avoir reçu l'assurance que l'affaire Hohenzollern ne donnerait lieu à aucune complication.

Cependant les journaux tenaient déjà un langage comminatoire. Le *Pays* disait :

Le succès d'une semblable démarche, s'il était possible, s'il devait réellement amener un roi prussien à Madrid, serait la reconstruction complète de la monarchie de Charles-Quint, en faveur de la maison de Hohenzollern, et cette monarchie se dresserait contre la France au nord et au midi, aux dépens des grands souvenirs de Louis XIV et de Napoléon.

Cela ne doit pas être.... L'empereur Napoléon ne permettra certainement pas à un prince prussien de ceindre la couronne de Charles-Quint.

Le *Constitutionnel*, dont les rapports avec le cabinet n'étaient un secret pour personne, s'exprimait dans le même style :

Si, comme tout porte à le supposer, le maréchal a ag sans mandat, cet incident se réduira aux proportions d'une intrigue; si, au contraire, la nation espagnole sanctionne cette démarche, nous devons avant tout l'envisager avec le respect qu'inspire la volonté d'un peuple réglant ses destinées; mais en rendant hommage à la souveraineté du peuple espagnol, seul juge compétent en pareille matière, nous ne pouvons réprimer un mouvement de surprise, en voyant confier le sceptre de Charles-Quint à un prince prussien.

Qu'on retienne bien ces deux articles : on va voir les idées qu'ils expriment, et même les expressions qu'ils renferment, passer dans une pièce officielle.

C'est l'interpellation de M. Cochery qui servit

d'étincelle pour allumer l'incendie. On a attribué à M. Thiers l'inspiration et même la rédaction de cette interpellation. On ne s'est point trompé. M. Thiers ne cachait pas ses sentiments à l'égard de la candidature espagnole; il y voyait un incident qui pourrait troubler la paix de l'Europe. Il était au courant des colères que cette candidature avait soulevées dans les hautes régions gouvernementales, et il considérait que l'intervention du Corps législatif était utile pour amortir le choc et pour ramener le ministère à des sentiments plus calmes.

Quant aux signataires de l'interpellation, ils ont constamment protesté contre toute pensée d'embarrasser le gouvernement. Ils avaient, avant de la déposer, non seulement cru devoir en prévenir les ministres, mais encore les assurer qu'ils pouvaient prendre tout le temps pour y répondre. « Leur but unique, disaient-ils, était de saisir le Corps législatif de la question et d'empêcher le gouvernement de prendre sans son consentement une décision irrévocable. »

M. de Gramont a, du reste, rendu justice aux auteurs de l'interpellation. Tout en déclarant, pour obéir à un préjugé qui dure encore, qu'elle était intempestive, il a avoué qu'elle lui a été fort utile, parce qu'elle lui a permis de porter devant le public un débat qu'on cherchait à étouffer à Berlin.

Le langage des ministres devenait de plus en plus belliqueux. Le 5, M. de Gramont reçut lord Lyons et lui dit : « La candidature Hohenzollern n'est rien moins qu'une insulte à la France. Le gouvernement ne la souffrira pas. »

Le soir, à la réception de la chancellerie, M. Émile Ollivier dit à lord Lyons : « Il est impossible de permettre au prince de Hohenzollern de devenir roi d'Espagne. L'opinion publique en France ne le tolérerait pas. »

J'assistais à la réception de M. Émile Ollivier; j'ai été témoin de l'entretien qu'il a eu avec lord Lyons; j'avais bien vu qu'ils causaient avec une certaine animation, mais j'étais bien loin de me douter qu'ils échangeaient entre eux des paroles aussi graves. Néanmoins, les personnes qui circulaient dans les salons étaient en proie à une émotion profonde : on considérait généralement la candidature Hohenzollern comme une blessure faite à notre honneur national. On se moquait beaucoup de M. Thiers qui, il y avait trois jours à peine, déclarait à la tribune que M. de Bismarck était l'homme de l'Europe qui voulait le plus sincèrement la paix.

M. le prince de Metternich, ambassadeur d'Autriche, a consigné dans une dépêche une conversation qu'il a eue avec le duc de Gramont : « Je suis bien aise de vous voir, lui aurait dit celui-ci, j'arrive de Saint-Cloud où le conseil a été très agité. Vous savez ce qui se passe. » Il exposa l'affaire, puis il ajouta : « Cela ne se fera pas; nous nous y opposerons par tous les moyens, dût la guerre avec la Prusse en ressortir. »

On voit sur quel ton belliqueux les esprits étaient montés.

Cependant, M. de Gramont, dans le langage qu'il avait tenu à M. de Metternich, n'avait pas reproduit exactement les impressions du conseil. Après le dépôt de l'interpellation Cochery, les ministres s'étaient réunis à Saint-Cloud sous la présidence de l'empereur pour délibérer sur ce qu'il convenait de faire et sur le parti qu'il y avait à prendre. Aucune résolution ne fut arrêtée; les ministres étaient à peu près tous d'accord sur la nécessité de maintenir la paix; dans tous les cas, ils ne prévoyaient pas l'imminence d'une rupture. Quant à l'empereur, il était plus silencieux que de coutume et se montrait très soucieux. Dès le 3 au soir, il avait exprimé la crainte que l'opposition ne saisît cette occasion de créer de grands embarras, mais les termes dont il se servait pour s'exprimer ne laissaient aucun doute sur son désir de conserver la paix.

L'insuffisance des renseignements reçus le 5 juillet à cinq heures fit décider qu'il y aurait une nouvelle séance du conseil après le dîner.

Les sentiments de l'empereur n'avaient pas changé lors de cette seconde réunion; après délibération, il fut décidé que M. Émile Ollivier et M. le duc de Gramont rédigeraient un projet de déclaration qui serait examiné et discuté dans le conseil des ministres le lendemain matin 5 juillet.

De cette séance du 6 juillet, il a été publié, dans l'*Indépendance belge* du 6 mars 1874, une relation qui a soulevé, lors de son apparition, une polémique très vive, mais qui n'a pas été catégoriquement démentie, parce que, comme on le verra tout à l'heure, elle ne pouvait pas l'être. Je supprime de l'article de l'*Indépendance belge* tout ce qui paraît n'avoir qu'un caractère conjectural, et je cite le reste dans son intégrité :

« L'attitude de l'empereur, dans les deux conseils tenus à Saint-Cloud, le 5 juillet, ne laissa aucun doute aux ministres et aux personnes qui jouissaient de la confiance du souverain sur son désir sincère de conserver la paix.

« Le lendemain 6 juillet, les ministres se réunirent en conseil à la résidence impériale, à dix heures du matin, et quel ne fut pas leur étonnement lorsqu'ils virent de prime abord le changement d'attitude de l'empereur !

« M. le duc de Gramont et M. Émile Ollivier avaient rédigé un projet de déclaration à présenter au Corps législatif en réponse à l'interpellation de M. Cochery. Ce projet fut lu à l'empereur et aux membres du conseil. Le voici dans sa rédaction primitive tel qu'il fut présenté par ses auteurs :

« Il est vrai que le maréchal Prim a offert au « prince Léopold de Hohenzollern la couronne « d'Espagne et que ce dernier l'a acceptée.

« Mais le peuple espagnol ne s'est point encore « prononcé, et nous ne connaissons *pas* encore « les détails vrais de *cette* négociation qui nous « a été cachée.

« Aussi une discussion ne saurait-elle aboutir « *aujourd'hui* à aucun résultat pratique ; nous « vous prions, Messieurs, de l'ajourner.

« Nous n'avons pas cessé de témoigner nos « sympathies à la nation espagnole et d'éviter « tout ce qui aurait pu avoir l'*apparence* d'une im- « mixtion quelconque dans les affaires intérieures « d'une noble et grande nation en plein exercice « de sa souveraineté.

« Nous persisterons dans notre conduite, mais « nous comptons sur la sagesse du peuple allemand « et l'amitié de l'Espagne pour écarter un projet « qui ne tend à rien moins qu'à détruire l'équilibre « européen au détriment de nos intérêts. »

« Le conseil entra immédiatement en délibération, discutant paragraphe par paragraphe.

« Le premier paragraphe ne subit aucun changement.

« Au second paragraphe, le mot *pas* fut remplacé par le mot *point*, et *cette* par le mot *une*.

« Au troisième paragraphe, le mot *aujourd'hui* fut remplacé par le mot *maintenant*.

« Au quatrième paragraphe, le mot *l'apparence* fut remplacé par *les apparences*.

« C'est sur ce quatrième paragraphe que l'empereur commença à prendre une part active à la discussion, et le premier grand changement apporté sur sa demande fut l'adoption de la phrase suivante annexée à la fin du quatrième paragraphe :

« *Nous ne sommes pas sortis, à l'égard des divers* « *prétendants au trône, de la plus stricte neutra-* « *lité, et nous n'avons jamais témoigné pour aucun* « *d'eux ni préférence ni éloignement.* »

« Le changement d'attitude de l'empereur qui s'était manifesté dans la conversation qui, au moment de l'arrivée des ministres, précéda la séance du conseil, se montra alors avec une certaine violence qui frappa d'étonnement les ministres.

« Le cinquième paragraphe fut mis en discussion et l'empereur demande un changement complet après ces mots : *Nous persisterons dans cette conduite, mais...*

« Il proposa la rédaction suivante :

« *Nous persisterons dans cette conduite, mais*

« *nous ne croyons pas que le respect des droits d'un* « *peuple voisin nous oblige à souffrir qu'une puis-* « *sance étrangère puisse déranger à notre détri-* « *ment l'équilibre actuel des forces de l'Europe et* « *mettre en péril les intérêts et l'honneur de la* « *France.* »

« L'empereur déclara nettement qu'il fallait une déclaration plus positive que celle qui était soumise par MM. Ollivier et de Gramont.

« M. Émile Ollivier prit le premier la parole : il déclara qu'il abondait dans les idées de l'empereur, pensant qu'une déclaration nette et ferme du gouvernement français amènerait la paix qu'on désirait conserver. M. le garde des sceaux demanda seulement que, dans la rédaction proposée par l'empereur, il fût ajouté cette phrase, après les mots : *puissance étrangère :* « *en plaçant un de ses princes* « *sur le trône de Charles-Quint.* »

« L'empereur dit qu'il acceptait parfaitement la proposition de M. Émile Ollivier.

« Le tour de parole fut donné à chacun des ministres ; tous, dans la discussion, firent valoir des raisons sérieuses pour ne pas agir trop témérairement ; ils approuvaient, quant au fond, la déclaration proposée par l'empereur, mais pensaient qu'il serait préférable de s'en tenir à la rédaction primitive, qui n'excluait pas la possibilité d'en formuler plus tard, s'il était nécessaire, une plus nette. L'un des ministres, s'adressant particulièrement à l'empereur, déclara que le terrain était brûlant, et qu'il était dangereux de jouer avec le feu.

« L'empereur insista de nouveau très vivement pour que sa rédaction fût adoptée, et tous les ministres donnèrent leur approbation, mais non sans une certaine crainte.

« M. le duc de Gramont proposa alors le sixième paragraphe ainsi conçu :

« *Cette éventualité, nous en avons le ferme espoir, ne se réalisera pas.*

« Cette rédaction fut adoptée avec une sorte de satisfaction ; elle paraissait comme un correctif à celle du souverain.

« Le septième paragraphe : « *Pour l'empêcher,* « *nous comptons à la fois sur la sagesse du peuple* « *allemand et sur l'amitié du peuple espagnol,* » fut proposé par l'un des ministres qui reprenait cette phrase du texte primitif, quatrième paragraphe, où elle avait été retranchée pour placer la première déclaration présentée par l'empereur.

« Une longue délibération suivit cette proposition qui était appuyée par tous les ministres; l'empereur la trouvait superflue, et, après qu'elle fut adoptée, il proposa un huitième et dernier paragraphe ainsi conçu :

« *S'il en était autrement, forts de votre appui,*

« *Messieurs, et de celui de la nation, nous sau-*
« *rions remplir notre devoir sans hésitation et sans*
« *faiblesse.* »

« Cette dernière phrase fut nécessairement discutée; plusieurs ministres la trouvèrent téméraire, quoique, cependant, ils ne pensassent pas qu'il en résulterait immédiatement la guerre. Tout le monde comprenait que c'était dans ce dernier paragraphe, qui fut le plus grand point de controverse dans le conseil, qu'était le vrai danger. Ce n'est qu'après la volonté nettement, fermement exprimée par le souverain, faisant prévoir qu'il ne changerait pas d'avis, que les ministres eurent la faiblesse d'adhérer, par déférence, à la déclaration dans les termes proposés par l'empereur et et qui fermaient la porte à la solution pacifique.

« La déclaration était donc adoptée dans les termes suivants :

« Il est vrai que le maréchal Prim a offert au
« prince de Hohenzollern la couronne d'Espagne
« et que ce dernier l'a acceptée.

« Mais le peuple espagnol ne s'est point encore
« prononcé et nous ne connaissons *point* encore
« les détails vrais *d'une* négociation qui nous a
« été cachée.

« Aussi une discussion ne saurait-elle aboutir
« *maintenant* à aucun résultat pratique; nous
« vous prions, Messieurs, de l'ajourner.

« Nous n'avons pas cessé de témoigner nos « sympathies à la nation espagnole et d'éviter « tout ce qui aurait pu avoir les *apparences* d'une « immixtion quelconque dans les affaires inté- « rieures d'une noble et grande nation en plein « exercice de sa souveraineté; *nous ne sommes « pas sortis, à l'égard des divers prétendants au « trône, de la plus stricte neutralité, et nous n'avons « témoigné pour aucun d'eux ni préférence ni éloi- « gnement.*

« Nous persisterons dans cette conduite; mais « *nous ne croyons pas que le respect des droits d'un « peuple voisin nous oblige à souffrir qu'une puis- « sance étrangère, en plaçant un de ses princes sur « le trône de Charles-Quint, puisse déranger à notre « détriment l'équilibre actuel des forces en Europe « et mettre en péril les intérêts et l'honneur de la « France.*

« *Cette éventualité, nous en avons le ferme espoir, « ne se réalisera pas.*

« *Pour l'empêcher,* nous comptons à la fois sur « la sagesse du peuple allemand et sur l'amitié du « peuple espagnol.

« *S'il en était autrement, forts de votre appui, « Messieurs, et de celui de la nation, nous saurions « remplir notre devoir sans hésitation et sans fai- « blesse.* »

« M. Émile Ollivier, qui tenait la plume dans la

séance du conseil pour la rédaction de la déclaration, en donna une lecture complète; elle fut adoptée à l'unanimité; tous les ministres lui donnèrent leur approbation; mais pour la plupart ce n'était pas avec satisfaction; ils cédaient par déférence.

« M. Émile Ollivier fit immédiatement une minute de la déclaration, au bas de laquelle il mit ces mots : *Ne varietur;* il la remit à M. le duc de Gramont, qui partait de Saint-Cloud à une heure pour se rendre au Corps législatif. »

Il y eut une explosion d'indignation dans le monde bonapartiste à la lecture de ces révélations inattendues que tous les journaux s'empressèrent de reproduire. Les démentis plurent de toutes parts. Cependant il suffisait de relire avec soin les demi-aveux que le duc de Gramont avait laissé échapper dans sa déposition devant la commission d'enquête sur les événements du 4 septembre, pour voir que l'article de l'*Indépendance belge* sortait d'une plume, sinon complètement instruite, du moins bien informée.

Comme beaucoup de monde, j'étais resté dans le doute sur l'origine de cet article, quand, à quelques jours de là, je rencontrai un attaché du ministère des affaires étrangères, M. le baron de S... A..., qui entretenait des relations suivies avec M. le duc de Gramont. Il me dit que l'article de l'*Indépendance belge* avait été rédigé sous l'inspiration de ce dernier, qui était fatigué et ennuyé de voir qu'on continuât à faire peser sur lui la responsabilité de la guerre.

Plus tard, je recueillis une version différente de la bouche de M. Émile Ollivier. L'ancien garde des sceaux prétendait que cet article avait pour auteur un ancien secrétaire de M. de Gramont qui lui avait volé des papiers et, entre autres, la minute de la déclaration du 6 juillet.

En août 1879, j'avais rendu visite à M. Émile Ollivier à Passy. Je rentrais à Paris, et un jeune homme que j'avais rencontré chez lui avait manifesté le désir de m'accompagner. Pendant le trajet que nous suivions sur l'impériale de l'omnibus de la Muette, ce jeune homme me fit une confidence qui m'éclaira complètement sur l'origine des indiscrétions du correspondant du journal belge.

Quelque temps après la publication de l'article de l'*Indépendance,* M. de Gramont était venu voir M. Émile Ollivier, et en présence de la personne qui me faisait ce récit, il lui avait raconté l'étrange histoire que voici :

« J'avais, avait dit M. de Gramont, comme secrétaire depuis mon ambassade à Rome, un Frère mariste en qui j'avais toute confiance. Il m'était précieux surtout à cause de sa facilité à lire et à parler toutes les langues. Après quelque temps, je m'étais aperçu qu'on fouillait dans mes cartons et surtout dans ceux qui renfermaient mes papiers les plus secrets. Un certain nombre de pièces avaient même disparu. Je me mis à l'affût et je découvris que le coupable n'était autre que mon mariste.

« Quand il se vit découvert, il se jeta à mes pieds, me demandant grâce, et avouant tous ses méfaits. Entre autres larcins, il déclarait avoir soustrait le brouillon de la déclaration du 6 juillet, et l'avoir envoyé en Belgique, où on l'avait publié dans l'*Indépendance belge* avec des commentaires. Ces commentaires reproduisaient exactement une note que j'avais rédigée, pour mémoire, sur les divers incidents de la séance du conseil où avait été discutée la déclaration. Voilà comme il se fait que, dans son récit, l'*Indépendance belge* a pu suivre la vérité de si près.

« M. Ollivier, a ajouté M. B..., a accepté ce récit comme sincère et n'a pas même essayé d'incriminer M. de Gramont. Mais, parmi les personnes présentes, il n'en est pas une seule qui n'ait mis en doute que le duc inventât cette histoire pour les besoins de la cause, et uniquement pour dissimuler une indiscrétion dont il était lui-même l'auteur. »

Il y a lieu de remarquer, ce qui est presque un aveu, que M. de Gramont laissa passer l'article de l'*Indépendance belge* sans lui opposer un démenti. On peut donc considérer cet article comme un document historique de la plus haute valeur.

Entre les deux conseils, celui du 5 et celui du 6, l'empereur avait changé de sentiment : pacifique le 5, il se montrait fort belliqueux le 6. On a attribué cette modification dans les idées du souverain à l'influence de l'impératrice et de son entourage. Dès le 3 au soir, elle s'était montrée fort surexcitée. On prétend qu'à la suite du conseil du 5, elle eut avec l'empereur un entretien qui se prolongea jusqu'à une heure du matin, et que c'est à la suite de cet entretien que l'empereur avait montré moins de confiance dans le maintien de la paix.

Un fait qui a passé jusqu'ici presque inaperçu, c'est que Napoléon III avait, le 5 dans la journée, chargé le maréchal Le Bœuf, ministre de la guerre, de lui rédiger une note sur la situation de l'armée. Cette note fut remise à l'empereur le 6 juillet. Est-ce avant ou après le conseil? C'est ce qu'il est impossible de décider. Mais cette note a été conservée; elle a été reproduite dans une brochure de Napoléon III : *les Forces militaires de la France en* 1870, publiée en 1872, sous le nom de M. le comte de La Chapelle. Malgré cela, elle est peu connue, et je crois devoir la consigner ici :

Paris, 6 juillet 1870.

Note sommaire, pour l'empereur, sur la situation de l'armée.

Quinze jours après l'ordre donné par l'empereur, on aura formé deux armées comptant :

350 000 hommes de toutes armes,

875 bouches à feu avec 1er et 2e approvisionnement.

Il resterait :

A l'intérieur.	181 500	hommes
En Algérie.	50 000	»
A Civita.	6 500	»
Total. . .	238 000	hommes
Ajoutant les chiffres ci-dessus	350 000	»
On trouve	588 000	disponibles

pour la guerre.

Ajoutant non-valeurs. . . .	74 516	hommes
On obtient	662 516	»

comptant à l'armée régulière.

A ces forces il y a lieu d'ajouter, dès le premier jour, 100 000 hommes de garde nationale mobile habillés, équipés, armés et organisés avec leurs cadres.

A partir de l'ordre impérial, il faudrait environ trois semaines pour faire venir d'Afrique sur le Rhin : les 3 régiments de zouaves, les 3 régiments de tirailleurs, et les remplacer en Algérie par 4 régiments d'infanterie de ligne.

Il faudrait plus d'un mois pour faire venir à Marseille et à Toulon les 4 régiments de chasseurs d'Afrique.

J'ai l'honneur de demander à l'empereur de vouloir bien me donner ses ordres à l'heure même où la résolution de Sa Majesté sera arrêtée.

Le Ministre de la guerre :

Maréchal LE BŒUF.

On ne trouve point dans cette note cet esprit d'optimisme et de forfanterie qu'on a si fort reproché au maréchal Le Bœuf. Loin de là, elle renferme, pour qui comprend les sous-entendus, de nombreuses réserves. L'empereur n'a pas dû s'abuser sur l'état des forces dont il pouvait disposer.

On remarque que la déclaration du 6 juillet a été insérée tout au long dans le volume que M. Émile Ollivier a publié sous ce titre : *le Ministère du 2 janvier; — Mes discours.* On pourrait croire d'après cela que M. Émile Ollivier en assume seul la responsabilité. Mais, dans le même volume, figure le *memorandum* du 15 juillet 1870, qui est bien certainement une œuvre collective. La déclaration du 6 juillet est un des actes de son ministère; c'est à ce titre sans doute que M. Émile Ollivier l'a placée parmi ses discours.

V

LA DEMANDE DE GARANTIE

M. Émile Ollivier écrivait dans le numéro de l'*Estafette* du 23 avril 1880 :

> Dans la négociation Hohenzollern, une des résolutions les plus importantes a été arrêtée entre l'empereur et le ministre des affaires étrangères sans la participation du prétendu premier ministre.

Le silence qu'il a cru devoir garder devant le public, il l'avait rompu, dans une conversation que nous avions eue ensemble, le 6 août 1879.

L'incident auquel l'ancien garde des sceaux faisait allusion dans cet article de l'*Estafette*, c'était la demande de garantie qui fut adressée le 12 juillet par M. le duc de Gramont au gouvernement prussien à la suite de la renonciation du prince de Hohenzollern. Dans une dépêche qui fut adressée, à sept heures du soir, à M. Benedetti, notre ambassadeur, à Ems, le ministre des affaires étrangères disait :

Pour que cette renonciation du prince Antoine produise son effet, il paraît nécessaire que le roi de Prusse s'y associe et donne l'assurance qu'il n'autorisera pas de nouveau cette candidature. Veuillez vous rendre immédiatement auprès du roi pour lui demander cette déclaration, qu'il ne saurait refuser, s'il n'est véritablement animé d'aucune arrière-pensée. Malgré la renonciation qui est maintenant connue, l'animation des esprits est telle que nous ne savons pas si nous saurons la dominer.

On a toujours prétendu que c'est cette demande qui avait irrité le roi de Prusse et qui l'avait déterminé à refuser de poursuivre les négociations avec le représentant de l'empereur. Elle avait, dans tous les cas, singulièrement surpris et déconcerté notre ambassadeur; car, dans les années qui ont suivi la guerre, M. Benedetti m'a dit souvent :

« Tâchez donc de savoir d'Ollivier ce qui l'a déterminé, à la suite de la renonciation du prince de Hohenzollern, à réclamer des garanties pour l'avenir et à changer ainsi la base des négociations. C'est cette nouvelle prétention qui a rendu tout impossible. »

Avant même que M. Émile Ollivier en eût fait l'aveu implicite, on savait que la demande de garantie n'avait jamais été soumise au conseil des ministres, et que la question avait été engagée par M. le duc de Gramont, à la suite d'une conversation avec l'empereur, et à l'insu et sans la participation de ses collègues.

A quels arguments avait-il cédé pour se livrer à une démarche aussi grave? On a raconté que c'est une lettre de l'empereur qui lui avait inspiré sa dépêche. Mais cette lettre, d'après tous les gens au courant des choses, aurait été écrite après coup et pour justifier une négociation déjà engagée. Et de fait, dans son livre : *la Prusse et la France avant la guerre*, M. de Gramont expose les faits de telle façon qu'on ne peut pas prendre le change ; il a envoyé la dépêche à M. Benedetti à sept heures, c'est-à-dire à son retour de Saint-Cloud, et la lettre de l'empereur lui est parvenue à dix heures du soir, c'est-à-dire trois heures après l'expédition de la dépêche.

Cette lettre de l'empereur, il faut la citer ; car, outre qu'elle montre les préoccupations auxquelles Napoléon III était en proie, elle laisse deviner la conversation qui eut lieu entre lui et son ministre dans l'après-midi du 12.

Palais de Saint-Cloud, le 12 juillet 1870.

Mon cher duc, en réfléchissant à nos conversations d'aujourd'hui, et en relisant la dépêche du prince Antoine, je vois qu'il faut se borner à accentuer davantage la dépêche que vous avez dû envoyer à Benedetti, en faisant ressortir les points suivants :

1° Nous avons eu affaire à la Prusse et non à l'Espagne;

2° La dépêche du prince Antoine adressée à Prim est un document non officiel pour nous, que personne n'a été chargé en droit de nous communiquer;

3° Le prince Léopold a accepté la candidature au trône d'Espagne, et c'est le père qui y renonce;

4° Il faut donc que Benedetti insiste, *comme il en a l'ordre*, pour avoir une réponse catégorique par laquelle le roi s'engagerait pour l'avenir à ne pas permettre au prince Léopold (qui n'est pas engagé) de suivre l'exemple de son frère et de partir un beau jour pour l'Espagne;

5° Tant que nous n'aurons pas une communication officielle d'Ems, nous ne sommes pas censés avoir eu de réponse à nos justes demandes;

6° Tant que nous n'aurons pas cette réponse, nous continuerons nos armements;

7° Il est donc impossible de faire une communication aux Chambres avant d'être mieux renseigné.

Recevez, mon cher duc, l'assurance de ma sincère amitié.

NAPOLÉON.

Le dernier paragraphe de la lettre faisait allusion à la demande d'interpellation déposée au début de la séance par M. Clément Duvernois, demande qui s'était produite sans que l'empereur eût été consulté.

Quoi qu'il en soit, M. Émile Ollivier, pas plus que ses autres collègues du cabinet, n'avait été mis dans la confidence de la tournure nouvelle donnée aux négociations, et c'est par hasard qu'il l'apprit.

Le 12 juillet, dans la soirée, M. Émile Ollivier

était encore dans les mêmes sentiments qu'il avait exprimés avant l'ouverture de la séance du Corps législatif. On sait qu'il avait montré la dépêche du prince Antoine à différentes personnes et qu'il leur avait dit :

« Nous n'avons jamais demandé que le retrait de la candidature du prince de Hohenzollern ; nos communications avec la Prusse n'ont jamais porté sur le traité de Prague. La candidature du prince de Hohenzollern est retirée. L'incident est terminé. »

Avec M. Thiers, M. Émile Ollivier avait été plus explicite. Après qu'il avait reçu communication de la dépêche de M. Olozaga, M. Thiers lui avait dit : « Maintenant, il faut vous tenir tranquille. — Soyez rassuré, avait répondu le ministre, nous tenons la paix, nous ne la laisserons pas échapper. »

Donc, le 6 août 1877, j'étais allé à Passy communiquer à M. Émile Ollivier un article du *Figaro : Où en sont les bonapartistes?* qui faisait un certain bruit. En route, j'avais rencontré le duc de Gramont qui m'avait appris que cet article était de Léonce Dupont. Cette rencontre de M. de Gramont avait reporté mon esprit vers les choses de la guerre de 1870, et comme je trouvais M. Émile Ollivier disposé à aborder ce sujet, je m'enhardis à l'interroger sur les motifs de la demande de garantie :

— Elle a été faite, me répondit-il, sans moi et en dehors de moi.

Et comme je m'étonnais que, sur une question aussi importante, il n'eût pas été consulté, il me fit le récit suivant :

« Dans la soirée du 12 juillet, je m'étais rendu au ministère des affaires étrangères ; je n'y allais point pour une conférence, mais en simple visiteur, et la preuve, c'est que je m'étais fait accompagner par une femme. A peine avions-nous été introduits dans le salon, que M. de Gramont me fit entrer dans son cabinet, et me donna communication de la lettre qu'il avait reçue de l'empereur et de la dépêche qu'il avait adressée à Benedetti.

« La lecture de la dépêche me causa une impression douloureuse : « Vous allez tout droit à la « guerre, fis-je remarquer au duc de Gramont, ou « tout au moins vous rendez la conservation de la « paix fort difficile. »

« Mon observation donna lieu entre nous à une altercation assez vive. Elle ne prit fin que lorsque le ministre des affaires étrangères eut consenti à adresser à Benedetti une dépêche qui atténuait la première. Pour plus de précautions, cette dépêche fut expédiée en double expédition, en mettant une heure de distance entre chaque copie.

« Malheureusement, quand cette seconde dépêche

parvint à Ems, notre ambassadeur avait vu le roi de Prusse et en avait reçu la réponse que tout le monde connaît. L'entretien ne put être renoué ; Benedetti ne put expliquer ce que nous voulions, et les événements suivirent leur cours.

« On ne peut pas dire, et sur ce point M. Émile Ollivier a insisté tout particulièrement, que le duc de Gramont avait changé les bases de la négociation ; au fond, nous avions toujours demandé la même chose ; nous voulions que le prince de Hohenzollern renonçât à la candidature au trône d'Espagne et qu'il ne pût revenir sur sa renonciation. Mais dans sa dépêche du 12 juillet, datée de sept heures du soir, le duc de Gramont avait trop accentué sa demande ; il avait trop vivement insisté sur un point qui jusque-là avait été laissé dans l'ombre, et en cela il allait au-devant d'un embarras sérieux.

« En engageant des négociations dans cette voie sans la participation de ses collègues, a ajouté M. Émile Ollivier, le ministre des affaires étrangères manquait de procédés vis-à-vis d'eux et surtout vis-à-vis de moi. Puisqu'il donnait une autre forme aux négociations, il aurait dû me prévenir. C'était là, dans une certaine mesure, un retour aux agissements du gouvernement personnel. L'empereur et le duc de Gramont auraient dû se souvenir qu'ils étaient en présence d'un cabinet responsable. Mais il n'y a rien de plus ; c'est une faute parlementaire, ce n'est pas une faute politique. »

Là est la vérité. Qui sait quelle direction auraient pris les événements, si la lettre de l'empereur avait été communiquée au cabinet, et si la dépêche envoyée à M. Benedetti avait été au préalable soumise à une discussion approfondie?

VI

L'INTERPELLATION DUVERNOIS

Les intentions ne comptent pas dans l'histoire. Les actes obéissent à la logique des événements, et non à la volonté des hommes, souvent suspecte, presque toujours inconsciente; ils reçoivent leur interprétation des effets qu'ils produisent, la plupart du temps, à l'insu de leurs auteurs.

M. Clément Duvernois a déposé le 12 juillet 1870 une demande d'interpellation incendiaire, qui a exercé sur le cours des négociations engagées à Ems une influence désastreuse. Le 15 octobre 1871, l'ex-ministre du commerce du gouvernement de la régence, devenu rédacteur en chef de l'*Ordre*, a essayé dans son journal de donner à son interpellation un sens tout à fait inoffensif. Il est facile de montrer que cette justification rétrospective n'a aucune valeur, et que M. Clément Duvernois reste écrasé sous le poids de l'immense responsabilité qu'il a encourue.

J'ai très présentes à l'esprit les circonstances dans lesquelles l'interpellation s'est produite.

M. Émile Ollivier venait de communiquer à diverses personnes, sur le pont de la Concorde et dans les couloirs du Corps législatif, la dépêche de M. Olozaga annonçant le désistement du prince Antoine de Hohenzollern. Il avait déclaré que, quant à lui, il considérait l'affaire comme terminée.

L'occasion parut bonne aux hommes de l'extrême droite qui, depuis quelques jours, minaient sourdement le ministère, de le prendre en flagrant délit d'anti-patriotisme et de le renverser. On ne pouvait aboutir à ce résultat qu'en opposant à la politique pacifique de certains membres du cabinet une politique ultra-belliqueuse. Aussi une agitation très vive se produisit à la salle des conférences, à la suite de la communication faite par le garde des sceaux dans les couloirs. « Cette dépêche n'a aucune valeur, répétait-on; la renonciation de *père* Antoine n'engage pas la Prusse. Il faut demander des garanties. »

On vit, quelques minutes avant l'ouverture de la séance, un certain nombre de membres s'enfermer dans un bureau. On remarquait parmi eux M. Clément Duvernois. C'est là qu'on décida la rédaction d'une interpellation que celui-ci devait déposer.

Cette rédaction était arrêtée d'avance ; car le *Gaulois* dans ses *Échos parlementaires*, datés de 1 h. 50 m., imprimait ces lignes :

M. Duvernois, *si les affaires tournent à la paix*, interpellera le ministère.

Et le journal donnait le texte de l'interpellation telle qu'elle fut lue à la tribune une heure plus tard.

Quelle était à ce moment la situation de M. Clément Duvernois? C'était un favori en disgrâce. Après avoir rempli pendant longtemps les hautes et délicates fonctions de journaliste attitré de l'empereur, il venait d'être mis à l'écart et avait même cessé de jouir de ses petites entrées aux Tuileries. C'était M. Émile Ollivier qui avait exigé le renvoi de l'écrivain qui passait pour recevoir les plus secrètes confidences du souverain, et qu'on surnommait au Château *la plume de l'empereur*.

M. Clément Duvernois avait pris une part très active à la formation du ministère du 2 janvier. Il avait même fait partie de ce ministère pendant deux heures; mais des considérations purement personnelles l'avaient fait écarter. Il avait paru se résigner d'abord ; il avait espéré que, grâce à sa position auprès de Napoléon III, il aurait sur le ministère une action indirecte. Mais de simple donneur de conseils il était arrivé, par une pente insensible, et son tempérament l'y portant, à prendre vis-à-vis des ministres, et notamment vis-à-vis de M. Émile Ollivier, une attitude d'opposant, qui n'avait pas tardé à devenir gênante. La lutte avait pris peu à peu un caractère d'aggression qui faisait croire à des dissentiments entre l'empereur et ses conseillers. A propos d'un article sur la loi relative aux conseils généraux, M. Émile Ollivier avait nettement posé la question du renvoi du favori. L'empereur s'était rendu aux observations des membres du cabinet. La direction du *Peuple Français* avait été retirée à M. Clément Duvernois, qui avait le lendemain fondé le *Volontaire*.

A la suite de ces incidents, l'écrivain disgracié avait cherché un appui auprès des députés qui se montraient les adversaires les plus décidés de M. Émile Ollivier, et comme ces députés siégeaient à droite, c'est naturellement vers la droite extrême que l'ancien journaliste de gauche avait recruté des auxiliaires. Il ne dissimulait nullement son but : il voulait renverser le ministère.

Les déclarations pacifiques formulées par M. Émile Ollivier dans les couloirs de la Chambre lui parurent le prétexte qu'il cherchait. A peine le secrétaire avait-il achevé la lecture du procès-verbal, que M. Clément Duvernois se précipita à la tribune et donna lecture de son interpellation qui était ainsi conçue :

« Nous demandons à interpeller le cabinet sur les garanties qu'il a stipulées ou qu'il compte stipuler pour éviter un retour de complications avec la Prusse. »

Le texte de cette interpellation fut porté à Saint-Cloud par M. le duc de Gramont. On a prétendu qu'elle avait été inspirée par l'empereur. C'est un point que M. Clément Duvernois lui-même a pris le soin de réfuter. « L'empereur, a-t-il dit, « ne la connut même pas, et quand il la connut « après coup, il ne dut pas l'approuver. »

L'empereur a consigné son sentiment dans un écrit qui est devenu fort rare. En 1871, parut à Genève sous la signature de M. le marquis de Jaucourt, une brochure portant ce titre : *Des relations de la France avec l'Allemagne sous Napoléon III*. On a su depuis que cette brochure, dont peu d'exemplaires avaient pu pénétrer en France, avait pour auteur Napoléon III lui-même. Voici quel sens l'empereur attribuait à l'interpellation de son ancien favori :

« Le vote du Corps législatif n'était pas douteux. Il y eut un moment où les ministres parurent incliner vers les idées de paix; un ordre du jour de M. Clément Duvernois faillit renverser le cabinet : ceci se passait le 12 juillet. »

L'interprétation donnée à la démarche de

M. Clément Duvernois par M. le duc de Gramont est encore plus nette :

« On vint m'annoncer qu'aussitôt après la lecture du procès-verbal, M. Clément Duvernois avait pris la parole en ces termes: (Suit le texte de l'interpellation.) Or ces garanties que nous comptions stipuler et que nous cherchions à obtenir, c'était précisément la participation du roi au désistement du prince de Hohenzollern, participation sinon directe et explicite, comme nous l'avions espéré au début des négociations, du moins indirecte et implicite, résultant de la communication par le roi du désistement du prince...

« Après l'entrevue avec l'ambassadeur de Prusse, je me rendis à Saint-Cloud pour en conférer avec l'empereur. Celui-ci regrettait l'interpellation, parce qu'elle obligeait son gouvernement de hâter le moment des explications que la prudence au contraire commandait de différer le plus longtemps possible. Cependant la pensée de cette interpellation répondait d'une façon si évidente au sentiment de la majorité parlementaire, à celui de l'opinion publique dont presque toute la presse se faisait l'ardent interprète, qu'il était impossible de n'en pas tenir compte; on ne pouvait pas accepter le désistement du prince Antoine sans stipuler des garanties. Il fallait, je le répète, s'associer dans une certaine mesure au sentiment national, si on voulait conserver encore une chance de pouvoir le contenir en deçà d'un recours aux armes! »

A Ems, l'interpellation fut considérée comme un acheminement vers de nouvelles exigences. Notre ambassadeur à Berlin, M. Benedetti, réfugié à Londres, écrivait le 12 décembre 1870 une lettre au journal anglais *the Standard*, qui a été bien souvent citée. On y lisait ces lignes significatives:

Quelques membres du Corps législatif qui considéraient comme insuffisantes les concessions qui nous avaient été faites se proposaient d'interpeller le gouvernement à cet égard. Ils avaient l'intention de demander qu'on exigeât de la Prusse des engagements, afin que dorénavant aucun prince de la maison Hohenzollern ne pût monter sur le trône d'Espagne. Il est vrai que cette interpellation fut ajournée; mais le sujet de cette question fut indiqué publiquement à la tribune, et le ministère prit la résolution de m'envoyer de nouvelles instructions, afin d'agir conformément à l'esprit du public.

Je peux avancer, sans crainte d'être démenti, que j'avais accompli mes premières instructions très heureusement, et sauvé la paix des dangers dont la menaçait la candidature du prince Léopold, lorsque nous élevâmes les nouvelles prétentions qui nous conduisirent à cette guerre fatale.

Après les déclarations si nettes, si concordantes de Napoléon III, du duc de Gramont et de M. Benedetti, aucun doute ne saurait s'élever sur l'effet produit par l'interpellation de M. Clément Duvernois. Elle conduisait le gouvernement impérial à formuler une demande de garantie, et cette garantie, on la voyait là seulement où on pouvait la voir, c'est-à-dire dans l'engagement pris par le roi de Prusse de s'opposer à ce que la candidature Hohenzollern se renouvelât à l'avenir. M. Clément Duvernois n'avait pas eu besoin de développer son interpellation : les députés de la droite à la salle des conférences, les journalistes dans les tribunes et dans la salle des Pas-Perdus, en indiquaient nettement le but : « La déclaration, disaient-ils, « est signée seulement par le père du prince de « Hohenzollern ; le gouvernement ne saurait, à « l'heure qu'il est, se considérer comme satisfait. »

C'était, comme on l'a dit, le parti de la guerre à tout prix qui prenait ses précautions contre le parti de la paix et qui dictait au ministère sa règle de conduite. Malheureusement l'empereur et M. de Gramont obéirent ; les autres gémirent, mais laissèrent faire.

On est là en présence de faits précis. Cependant M. Clément Duvernois n'a pas seulement cherché à se disculper ; il a, avec une candeur qui ressemble fort à de l'effronterie, essayé de donner le change à l'opinion. Suivant lui, on s'est trompé sur ses intentions ; on a prêté à son interpellation un sens qu'elle n'avait pas et qui était bien loin de son esprit.

Au mois d'octobre 1871, M. Clément Duvernois, qui s'était tenu jusque-là éloigné de la France, venait de rentrer à Paris, et il avait pris la direction du journal bonapartiste *l'Ordre*. Le journal *le Soir* avait rappelé, à cette occasion, le rôle que l'ancien rédacteur du *Peuple français* et du *Volontaire* avait rempli le 12 juillet 1870, et avait raconté l'histoire de sa demande d'interpellation.

« Ainsi, avait dit le *Soir*, au moment où le ministère obtenait cette victoire diplomatique du retrait de la candidature Hohenzollern, ce n'était pas un membre de l'opposition, mais un député dont les relations personnelles avec l'empereur n'étaient un mystère pour personne, qui venait déclarer cette victoire insuffisante, et qui poussait les ministres à exiger du roi de Prusse des garanties pour éviter le retour de nouvelles complications. Tout le monde sait que cette invitation de M. Clément Duvernois fut écoutée par malheur, et que ce fut sur cette demande de garanties que la guerre éclata. »

Après une attaque aussi directe, il était impossible à M. Clément Duvernois de garder le silence dans lequel il s'était enveloppé jusque-là. Il fit, le 15 octobre 1871, la réponse suivante, qui forme une pièce importante du dossier de la guerre de 1870 :

« Quelle était la pensée de son interpellation?

« La pensée de cette interpellation était qu'on

ne pouvait pas accepter le désistement du prince Antoine sans stipuler des garanties.

« Était-ce une opinion fausse? En ce cas, M. Duvernois et M. le comte de Leusse avaient pour complices la majorité des journaux.

« Si la candidature du prince de Hohenzollern s'était produite ce jour-là pour la première fois, il n'y aurait eu aucune difficulté. Il fallait accepter avec empressement un désistement pur et simple. Mais la situation n'était pas celle-là. Tout le monde savait que l'année précédente la même candidature s'était produite; tout le monde savait qu'à ce moment la candidature avait été abandonnée; tout le monde savait qu'à ce moment — en 1869 — la France avait fait connaître qu'elle ne pouvait pas accepter la candidature du prince de Hohenzollern. La Prusse savait donc ce qu'elle faisait en reprenant *secrètement* cette affaire, et rien ne garantissait qu'assoupie de nouveau, la question ne se réveillerait pas quelques mois plus tard.

« D'un autre côté, l'imminence d'un conflit entre la Prusse et la France était tellement évidente que, tout le monde la prévoyant, la prospérité nationale s'en ressentait. Quelques jours auparavant, l'affaire du Saint-Gothard passionnait la Chambre, et nous savions que le passage du Mein était une question de semaines et de jours.

« Il fallait donc profiter d'un incident qu'on n'avait pas cherché, pour stipuler des garanties, et créer, entre les deux pays, un *modus vivendi* plus conforme à tous les intérêts. Après la note du 6 juillet, il était impossible de se contenter de la dépêche du prince Antoine.

« Il n'y avait plus qu'une chance pour la paix : renverser le cabinet qui avait engagé la question, et stipuler des garanties qui changeraient le terrain des négociations. C'est le but que poursuivit M. Duvernois, et il l'eût exposé si son interpellation eût été discutée. Ses amis politiques pourraient en témoigner :

« Le cabinet, voulait-il dire, a eu tort d'engager la question par une note publique. Il valait mieux négocier d'abord, car la publicité en ces matières est toujours le principal obstacle à un arrangement. La publicité a éveillé le point d'honneur des deux côtés du Rhin; ce n'est pas par une satisfaction illusoire que l'on apaisera l'opinion. Ou bien, il fallait, comme l'an dernier, sous le ministère Rouher-La Valette, négocier secrètement et se contenter d'une satisfaction provisoire; ou bien, en faisant une sorte de scandale, il fallait être résolu à obtenir une satisfaction décisive.

« Quelle garantie faut-il demander?

« Les précédents l'indiquent, et la nature même des choses ne l'indique pas moins. Nous sommes vis-à-vis de la Prusse dans un état de conflit permanent; hier, c'était l'affaire du Saint-Gothard; aujourd'hui, c'est l'affaire de Hohenzollern; demain ce sera autre chose.

« Pour mettre un terme à cette situation, il n'y a qu'un moyen, c'est de reprendre la proposition de désarmement mise en avant par l'Angleterre.

« Il y a quelques mois, lord Clarendon a insisté à deux reprises auprès de la Prusse pour obtenir le désarmement. L'Angleterre trouvera donc naturel que nous reprenions la proposition pour notre compte, car le désarmement est la seule garantie qui puisse nous assurer des bonnes intentions de la Prusse. »

« Cette politique suivie par un cabinet moins engagé que le cabinet Ollivier pouvait aboutir au maintien de la paix, parce qu'elle donnait à l'Europe le temps d'intervenir efficacement. En tous cas, elle faisait gagner du temps et déplaçait les débats. » (*Ordre* du 15 octobre 1871.)

Je n'ai pas à discuter le mérite de cette explication; lorsqu'elle se produisit, elle ne fut prise au sérieux par personne, pas même par les rédacteurs de l'*Ordre*. Dans le public, on s'étonna que M. Clément Duvernois, après avoir laissé s'accréditer, pendant plus d'un an, sans soulever la moindre protestation, une version de sa pensée qui lui donnait une grande part dans la responsabilité de la guerre, se ravisât tout à coup et cherchât à faire avaler une bourde qu'il ne se donnait même pas la peine de revêtir du vernis de la vraisemblance. Voici ce qui s'était passé.

Au mois d'octobre 1871, c'était une sorte de mot d'ordre dans le parti bonapartiste de restreindre la culpabilité de la guerre à un petit nombre de personnages politiques qu'on sacrifiait à la rancune décorée du nom de raison d'État. On avait choisi un ou deux boucs émissaires, qu'on avait chargés de tous les péchés d'Israël. Tout le monde savait que M. Clément Duvernois avait été, en juillet 1870, un des promoteurs les plus ardents de la guerre avec la Prusse. Mais à cette date de 1871, on avait besoin de sa plume; pourvu qu'il présentât une justification quelconque de la conduite qu'il avait tenue, on était tout prêt à passer l'éponge sur ses démarches les plus compromettantes : il avait été l'adversaire du ministère Ollivier; cela suffisait à le rendre blanc comme neige.

Il paraît que c'est M. Rouher qui avait fourni à M. Clément Duvernois les moyens de transformer son interpellation belliqueuse de juillet 1870 en motion pacifique. Celui-ci, aussitôt que s'était produite l'attaque du journal *le Soir*, aurait été trouver l'ancien ministre d'État et l'aurait consulté sur ce cas embarrassant. M. Rouher, qui a toujours été un homme de ressources, lui aurait alors conseillé de déclarer que, dans sa pensée, lui, Clément Duvernois, avait eu, le 12 juillet 1870, l'intention de mettre en demeure le gouvernement de proposer à la Prusse le désarmement réciproque.

Seulement, pour donner plus de valeur au conseil et pour écarter tout soupçon de commentaire complaisant, il fut convenu qu'on raconterait que la démarche de M. Clément Duvernois auprès de M. Rouher, avait eu lieu le lendemain du dépôt de la demande d'interpellation. L'anecdote qu'on a fait courir dans les cercles politiques prenait ainsi un caractère étrange qui a échappé aux hommes du parti bonapartiste : on représentait en effet M. Clément Duvernois comme allant consulter M. Rouher sur la forme et la conclusion d'une interpellation déposée la veille, c'est-à-dire demander à l'ex-ministre d'État ce qu'il fallait mettre dedans! c'était le comble du grotesque!

VII

LA CRISE MINISTÉRIELLE

Il est certain qu'il y a eu une crise ministérielle au lendemain de la renonciation du prince de Hohenzollern, suivie de la demande de garantie. On a sur cette crise peu de renseignements exacts, mais on devine aisément ce qui s'est passé. Les partisans de la paix et ceux de la guerre étaient aux prises dans les conseils du gouvernement.

M. Émile Ollivier paraît s'être rangé du côté des premiers. En colportant la dépêche qui annonçait le désistement du prince Antoine au nom de son fils, et en proclamant bien haut que l'incident était terminé, le garde des sceaux s'était mis en dissentiment flagrant, non seulement avec le ministre des affaires étrangères, mais encore avec l'empereur. La lettre adressée le 12 au soir par Napoléon III au duc de Gramont, prouve que le souverain était loin d'être de l'avis de M. Émile Ollivier et de considérer l'incident comme terminé ; à ses yeux, la renonciation du prince de Hohenzollern ne lui paraissait pas une satisfaction suffisante.

Il y avait donc en réalité en présence deux politiques : celle de l'empereur, celle de M. Émile Ollivier. C'est la politique toute pacifique de M. Émile Ollivier qui a inspiré à M. Robert Mitchell le fameux article du *Constitutionnel* qui se termine par cette phrase, complément et commentaire de la déclaration faite la veille dans les couloirs de la Chambre :

« Nous n'en demandons pas davantage, et c'est avec orgueil que nous accueillons cette solution pacifique.

« Une grande victoire qui ne coûte pas une larme, pas une goutte de sang. »

J'ai pu m'assurer par moi-même de l'effet qu'avait produit cet article sur les esprits tournés à la guerre. Mon ami M. Charles Abbatucci, conseiller d'État, était de ces esprits-là. Je me promenais avec lui le 14 juillet vers midi sur le boulevard des Capucines en face du café de la Paix. Il était en train de prononcer un véritable réquisitoire contre M. Émile Ollivier, qu'il avait l'habitude d'appeler, je n'ai jamais su pourquoi, *le jeune Éliacin*, quand nous aperçûmes M. Robert Mitchell se glissant, en tapinois, le long de la façade du café. Il avait l'air de venir de la chancellerie, et il voulait évidemment éviter M. Charles Abbatucci, dont il redoutait les critiques toujours formulées en termes peu parlementaires. M. Charles Abbatucci, qui l'avait aperçu, s'élança de son côté, le happa en quelque sorte au passage, et l'apostropha très vivement sur les allures ultra-pacifiques du *Constitutionnel*. Il lui reprocha notamment l'article que M. Robert Mitchell avait publié le matin même sous sa signature.

— On dirait, s'écria-t-il, que vous avez peur!

— Ce n'est pas la défaite qu'il faut craindre, répondit M. Robert Mitchell, c'est l'empereur revenant victorieux. La victoire serait le signal de la réaction; les réformes accomplies disparaîtraient bien vite, et l'on restaurerait immédiatement le système de 1852.

— Ce n'est pas moi qui m'en plaindrais, répliqua le bouillant conseiller d'État.

M. Robert Mitchell venait de toucher au vif de la question : c'était bien dans l'espoir de rendre à Napoléon III son pouvoir personnel, qu'il avait généreusement abandonné, que les autoritaires désiraient une grande guerre couronnée par des victoires et par des conquêtes.

Le rédacteur du *Constitutionnel*, dans sa réponse à M. Charles Abattucci, ne faisait que traduire la pensée de M. Émile Ollivier; car je retrouve les mêmes idées dans une conversation que lui et M. Adelon eurent avec le garde des sceaux, le 12 juillet au soir, dans le jardin du ministère des affaires étrangères.

— Donnez votre démission, disaient à M. Émile Ollivier, MM. Robert Mitchell et Adelon.

— Je ne le puis, répondit M. Émile Ollivier; le pays a confiance en moi; je suis la garantie du parti nouveau qui lie l'empire à la France. Si je me retire, on considérera l'avènement d'un ministère Rouher comme une sorte de coup d'État contre les réformes parlementaires. Il serait à craindre que la situation déjà si grave se compliquât de difficultés intérieures. Et puis, ajouta-t-il, la guerre est décidée. Elle est inévitable; aucune force humaine ne pourrait la conjurer aujourd'hui. Puisque nous ne pouvons l'empêcher, notre devoir est de la rendre populaire. En nous retirant, nous découragerions le pays; nous démoraliserions l'armée, nous contesterions le droit de la France et la justice de sa cause.

— Qu'espérez-vous donc?

— Pour moi, rien. Quoi qu'il arrive, je suis sacrifié, car la guerre emportera le régime auquel j'ai attaché mon nom. Si nous sommes vaincus,

Dieu protège la France! Si nous sommes vainqueurs, Dieu protège ses libertés[1]!

Pour mettre fin aux intrigues bien plus que pour faire cesser des bruits persistants, le *Constitutionnel* publia la note suivante qui fut reproduite par la plupart des journaux qui soutenaient le ministère :

> On fait circuler plusieurs nouvelles inexactes. Il n'est nullement vrai qu'un dissentiment existe entre M. Émile Ollivier et M. le duc de Gramont; il n'est pas plus exact que M. Émile Ollivier ait offert sa démission.
>
> Le ministère est uni comme au premier jour avec la Chambre et le pays dans le but de sauvegarder la paix de l'Europe, sans sacrifier l'honneur et les intérêts de la France.

Quelques années après la guerre, je me trouvais dans le salon de M. Émile Ollivier avec le duc de Gramont. M. Émile Ollivier avait été obligé de nous quitter pour recevoir un visiteur qu'on avait introduit dans son cabinet. Je fus amené par le tour de la conversation à parler à l'ancien ministre des affaires étrangères de 1870 de la crise ministérielle qui avait failli éclater à la suite de la demande de garantie.

— Est-il vrai, lui dis-je, qu'il y avait une combinaison basée sur l'élimination d'Ollivier?

— C'est très exact, me répondit le duc; il y avait

1. *Courrier de France* du 14 novembre 1872. Ce récit n'a pas reçu de démenti.

deux ministères en présence; et j'étais des deux combinaisons.

Cet aveu cynique pouvait être entendu de M. Émile Ollivier qui avait laissé la porte de son cabinet entr'ouverte. Plus tard, après la mort du duc de Gramont, j'eus occasion de rapporter ce propos à M. Émile Ollivier, qui l'accueillit avec colère et qui laissa échapper ces paroles :

— Ce Gramont! c'était un homme bien léger!

VIII

L'INCIDENT D'EMS

Quand a été publié le premier volume de l'enquête parlementaire sur les actes du gouvernement de la défense nationale, je me suis attaché tout particulièrement à la déposition de M. Benedetti, notre ambassadeur à Berlin.

Dans sa déposition, M. Benedetti a été invité à s'expliquer sur ce qu'on avait pris l'habitude d'appeler l'*incident d'Ems,* c'est-à-dire sur le refus que le roi de Prusse aurait manifesté de recevoir notre ambassadeur et de s'entretenir avec lui de la demande de garantie que le gouvernement de l'empereur l'avait chargé de formuler.

Voici le passage de la déposition de M. Benedetti qui a trait à cet incident :

« *Le président.* — Avez-vous reçu un affront à Ems,

et est-ce là ce qui a pu amener une déclaration de guerre?

« *M. Benedetti.* — Je n'ai reçu aucun affront à Ems, et ma correspondance établit que je ne me suis plaint d'aucun mauvais procédé... Le roi n'a pas refusé de me recevoir. Il ne m'a pas reçu, il est vrai; mais il donnait pour raison que nous n'avions pas à continuer un entretien sur le troisième point (la garantie), et qu'il était obligé de s'en tenir à ce qu'il avait dit dans la matinée. »

Dans la préface de son livre : *Ma mission en Prusse*, publié en 1872, M. Benedetti avait résumé sa pensée en termes très énergiques : « A Ems, avait-il dit, il n'y a eu ni insulteur ni insulté. »

M. Émile Ollivier était loin d'être d'accord avec M. Benedetti sur le caractère de l'attitude que le roi de Prusse avait cru pouvoir prendre vis-à-vis de notre ambassadeur; il y voyait une insulte au premier chef.

Voici comment il raisonnait :

« Un ambassadeur est le représentant de la personne de l'empereur. Refuser de le recevoir, c'est refuser de recevoir l'empereur, c'est faire un affront direct à la personne du souverain. Sans doute, M. Benedetti pouvait, lui, ne rien voir d'offensant pour sa personne dans le refus du roi de Prusse de reprendre l'entretien; mais M. Benedetti représentait l'empereur, et, au lieu d'accepter comme un fait tout naturel un procédé presque grossier, il aurait dû protester, et, dans tous les cas, montrer qu'il y avait là une atteinte à la dignité du souverain qui l'avait accrédité.

« Au lieu de prendre l'attitude indignée que commandait le manque de respect dont il était l'objet, que fait M. Benedetti? Il demande à voir le roi de Prusse à la gare du chemin de fer, au moment de son départ pour Coblentz. Le roi, qui aperçoit là une nouvelle occasion de lui témoigner son mépris, se garde bien de lui refuser cette satisfaction platonique : « Je n'ai pas voulu, semble-t-il dire, vous recevoir dans mon salon; vous consentez à être reçu « dans mon antichambre, je ne m'y oppose pas. »

On ne peut nier qu'il n'y ait beaucoup de vrai dans la façon de raisonner de M. Émile Ollivier.

M. Benedetti a beau prétendre que le roi lui-même a été « fort surpris quand il a eu connaissance des fables publiées par certains journaux »; c'est dans le sens de l'insulte que la presse allemande a interprété le refus du roi de Prusse de recevoir notre ambassadeur.

M. de Gramont, dans son livre : *la France et la Prusse avant la guerre,* a décrit des gravures qui représentaient la scène de l'insulte et qu'on voyait, quelques années après la guerre, étalées aux devantures des boutiques de libraires. Le fond d'une de ces gravures reproduisait la première pièce de l'appartement du roi de Prusse à Ems, avec une fenêtre ouverte sur la promenade; au premier plan, le comte Benedetti en grand uniforme, arrêté par un aide de camp qui lui barrait le passage d'un air narquois, paraissant dire : « C'est ma consigne, » et le visage de l'ambassadeur français exprimait la honte et le dépit.

Cette façon d'interpréter l'attitude du roi Guillaume est tellement répandue en Allemagne qu'elle est devenue une croyance populaire. En 1877, l'anniversaire de la bataille de Sedan a été célébré surtout par les écoles. Dans une des écoles de Berlin, un écolier de la classe des grands est monté sur une table et a récité une sorte de complainte qui prenait la guerre à ses débuts.

Voici un passage de cette pièce curieuse à plus d'un titre :

Le roi Guillaume était tranquillement allé à Ems,
Ne songeant nullement aux querelles du monde;
Paisibles étaient ses peuples;
Paisible il buvait son eau minérale,
Lorsque entre dans son cabinet,
Un matin, M. Benedetti
Qu'envoyait Napoléon.
Le voilà qui commence à déblatérer
Parce qu'un prince de Hohenzollern
Devait monter sur le trône d'Espagne.
Et Guillaume disait « : Benedetti,

Vous vous échauffez inutilement;
Soyez au moins raisonnable !
Quant à moi, que les Espagnols
Cherchent à leur goût un roi
Où ils voudront, dans le pays où fleurit le poirrier. »
Mais l'ambassadeur demande une déclaration écrite.
Alors notre Guillaume
Fixa sur la misérable créature
Son regard royal,
N'ajouta pas un mot et
Se retourna si bien qu'un chacun
Put admirer son dos, etc.

Le refus insultant du roi de Prusse a reçu du reste une sorte de consécration officielle. Voici en effet ce qu'on lit dans la *Chronique de la guerre franco-prussienne*, d'après le *Moniteur royal prussien*. Berlin, R. de Becker, 1870 :

« 13 *juillet*. — Le comte Benedetti aborde le roi sur la promenade d'Ems et lui demande d'approuver la renonciation du prince de Hohenzollern et de donner l'assurance, qu'à l'avenir cette candidature ne se reproduirait pas. Le roi rejette péremptoirement cette demande et *refuse ensuite de donner audience au comte Benedetti*. »

IX

LE TÉLÉGRAMME DE M. DE BISMARCK

Le rédacteur en chef de la *Perseveranza* de Milan a eu, le 21 mars 1874, une conversation avec M. Émile Ollivier, au sujet de son discours à l'Académie française.

De cette conversation je détache le passage suivant, qui a trait aux causes de la déclaration de guerre :

« Notre diplomatie, a dit M. Émile Ollivier, ne fut pas inhabile, comme on l'a dit et comme on le dit encore. Elle a révélé tout le plan de la Prusse. Nous ne fîmes que lui opposer la déclaration très nette, que la France ne tolérerait jamais qu'un Hohenzollern régnât en Espagne. Cette déclaration épouvanta Prim; il abandonna la Prusse comme il avait abandonné la France. Dans le même temps, forcé par la diplomatie européenne, le prince Antoine de Hohenzollern renonça à la candidature pour son fils. En voyant son plan détruit, M. de Bismarck songea à faire à la France un tel affront que la France en fût déshonorée et qu'il lui fût impossible de ne pas faire la guerre. Il y eut soufflet donné, non parce qu'on refusa de recevoir notre ambassadeur, — peut-être eussions-nous continué à traiter, — mais parce qu'on fit part de cet affront à toutes les cours de l'Europe.

« C'est là qu'est le nœud de la question ; c'est le point qui, mis au clair, me justifiera et me fera rendre justice.

« Il n'y a pas un Français, à quelque parti qu'il appartienne, qui aurait osé dire que la France, la France grande, prospère, forte, la première nation du monde à cette époque, dût supporter une insulte. Nos ennemis, ceux de l'empereur, que firent-ils? Ils nièrent l'insulte même. Quand la Chambre réclama la preuve matérielle, je ne l'avais pas ; mais je pouvais pourtant prouver la vérité. J'avais montré à la commission législative les dépêches uniformes qui m'étaient venues de Berne, de Munich, de Londres, et qui toutes parlaient de la communication faite par les ministres prussiens de l'insulte faite à la France. Mais le texte de la communication, je ne l'avais pas, et je ne pouvais pas l'avoir.

« M. de Bismarck et ses partisans jouèrent sur les mots et dirent que la *note* n'existait pas. Je n'avais pas parlé d'une *note*, voyez l'*Officiel* de l'époque, mais d'une communication. Eux disaient et soutenaient que c'était un article de journal. Le temps a fait justice et a mis en lumière le document qui donne l'explication de ce point historique; il a démontré non seulement l'existence de l'insulte, mais l'insulte préméditée, voulue, faite avec intention. La communication officielle a été imprimée. La voici :

« Le document qui, aux yeux de M. Émile Ollivier, est chose si décisive qu'elle doit changer diamétralement l'opinion des Français à son égard, se trouve dans le 3e fascicule du *Blue-Book*, présenté au Parlement anglais sous la rubrique : *Guerre de* 1870. Il m'a paru que ce document n'avait pas été reproduit jusqu'ici sous sa forme officielle, et la forme officielle lui donne complètement l'apparence d'une insulte préméditée. La voici :

INCLOSURE 2, n° 8. — *Telegram adressed by the prussian government to foreign governments.*

« Suit le texte en anglais du télégramme de M. de Bismarck dont voici la traduction littérale :

Après que la nouvelle de la renonciation du prince héréditaire de Hohenzollern eut été officiellement communiquée au gouvernement impérial de France par le gouvernement royal d'Espagne, l'ambassadeur français à Ems demanda de nouveau à Sa Majesté le roi de l'autoriser à télégraphier à Paris que Sa Majesté s'engageait pour tout le temps à venir à ne jamais donner de nouveau son consentement, si les Hohenzollern revenaient de nouveau à leur candidature. Sur ce, Sa Majesté le roi refusa de recevoir encore l'ambassadeur français, et lui fit dire par un aide de camp de service que Sa Majesté n'avait rien de plus à communiquer à l'ambassadeur.

« Voilà, conclut M. Ollivier, après m'avoir donné lecture de ce document, comment la guerre est devenue inévitable, et comme nous avons eu la main forcée. »

Il y a plusieurs observations à faire sur cette curieuse conversation.

Il est très singulier que M. Émile Ollivier déclarât encore à la date du 21 mars 1874 qu'il n'avait pas le 15 juillet 1870 le texte de la communication de M. de Bismarck et qu'il ne pouvait pas l'avoir. A cette époque, on avait découvert que le refus du roi de Prusse de recevoir l'ambassadeur français avait été annoncé non seulement à M. de Gramont dans des dépêches télégraphiques, mais au public tout entier par un télégramme de l'Agence Havas qui avait paru, dès le 14 juillet, dans tous les journaux du soir et qui avait été reproduit, le 15 juillet 1870, dans tous les journaux du matin.

Il est aujourd'hui démontré que toutes les communications des agents diplomatiques et les pièces chiffrées se réduisent toutes à cette seule dépêche que l'Agence Havas avait portée la veille à la connaissance du public. Comment ce document connu de tout le monde a-t-il pu jouer au sein de la commission le rôle d'une révélation mystérieuse et décisive?

Le télégramme de l'Agence Havas était la reproduction textuelle du télégramme de M. de Bismarck. Il avait certainement passé sous les yeux de l'administration française car on y avait ajouté un paragraphe; pour adoucir ce que le texte allemand pouvait avoir de trop cruel pour notre amour-propre national, on y avait inséré cette phrase inintelligible :

D'après d'autres informations d'Ems, le roi aurait fait dire à M. Benedetti qu'il avait hautement approuvé la renonciation de son cousin au trône d'Espagne, et qu'il considérait dès lors tout sujet de conflit comme étant écarté.

La *France* ne s'était pas contentée de publier la dépêche; elle l'avait placée en vedette en la faisant précéder des lignes suivantes, destinées à la signaler plus particulièrement à ses lecteurs.

« La dépêche la plus importante de la journée serait la suivante si ces deux parties ne se contredisaient pas l'une l'autre. »

En effet, le rédacteur officieux n'avait pas remarqué que la fin de la dépêche était en contradiction absolue avec l'ensemble.

Surpris de voir que personne ne cherchait à tirer M. Émile Ollivier de l'ignorance dans laquelle il paraissait se trouver sur ce point important, je me hasardai un jour à lui poser cette question :

— Est-ce qu'avant de vous laisser vous engager devant le Corps législatif, le duc de Gramont ne vous avait pas dit que la fameuse dépêche de Bismarck, qui faisait tout le fond du débat et qui a amené la guerre, avait été publiée le 14 au soir et le 15 juillet au matin par l'Agence Havas dans les télégrammes qu'elle envoyait aux journaux?

— Non certes, répondit M. Émile Ollivier.

— Eh bien! pendant que vous déclariez à la Chambre que vous ne pouviez pas lui donner l'original même de la dépêche, tout le monde avait pu la lire dans les journaux du soir la veille, et dans les journaux du matin le jour même.

M. Émile Ollivier a levé les bras :

— Quelle légèreté! s'est-il écrié; mais, a-t-il ajouté, j'ai fait connaître le contenu de la dépêche.

— Sans doute; je dirai même plus : sans vous en douter, vous avez donné le texte presque complet. Mais avouez qu'il eût été très important pour vous de savoir qu'elle n'avait pas été envoyée seulement aux agents de la Prusse, mais à tous les journaux de l'Europe par la voie de l'Agence Havas.

— Quelle légèreté! a de nouveau répété M. Émile Ollvier. N'importe! elle a été envoyée et elle n'en constitue pas moins une insulte. Si j'avais été le maître, j'aurais engagé la guerre, rien que sur la question de la candidature Hohenzollern. Il y avait là un cas de guerre, puisque la Prusse nous avait assuré un an auparavant qu'il ne serait plus question de cette candidature. C'était un manque de parole qui ressemblait à un acte de trahison. »

M. Émile Ollivier ne faisait que me répéter ce que m'avait dit souvent M. Maurice Richard : « Je n'ai pas été mis au courant des pourparlers qui ont eu lieu entre le 3 et le 15 juillet; mais j'avais, dès le premier jour, considéré la candidature Hohenzollern comme un *casus belli*, et je n'ai fait aucune objection à la déclaration de guerre. »

La seconde observation que soulève la conversation de M. Émile Ollivier avec le rédacteur en chef de la *Perseveranza* est relative à la communication faite au gouvernement anglais du télégramme de M. de Bismarck. M. Émile Ollivier paraît croire que l'envoi de ce télégramme a eu lieu avant la déclaration de guerre, ce qui constituerait en effet une offense et un grief. Un examen plus attentif du *Blue-Book* aurait suffi pour lui montrer qu'il était dans l'erreur.

Au lendemain de la déclaration de guerre, M. de

Bismarck envoie à l'ambassadeur prussien à Londres, M. le comte de Bernstorff, une dépêche sur l'événement qui vient de se produire. M. de Bernstorff communique cette dépêche à M. le comte de Granville, chef du Foreign-Office, le 22 juillet.

Cette dépêche figure au *Blue-Book* sous le n° VIII, avec cet intitulé général :

Count Bismarck to count Bernstorff.
(Communicaded to earl Granville by count Bernstorff, 22 july.)

Dans cette dépêche, qui est une circulaire adressée à tous les agents de la Confération du Nord, M. de Bismarck, venant à parler du télégramme du 14 juillet, s'exprime ainsi :

Le télégramme ne renferme rien de blessant pour la France ; le texte de ce télégramme se trouve ci-joint (Pièce n° 2).

Et, en effet, on trouve annexé à la dépêche inscrite sous le n° VIII, les pièces suivantes qui en forment les annexes :

Inclosure n° 1, in n° VIII.
Le comte de Bismarck au comte de Bernstorff.
Inclosure n° 2, in n° VIII.
Télégramme adressé par le gouvernement prussien aux gouvernements étrangers.
Inclosure n° 3, in n° VIII.
Procès-verbal des entrevues entre le roi et le comte Benedetti.
Inclosure n° 4, in n° VIII.
Procès-verbal signé Radziwill.

Ainsi, ce que M. Émile Ollivier a pris pour une dépêche envoyée directement au gouvernement anglais n'est qu'un document venant à l'appui d'une circulaire diplomatique et ayant un caractère purement justificatif.

La même erreur a du reste été commise par M. de Gramont dans son livre : *la Prusse et la France avant la guerre.*

Reste le titre : *Télégramme envoyé par le gouvernement prussien aux gouvernements étrangers,* qui pourrait faire croire qu'en effet ce télégramme a fait l'objet d'une communication spéciale. Mais M. de Bismarck n'a jamais nié, dans sa correspondance diplomatique, qu'il eût envoyé ce document à un certain nombre de ses agents, à titre, comme il l'a dit, de télégramme d'information. Le texte du *Blue-Book* ne prouve pas qu'il ait été communiqué avant le 22 juillet 1870, au gouvernement anglais; il prouverait plutôt le contraire, car si le gouvernement anglais l'avait connu déjà, il était inutile de le joindre comme annexe à un document nouveau.

Aucune dépêche, annonçant les mauvais procédés de M. de Bismarck, n'était venu de Londres; on n'en trouve pas trace dans la correspondance de M. le marquis de La Valette, mais le gouvernement français avait reçu, comme le dit M. Émile Ollivier, des dépêches uniformes venant de ses agents à Munich et à Berne.

Le *Journal de Genève* a publié, sur la manière dont le télégramme de M. de Bismarck était venu à la connaissance de M. le comte de Comminges-Guitaut, notre ambassadeur à Berne, un récit qui a été cité bien souvent :

« C'était, dit l'auteur anonyme, le 14 juillet, entre onze heures et midi. J'étais au palais fédéral pour assister aux débats des Chambres, alors réunies. — Eh! bien, me dit un député, c'est la guerre. Avez-vous lu le *Bund?* — Non, qu'y a-t-il? — Lisez les dépêches. Le roi Guillaume a fermé sa porte à M. Benedetti.

« Je voulus aussitôt me rendre à la salle de lecture pour y lire le *Bund,* mais en route je rencontrai M. le ministre de la Confédération avec lequel j'échangeai quelques propos sur la nouvelle du jour et sur les probabilités de la guerre, à son avis certaine. Nous causions au premier étage, en face du grand escalier. Tout à coup nous vîmes le ministre de France, M. de Comminges-Guitaut, qui montait. Le ministre allemand s'élança au-devant de lui pour lui serrer la main pendant qu'il le pouvait encore, avant qu'ils ne devinssent officiellement ennemis. — Eh! quoi, lui dit M. de Comminges-Guitaut, y a-t-il quelque chose de nouveau?

« — Oui, voici le télégramme que j'ai été chargé

de communiquer au président de la Confédération.

« Or, ce télégramme était précisément celui qui a fait tant de bruit. M. le ministre allemand l'avait reçu non chiffré, et, comme le dit M. de Gramont, il était venu le communiquer au président avec la traduction en regard. M. de Comminges en prit connaissance, échangea quelques paroles d'un air indifférent; puis les deux diplomates se quittèrent, et je me dis que j'avais assisté à une scène historique. »

M. le comte de Comminges-Guitaut, avec qui j'ai eu des occasions fréquentes de m'entretenir, chez un ami commun, M. Besson, ancien conseiller d'État de l'Empire, m'a raconté le fait d'une façon toute différente.

Je lui dis un jour :

— C'est vous qui avez envoyé au gouvernement le texte du télégramme de M. de Bismarck?

— Oui, me répondit-il.

— Pourriez-vous me dire comment ce texte est arrivé entre vos mains?

— Volontiers. J'étais allé au palais fédéral pour rendre visite au président et m'entretenir avec lui des affaires pendantes. Pendant que j'étais là, survint l'ambassadeur de la Confédération du Nord. Je me retirai par discrétion. Mais j'avais à peine gagné l'antichambre que j'entendis, par la porte restée ouverte, le diplomate prussien lire au président le texte du fameux télégramme. Depuis, j'appris que ce télégramme était publié dans le *Bund*, et c'est de cette façon que j'ai pu l'envoyer à M. de Gramont.

— Ainsi, l'ambassadeur allemand ne vous a pas communiqué le télégramme directement?

— Non. Quand je revis le président de la Confédération suisse, il me reprocha ce qu'il appelait une indiscrétion. Elle était pourtant bien involontaire. C'est pour obvier aux conséquences de l'envoi de la dépêche à Paris que fut rédigé l'article du *Journal de Genève*.

Après cette conversation avec M. le comte de Comminges-Guitaut, j'ai compris pourquoi M. Émile Ollivier, interpellé, le 15 juillet 1870, par M. Gambetta, avait refusé de livrer les noms des agents qui lui avaient envoyé le télégramme de M. de Bismarck. « Car, disait-il, ils seraient obligés de quitter les cours auprès desquelles ils sont accrédités. »

Longtemps M. de Bismarck a nié l'intention provocatrice qui lui avait dicté son prétendu télégramme d'information. Aujourd'hui, on a changé de tactique ; on ne nie plus que le chancelier prussien eût l'intention d'amener la guerre, on s'en vante. M. Maurice Busch a raconté, dans son livre *Notre chancelier*, avec la désinvolture d'un reptile, dans quelles circonstances M. de Bismarck a rédigé cette pièce funeste :

« Il reçut du conseiller intime Abeken, qui se trouvait à Ems avec le roi, un rapport sur ce qui s'était passé, avec l'autorisation royale d'en publier le contenu. Il donna lecture de ce rapport aux comtes de Moltke et de Roon qui dînaient avec lui, et les deux généraux sentirent aussitôt que la situation se dessinait dans le sens de la paix. Le chancelier répondit que cela dépendait du ton et du style de la publication à laquelle on l'autorisait. En présence de ces hôtes, il fit un extrait du rapport en y pratiquant des suppressions, mais sans rien ajouter. »

Nous assistons là aux procédés employés pour altérer le télégramme. Après cet aveu, on ne saurait mettre en doute que la guerre a été l'œuvre personnelle de M. de Bismarck. Il lui a suffi, pour arriver à ses fins, d'une rature faite avec art.

X

LA SÉANCE DU 15 JUILLET 1870

J'avais passé toute l'après-midi dans la salle des Pas-Perdus et à la bibliothèque. Je n'avais même pas essayé de pénétrer dans la salle des séances ; les tribunes regorgeaient de monde ; on n'aurait pas pu y placer une épingle.

J'ai suivi les débats à la bibliothèque, où des sténographes et des secrétaires-rédacteurs venaient nous tenir au courant de ce qui se passait. D'après les détails que j'avais recueillis, la séance avait été navrante ; M. Thiers s'est montré irritant ; il a pris l'attitude d'un homme qui fait passer ses rancunes et son amour-propre avant les sentiments patriotiques que commandait la situation ; on eût dit qu'il voulait prendre le parti de M. de Bismarck. Jules Favre a été abominable ; Gambetta, pointilleux. Quant à M. Émile Ollivier, ayant, en l'absence de M. de Gramont, à supporter à lui seul tout le poids de la discussion, il avait fini par perdre son sang-froid. Ses amis étaient obligés de le retenir pour l'empêcher de remonter à la tribune.

J'étais déterminé à ne pas assister à la séance de nuit. Mais j'ai été entraîné à la Chambre par M. Tron, député des Hautes-Pyrénées, que j'avais trouvé dans le restaurant où j'avais dîné.

La première personne que j'ai rencontrée sous le vestibule, c'est M. Mège, ministre de l'instruction publique. M. Mège avait été en même temps que moi secrétaire du Corps législatif, et il s'était établi entre nous depuis ce temps-là des habitudes de camaraderie. Comme la commission n'avait pas achevé son travail et que, à cause de cela, la séance n'était pas ouverte, je l'ai entraîné vers le fumoir, où il n'y avait personne.

— Voulez-vous me permettre, mon cher Mège, lui ai-je dit, de vous poser une question sur un point un peu délicat?

— Faites, m'a-t-il répondu. J'espère qu'il ne s'agit point d'un secret d'État.

— Non certes, ai-je répliqué en riant. Je ne me suis pas bien expliqué pourquoi Ollivier s'était si fort opposé à la proposition de Buffet de donner à la Chambre communication des dépêches. Est-ce que, dans des circonstances où l'honneur du pays est en jeu, le premier devoir d'un gouvernement n'est pas de fournir aux députés tout ce qui peut éclairer leur conscience? Quand il s'agit d'engager la patrie dans une guerre longue et périlleuse, il faut que chacun puisse se prononcer en connaissance de cause. Les susceptibilités d'un ministre ne sont point une raison suffisante; il faut des preuves et des pièces.

— Je suis d'autant plus porté à vous donner raison, m'a dit M. Mège, que toute cette négociation a passé par-dessus la tête des membres du cabinet, et que, à part M. de Gramont, personne d'entre nous n'a été mis au courant de tous les incidents qui se sont produits. M. Émile Ollivier lui-même n'a pas tout su. Je l'ai entendu se plaindre de ce qu'on se fût livré à certaines démarches sans les lui faire connaître et par conséquent sans lui demander son avis. Aussi, quand je l'ai vu cette après-midi défendre avec un courage de lion la politique que M. de Gramont a fait prévaloir, j'ai admiré son abnégation. Il s'est véritablement sacrifié. Quant à nous, ses collègues, nous n'avons connu les dépêches que par fragments et pour ainsi dire par hasard. Dans le conseil qui a eu lieu pour savoir si, oui ou non, on demanderait raison à la Prusse de ses mauvais procédés, il a bien fallu les communiquer aux ministres. Mais on s'est contenté de nous les lire. Comme la plupart des députés, j'aurais désiré les avoir sous les yeux, ne fût-ce que pour savoir si véritablement j'avais eu raison d'opiner dans le sens de la guerre.

— Pourquoi, ai-je fait observer à mon ancien collègue, puisque c'était votre avis, n'avez-vous pas insisté pour la publication des dépêches ?

— Ah ! a répondu M. Mège, en poussant un gros soupir, c'est qu'on a fait valoir une considération qui nous a touchés ; il paraît qu'une des dépêches, la principale, celle qui fait connaître le texte même de la note envoyée par M. de Bismarck aux gouvernements étrangers, n'a été connue que par une indiscrétion d'un de nos agents. On a craint que cet agent, qui est fort bien en cour, fût blâmé par le gouvernement auprès duquel il est accrédité et qu'il ne fût forcé de réclamer ses passeports...

— De pareils scrupules m'étonnent. Quoi ! c'est pour sauver un agent diplomatique qu'on refuse au Corps législatif les renseignements qu'on lui doit ! C'est puéril. J'ai lu sur la sténographie un passage d'un des discours qu'Ollivier a prononcés au cours de la séance, et dans ce passage, qui m'a frappé, se trouve précisément le texte des deux dépêches qu'on tient si fort à cacher. Qui vous empêchait de livrer à la Chambre les deux dépêches qu'on venait de lui lire? Pour mettre à couvert la responsabilité de vos agents, il suffisait de taire leurs noms. Bien certainement, la Chambre eût imité la réserve du cabinet; elle n'eût point exigé que les noms lui fussent livrés.

— J'avoue, me répondit M. Mège, que je ne trouve rien à répliquer.

— La résistance du cabinet à livrer les documents diplomatiques à la Chambre est d'autant plus incompréhensible, que j'ai retrouvé avec surprise, dans une des dépêches dont Ollivier a donné lecture, le texte littéral d'un télégramme envoyé aux journaux par l'Agence Havas. Est-ce que cet office de publicité se serait mis aux ordres de M. de Bismarck?

Et déployant le journal *la France*, que j'avais dans ma poche, je mis le télégramme sous les yeux du ministre.

— Donnez-moi ce journal, me dit M. Mège; je vais le montrer à Gramont et à Ollivier.

Nous quittâmes le fumoir. M. Mège se rendit à son banc dans la salle des séances, et moi, j'allai me caser tant bien que mal dans la tribune des anciens députés.

On avait agi avec la commission chargée d'examiner les crédits demandés pour mettre les troupes sur le pied de guerre, comme on avait fait avec le conseil des ministres. Je ne crois pas qu'on lui ait dissimulé le moindre document; mais les pièces lui ont été communiquées fragmentairement et sans aucun respect de l'ordre chronologique, le seul acceptable en pareille matière. Cette bizarre façon de procéder a amené le rapporteur, M. le marquis de Talhouët, à commettre une forte bévue, qui, je pense, n'a pas son analogue dans l'histoire parlementaire.

La commission avait tenu à savoir si, dans les négociations, on avait toujours poursuivi le même but, et si l'on n'avait pas introduit tout à coup de nouvelles exigences qui avaient pu éveiller les susceptibilités de la Prusse. La question fut posée avec une grande précision à M. le ministre des affaires étrangères par le président, M. le duc d'Albuféra. La réponse de M. de Gramont fut affirmative, et, sur la demande de la commission, il fournit l'extrait d'une dépêche qui devait être insérée dans le rapport afin de prouver qu'en effet on avait toujours demandé la même chose.

Fort des affirmations du ministre, M. de Talhouët écrivit dans son rapport :

« Nous savions répondre au vœu de la Chambre, en nous inquiétant avec soin de tous les incidents diplomatiques. Nous avons la satisfaction de vous dire, Messieurs, que le gouvernement, dès le début de l'incident et depuis la première phase des négociations jusqu'à la dernière, a poursuivi loyalement le même but.

« Ainsi la première dépêche adressée à notre ambassadeur, arrivé à Ems pour entretenir le roi de Prusse, se termine par cette phrase qui indique que le gouvernement a nettement formulé sa légitime prétention :

« Pour que cette renonciation, écrivait M. le « duc de Gramont à M. Benedetti, produise son « effet, il est nécessaire que le roi de Prusse s'y « s'associe et nous donne l'assurance qu'il n'auto- « risera pas de nouveau cette candidature.

« Veuillez vous rendre immédiatement auprès « du roi pour lui demander cette déclaration. »

« Ainsi, ce qui était resté le point litigieux de ce grand débat a été posé dès la première heure, et vous ne méconnaîtrez pas l'importance capitale de ce fait resté ignoré, il faut bien le dire, de l'opinion publique. »

M. de Talhouët nous a appris que son rapport n'était qu'une sorte de procès-verbal, qu'il n'avait fait que tenir la plume, et qu'il avait été aidé dans son travail plus particulièrement par M. Dréolle et M. le comte de Kératry. C'était, du moins il le croyait, une œuvre collective à l'abri de toute chance d'erreur.

Tant que les dépêches échangées au sujet de la candidature du prince de Hohenzollern entre M. Benedetti et M. de Gramont étaient restées ignorées, l'affirmation contenue dans le rapport de M. de Talhouët ne pouvait soulever de contestation. Mais en 1871, M. Benedetti publia son livre, *Ma mission en Prusse*, et par une dérogation aux usages diplomatiques, il fit connaître toutes les dépêches qu'il avait expédiées et toutes celles qu'il avait reçues pendant son séjour à Ems auprès du roi de Prusse. Il ne fallut pas un examen bien attentif pour découvrir l'espèce de supercherie, — le mot n'est pas trop fort — dont la commission avait été la victime.

La première dépêche était du 7 juillet, et celle qu'on indiquait comme étant la première était du 12 juillet. Il y a plus; entre les prétentions énoncées dans la dépêche du 12, il y avait la différence du blanc au noir. Dans la dépêche du 7, on se contentait de demander au roi de Prusse de conseiller au prince de Hohenzollern de renoncer à sa candidature. Dans la dépêche du 12, envoyée à la suite de la renonciation du prince Antoine, on demandait que le roi de Prusse s'associât à cette renonciation, et que, de plus, il donnât l'assurance qu'il n'autoriserait pas de nouveau cette candidature. Bien loin de maintenir les négociations sur les mêmes bases, dans la dépêche du 12 — qui est en réalité non la première, mais la dernière, — on les transportait sur un autre terrain, puisqu'on réclamait des garanties pour l'avenir, dont il n'avait jamais été question jusque-là.

L'émotion causée par cette découverte fut profonde. M. le marquis de Talhouët, dans sa déposition devant la commission d'enquête, a victorieusement dégagé sa responsabilité et celle de ses collègues de la commission; il a démontré qu'ils avaient agi avec une entière bonne foi, et que s'il y avait eu une erreur commise, elle n'était point de leur fait.

M. de Gramont a été moins heureux. Il s'est contenté de déclarer que s'il avait été présent à la séance du Corps législatif, au moment de la lecture du rapport, il n'eût pas manqué de signaler au rapporteur — ce sont ses propres expressions — « une erreur insignifiante en elle-même, et qu'il eût été si facile de corriger ».

Malheureusement pour M. de Gramont, on lui a mis sous les yeux des textes qui tendraient à prouver qu'il ne s'agissait pas, comme il l'a dit, d'une erreur insignifiante. C'est d'abord un article du *Journal officiel*, du 16 juillet 1870, où la dépêche du 12 juillet est indiquée comme étant la première, et où l'on cite à l'appui le rapport de M. de Talhouët. C'est ensuite une note de ce même *Journal officiel*, du 31 juillet 1870, intitulée: *les Documents anglais*, où la même attestation, appuyée sur la même preuve, se trouve reproduite.

Il était facile à M. de Gramont de redresser l'erreur, puisqu'à ces deux dates du 16 et du 31 juillet 1870, il était encore au pouvoir, et que les textes existaient aux archives du ministère des affaires étrangères. Il faut qu'il l'ait considérée comme fort différente, puisqu'il l'a fait reproduire dans deux documents destinés à éclairer l'opinion, et à la convaincre de l'esprit de paix que le cabinet avait apporté dans les négociations.

Si les dépêches avaient été, comme c'est l'usage constant, communiquées aux Chambres, ou si du moins la Commission avait exigé qu'elles lui fussent remises intégralement au lieu de lui être lues par fragments ou par extraits, une pareille bévue n'aurait pas pu se produire, et nous n'aurions pas la honte de voir figurer, dans nos annales parlementaires, un document marquant une date douloureuse de notre histoire, dans lequel on a donné, comme raison déterminante d'un grand acte national, une pièce qui n'a ni le sens ni la valeur qu'on lui a attribués.

J'avais donc bien raison quand, le 15 juillet 1870, je me plaignais à M. Mège de ce que toutes les dépêches n'avaient pas été communiquées à la Chambre.

Pendant la séance de nuit, je n'avais vu M. Émile Ollivier que pendant quelques minutes. A la suite d'un de ses discours, il était sorti tout fumant de la salle des séances, et il s'était rendu dans la salle des Quatre-Statues, où je me trouvais avec Charles Abbatucci. Il me demanda quel effet son discours avait produit sur le public des tribunes. Je lui répondis, ce qui était vrai, que l'effet avait été très grand. Je n'exagérais rien, car, autour de moi, on s'était trouvé unanime pour rendre justice à son talent et à son courage. Il s'était véritablement surpassé. Je doute que jamais M. Émile Ollivier se soit montré plus fertile en ressources que ce jour-là. On voyait qu'il jouait une grande partie. Les réflexions lui venaient nettes, précises, puissantes. Il avait des arguments pour tous ses adversaires. Il n'a pas été seulement éloquent, il a fait preuve d'une grande souplesse.

Une seule observation me fut faite par un des bibliothécaires de la Chambre, M. Laurent. C'est au sujet du mot *le cœur léger,* qui a donné lieu à tant de reproches et à tant de commentaires. « Dites donc à M. Émile Ollivier, me fit observer M. Laurent, d'effacer ces mots-là de son discours. Vous verrez qu'ils seront relevés et mal interprétés. » Le conseil était fort judicieux. Malheureusement, les mots *le cœur léger* avaient été soulignés par M. Jules Favre; M. Émile Ollivier avait été forcé de s'expliquer. Il était donc impossible de les faire disparaître.

Jamais M. de Talhouët n'a pu se pardonner à

lui-même l'épouvantable méprise qu'on lui avait fait commettre. Ce qu'il y avait de triste dans sa situation, c'est qu'en séance publique il avait affirmé qu'il avait vu toutes les dépêches. De sorte qu'involontairement il avait engagé sa responsabilité. Je l'ai rencontré à quelques années de là, malade, se traînant péniblement, frappé d'une sénilité précoce.

— Vous aussi, sans doute, me dit-il, vous m'accusez d'être la cause de tout.

Je lui serrai silencieusement la main, et il me parut bien plus touché de cette marque de sympathie muette que de toutes les protestations que j'aurais pu faire entendre.

XI

L'OPINION DU PRINCE NAPOLÉON

Une dépêche avait forcé le prince Napoléon d'interrompre brusquement le voyage qu'il avait entrepris sur les côtes de la Norvège et de revenir à Paris.

Je l'avais vu le 22 juillet. Il ne m'avait point paru du tout satisfait de la déclaration de guerre :

« Je suis parti, m'avait-il dit, sur l'assurance qui m'était donnée que l'incident Hohenzollern ne donnerait lieu à aucune complication. Au cours de mon voyage, on me télégraphiait que l'affaire était arrangée. Tout à coup, j'ai appris qu'on avait la guerre. Je ne comprends rien à ce qui s'est passé. Il faut que les négociations aient été menées d'une façon bien maladroite, ou que les Prussiens aient agi avec une bien grande mauvaise foi. »

Puis il avait ajouté avec un profond soupir :

« Enfin ! le vin est tiré ; il faut le boire ! »

Le 27 juillet, je suis allé faire mes adieux au prince, qui accompagnait l'empereur à l'armée du Rhin, en attendant qu'on lui donnât un commandement spécial.

Il y avait beaucoup de monde dans les salons d'attente. Tous les habitués du Palais-Royal étaient là. Le prince nous avait tous reçu les uns après les autres dans son cabinet.

Il paraissait fort préoccupé.

Aux vœux que je formais pour le succès de nos armes, il a répliqué par ces mots, qui m'ont rempli de tristesse :

« J'accepte vos vœux ; mais nous ne sommes pas prêts. »

Et en me disant cela, le prince a secoué la tête d'un air significatif.

Je n'ai naturellement communiqué à personne cette appréciation si décourageante.

Le prince Napoléon n'a jamais varié d'opinion sur la déclaration de guerre. Il a toujours considéré la candidature Hohenzollern comme un fait indifférent : « Il fallait laisser faire, a-t-il dit souvent ; le Hohenzollern serait tombé de lui-même, et sa chute eût été un échec formidable pour la politique de M. de Bismarck. »

On discutait un jour devant le prince Napoléon la part de responsabilité que chacun pouvait avoir dans la déclaration de guerre.

« Oui, dit le prince, quand le mal a été fait, personne n'a plus voulu endosser la responsabilité. Chacun s'est écrié comme dans le vaudeville : « C'est la faute à Gringalet. »

« Voici, a-t-il ajouté, quelle était l'opinion de l'empereur sur ce point délicat ; il s'en est expliqué très franchement avec moi à Metz :

« Je n'étais pas très partisan de la guerre ; les « ministres l'étaient plus que moi, et les Cham- « bres l'étaient plus que les ministres. »

XII

LES PROJETS D'ALLIANCE

Le 15 juillet 1870, M. de Gramont, appelé devant la commission chargée d'examiner les crédits demandés pour mettre nos forces militaires sur le pied de guerre, fut interrogé sur cette question : Avez-vous des alliances? » Il répondit : « Si j'ai fait attendre la commission, c'est que j'avais chez moi, au ministère des affaires étrangères, l'ambassadeur d'Autriche et le ministre d'Italie; j'espère que la commission ne m'en demandera pas davantage. »

On s'est beaucoup moqué de ce langage; on y a vu et on y voit encore un petit jeu de charlatanisme pour enlever les suffrages de la commission. On a même été jusqu'à dire que si réellement M. de Metternich et M. Nigra s'étaient transportés en ce moment chez le ministre des affaires étrangères, ce n'était pas du tout pour lui offrir des alliances, mais au contraire pour l'engager à réfléchir sur la gravité des résolutions qu'il allait prendre.

Eh bien! ces critiques étaient injustes; ces reproches étaient mal fondés. Sans doute, il n'y avait pas encore de traités signés et paraphés. Mais des pourparlers sérieux s'étaient engagés, et les choses en quelques jours avaient pris une telle tournure qu'on pouvait facilement se faire des illusions et croire que cette fois on aboutirait à un résultat.

On se souvient des négociations qui avaient eu lieu en 1868 et en 1869 pour amener une triple alliance offensive et défensive entre la France, l'Autriche et l'Italie. On n'avait pas pu s'entendre sur la question de Rome, et les négociations avaient été suspendues. Mais des lettres avaient été échangées entre Napoléon III, François-Joseph et Victor-Emmanuel, dans lesquelles les trois souverains s'engageaient à se prêter, le cas échéant, un appui réciproque, mais sans le préciser formellement.

L'empereur Napoléon croyait avoir dans ces lettres l'assurance qu'à un moment donné, elles pourraient servir de base à la rédaction d'un traité qu'on n'aurait plus qu'à signer en quelques jours; mais il n'eut pas, comme on l'a dit, à provoquer la reprise des pourparlers de 1869; c'est l'Autriche et l'Italie qui vinrent d'elles-mêmes au-devant de la négociation.

Pendant quelques jours, on avait eu à la cour des Tuileries des doutes sur les intentions de l'Autriche. M. de Metternich tenait un langage plein de précautions et de réserves, qui causaient aux ministres de sérieuses préoccupations. Mais le 14 juillet 1870, arriva à Paris, en mission secrète, M. le comte de Vitzthum, ministre d'Autriche à Bruxelles; M. de Vitzthum vit l'empereur, et tous les malentendus furent dissipés.

La mission de M. de Vitzthum a été nettement caractérisée par M. de Beust dans une dépêche adressée au prince de Metternich le 20 juillet 1870, en des termes qu'il faut rappeler, bien qu'ils soient très connus, parce qu'ils montrent combien les ministres français étaient admis à compter sur l'appui de l'Autriche.

« Le comte de Vitzthum, écrivait M. de Beust, a rendu compte à notre auguste maître du message verbal dont l'empereur Napoléon a daigné le charger. Les paroles impériales, ainsi que les éclaircissements que M. le duc de Gramont a bien voulu y ajouter, ont fait disparaître toute la possibilité d'un malentendu que l'imprévu de cette guerre soudaine aurait pu faire naître.

« Veuillez donc répéter à Sa Majesté et à ses ministres que, fidèles à nos engagements tels qu'ils ont été consignés dans les lettres échangées entre les souverains, nous considérons la cause de la France comme la nôtre et que nous contribuerons au succès de ses armes dans les limites du possible. »

Sur les négociations qui se sont engagées à partir du 14 juillet 1870, le prince Napoléon, dans la *Revue des Deux Mondes* du 1er avril 1878 et M. le duc de Gramont (*Andréas Memor*), dans la *Revue de France* du 15 avril de la même année, ont donné les détails les plus complets. On s'est trop attaché, à mon sens, à faire ressortir les contradictions que renferment ces deux récits. Si on laisse de côté certains points secondaires, on voit qu'au fond ils s'accordent.

Au reste, les faits que révélaient le prince Napoléon et M. le duc de Gramont avaient reçu d'avance leur confirmation d'une autorité ayant un caractère presque officiel. Dans le courant de l'année 1873, M. le comte de Chaudordy avait fait connaître les négociations qui avaient eu lieu avant et après la déclaration de guerre pour amener la conclusion d'un traité entre la France, l'Italie et l'Autriche. M. de Chaudordy a rempli, pendant la guerre, auprès de la délégation de Tours et de Bordeaux, l'office de suppléant du ministre des affaires étrangères. Il avait été mis au courant de tous les pourparlers qui avaient eu lieu; il a reçu communication de toutes les pièces. Son exposé, très net et très concluant, perdu dans les dépositions faites devant la commission parlementaire chargée d'examiner les actes du gouvernement du 4 septembre, a échappé au public inattentif. A cause de cela, je crois qu'il est utile d'en donner un résumé.

Donc, le chancelier de l'Autriche, voyant les complications qui allaient se produire et ne voulant pas être tenu en dehors des avantages qui pouvaient en résulter pour son pays, envoya à Paris M. de Vitzthum, son confident et son ami. M. de Vitzthum était, comme je viens de le dire, à Paris le 14 juillet, et il eut ce jour-là même, entre deux conseils de ministres, une entrevue avec le ministre des affaires étrangères.

Les négociations avaient donc pris, avant le 15 juillet, un caractère officiel. Ils eurent pour représentants, du côté de l'Autriche-Hongrie, M. le prince de Metternich, ambassadeur de l'empereur François-Joseph à Paris, et M. le comte de Vitzthum, ministre d'Autriche à Bruxelles; du côté du roi Victor-Emmanuel, d'abord M. le comte Vimercati, attaché militaire à la légation italienne à Paris, puis le chevalier Nigra, chef de cette légation.

L'Autriche, qui comptait sur nos victoires, voulait être prête à en profiter. Quant à l'Italie, elle fut acquise, dès le premier jour, au principe d'une coopération avec la France, et elle consentait à fournir les troupes dont elle pourrait disposer. Sans doute, elle exprimait l'espoir de se frayer un chemin vers Rome; mais quoi qu'en ait dit le prince Napoléon, dans son discours du 25 novembre 1876 et dans son article du 1er avril 1878, ce n'était pas là une condition absolue, et elle consentait à rester provisoirement sur le terrain de la convention du 15 septembre.

La discussion porta d'abord sur les bases d'une triple alliance, mais le cabinet de Vienne souleva une objection : la rapidité avec laquelle la guerre avait été déclarée, avait trouvé l'Autriche dépourvue de forces suffisantes; il lui fallait plusieurs semaines avant d'être en état de prendre part à une action militaire. L'Italie, de son côté, était moins prête encore que l'Autriche. Or, signer un traité en ce moment avec Napoléon III, c'était s'exposer à une guerre immédiate avec l'Allemagne. L'Autriche avait, du reste, de puissants motifs de montrer une grande réserve; la Russie ne dissimulait pas son intention d'intervenir dans la lutte en faveur de la Prusse, si le cabinet de Vienne y intervenait en faveur de la France.

L'idée d'un traité entre les trois cours fut donc abandonnée de bonne heure; on y substitua un traité aux termes duquel l'Autriche-Hongrie et l'Italie s'engageaient à adopter comme ligne de conduite la neutralité armée vis-à-vis du conflit franco-prussien, jusqu'au moment où cette neutralité armée pourrait se transformer en un concours effectif au profit de la France.

Du 20 juillet au 4 août, toutes les stipulations du traité furent arrêtées entre Florence, Vienne et Paris. On y régla la procédure d'après laquelle on passerait de la neutralité armée à l'alliance offensive. On reprenait le plan militaire qui avait été arrêté au mois de juin précédent entre l'archiduc Albert et le général Lebrun; l'armée française devait franchir le Rhin, pénétrer dans l'Allemagne du Sud et tendre la main vers Munich aux troupes autrichiennes et italiennes qui se porteraient au-devant d'elle. Il existait aussi dans le traité une clause relative à Rome; l'Autriche s'engageait à seconder l'Italie dans le but d'obtenir, pour le règlement des affaires romaines, des conditions plus avantageuses que celles résultant de la convention de Septembre.

Le traité était conclu entre l'Autriche et l'Italie seules; la France n'y avait point apposé sa signature, mais en réalité Napoléon III avait été consulté sur tous les articles dont il se composait; il les avait approuvés ou modifiés suivant les circonstances, et, comme le dit M. le comte de Chaudordy, l'instrument qui les contenait devait compter nécessairement comme un point capital dans les perspectives de la guerre qui allait s'engager.

Ainsi la double coopération de l'Autriche et de l'Italie était assurée; mais elle était soumise à deux conditions : la première, c'est que nous serions entrés en Allemagne; la seconde, c'est que nous n'aurions pas compromis notre situation militaire jusqu'au 15 septembre, date fixée par l'Autriche et l'Italie pour une entrée en campagne. Il fallait attendre, en effet, que ces deux puissances eussent achevé la mobilisation de leur armée et qu'elles eussent le temps de poser un ultimatum à l'Allemagne, sur une question déterminée, celle par exemple de la non-exécution du traité de Prague.

Un exemplaire définitif du traité partit de Metz; le comte Vimercati le rapporta à Paris, et de Paris, il fut transmis à Florence et à Vienne, le 4 août 1870.

Mais par suite de la double défaite de l'armée française à Forbach et à Wœrth, le 6 août, le traité se trouva annulé; car la condition qui le rendait exécutoire, l'entrée des troupes françaises dans l'Allemagne du Sud, était devenue impossible.

M. de Chaudordy ajoutait dans sa déposition : « On publiera plus tard les documents qui confirment ce que je viens dire. » Cette publication n'a malheureusement pas eu lieu, et le silence fait sur des documents aussi importants a permis à M. de Beust de nier en toutes circonstances les pourparlers qu'il avait provoqués lui-même; il a été plus loin: il a imprimé dans le Livre rouge autrichien, publié à la fin de 1870, ces lignes incroyables :

Le gouvernement impérial et royal, loin d'encourager le gouvernement français à entreprendre une guerre qui lui a été si fatale, loin de lui faire espérer son appui, ne lui a pas épargné les avertissements, et ne l'a pas laissé dans le moindre doute sur son intention de garder une stricte neutralité.

Depuis la publication des mémoires de M. de Beust, on est éclairé sur les procédés politiques de cet homme d'État; son système, comme je l'ai déjà dit, consiste surtout dans l'atténuation ou la négation des faits les plus évidents.

Il me revient, sur les habitudes d'esprit du chancelier austro-hongrois, une anecdote très caractéristique, qui se rapporte précisément aux projets d'alliance de 1870.

Je viens d'expliquer la part que M. de Vitzthum prit aux pourparlers qui eurent lieu avant et après la déclaration de guerre. Nul doute que cette part ait été très grande. Cependant, à la suite de la publication de l'article de M. de Gramont dans la *Revue de France*, en avril 1878, l'ancien ministre des affaires étrangères reçut une lettre de M. de Vitzthum dont il donna communication à M. Émile Ollivier en ma présence.

Dans cette lettre, évidemment inspirée par M. de Beust, M. de Vitzthum niait qu'il eût jamais été envoyé pour négocier un traité en vue de la guerre. Il y avait bien eu entre lui et M. de Gramont des pourparlers, mais ils avaient eu uniquement pour objet la réunion d'un congrès.

M. de Gramont me donna lecture de la lettre qu'il avait écrite à M. de Vitzthum, lettre qui devait être rendue publique dans le cas où ce diplomate aurait lui-même fait appel à la publicité. Aux dénégations de M. de Vitzthum, M. de Gramont opposait les affirmations les plus précises; il rapportait par le détail les moindres circonstances et les paroles échangées. Il rappelait à M. de Vitzthum que l'idée du congrès ne venait pas de lui, mais bien de M. de Gramont qui en avait fait, dans la journée même du 14 juillet 1870, la proposition au conseil des ministres. Enfin il citait le passage de la dépêche du 20 juillet, que j'ai donnée plus haut, où l'intervention de M. de Vitzthum était formellement établie.

M. de Vitzthum s'est probablement ravisé; il n'a pas publié sa lettre, et M. de Gramont n'a naturellement pas publié la sienne. Mais les deux pièces sont en mains sûres, et elles seront produites quand il en sera besoin.

Il paraît que c'est une manie chez les hommes d'État autrichiens de chercher à faire l'obscurité sur les faits qui les gênent. Ils ne se contentent pas de nier; ils font disparaître les documents qu'ils supposent compromettants.

Voici ce qui m'a été raconté par le prince Napoléon lors d'une visite que je lui rendais en 1875, le jour de l'Ascension. J'ai transcrit son récit dans mon carnet de notes en rentrant chez moi; je n'y change pas un seul mot.

« J'étais, me dit le prince, à Chislehurst le 12 décembre 1872; l'empereur était fort souffrant. Il me parla des démarches que j'avais faites au mois d'août 1870, pour amener l'Italie et l'Autriche à nous prêter le concours de leurs troupes. L'empereur ouvrit un des tiroirs de son bureau et me montra les projets de traités qui avaient été négociés avec l'Autriche et l'Italie. Je connaissais le projet de traité avec l'Italie, puisque j'en avais un double, qui m'avait été remis à mon départ pour Florence. Le projet avec l'Autriche portait des corrections faites par l'empereur François-Joseph, et il était accompagné d'une lettre autographe qui ne laissait aucun doute sur les bonnes intentions du cabinet de M. de Beust à notre égard.

« Après la mort de l'empereur, on procéda à l'arrangement de ses papiers; ils étaient dans le plus grand désordre; il était facile de s'apercevoir qu'ils avaient été fouillés par une main étrangère.

« L'impératrice me dit que, dans un tiroir qu'elle me désigna, on avait retrouvé le projet de traité avec l'Italie, mais qu'il avait été impossible de découvrir celui qui avait été arrêté avec l'Autriche. « Il est probable, ajouta-t-elle, que pendant que « l'empereur était prisonnier à Wilhemshöhe, les « Prussiens auront pénétré dans son cabinet et « qu'ils auront soustrait ces documents. »

« — Vous êtes dans l'erreur, ai-je dit à l'impératrice ; cette pièce n'a point été volée à Wilhemshöhe. L'empereur l'a apportée à Chislehurst, et la preuve, c'est qu'au mois de décembre dernier, il me l'a communiquée et que j'en ai pris connaissance, j'en suis absolument certain.

« — Ah! mon Dieu, s'est écriée l'impératrice, vous m'ouvrez les yeux, et je comprends maintenant le but de certaine visite que j'ai reçue, il y a quelques mois. La princesse de Metternich est venue me voir. Elle m'a témoigné beaucoup de dévouement, ainsi qu'à l'empereur, et, après m'avoir entretenue de choses plus ou moins banales, elle m'a dit tout à coup : « Je ne me mêle pas de « politique, mais j'entends beaucoup parler de po- « litique autour de moi. On désirerait que vous « fussiez très sobre de publications sur les rela- « tions qui ont pu exister entre le gouvernement « autrichien et le gouvernement impérial. Ainsi il « est question de révélations que ferait le duc de

« Gramont sur les pourparlers qui ont eu lieu entre « lui et M. de Beust. On verrait avec plaisir qu'on « renonçât à ce projet. » J'ai prêté une attention fort distraite aux paroles de la princesse, et même je dois dire que j'en ai peu compris le sens. A présent, je vois que le gouvernement autrichien avait intérêt à faire disparaître des pièces plus ou moins compromettantes. Évidemment la pièce a été volée, et c'est lui qui a guidé la main du voleur. »

« J'appris alors qu'un des domestiques de l'empereur avait disparu, et qu'on s'était aperçu qu'il avait emporté une somme considérable, environ 17,000 francs. Le vol d'argent a évidemment servi à couvrir une soustraction de papiers importants.

« M. Thiers entretenait à Chislehurst une nuée de mouchards. On savait qu'il y en avait jusque dans la domesticité de l'empereur. Il est probable que le gouvernement de M. Thiers, avisé par le gouvernement autrichien de l'existence dans le cabinet de Napoléon III de pièces qui pouvaient lui attirer des désagréments du côté de la Prusse, les a fait enlever par un domestique infidèle. Cela était d'autant plus facile que l'empereur montrait une grande incurie; quand il sortait, il plaçait la clef de son bureau sous le socle de sa pendule, et quand il avait le dos tourné, il était loisible au premier venu de fouiller dans ses tiroirs.

« M. Thiers était d'autant plus disposé à venir

en cette circonstance en aide au gouvernement autrichien, que le projet de traité prouvait qu'au début de la guerre, nous n'étions pas tout à fait dépourvus d'alliances, ainsi qu'il l'a constamment répété à la Chambre et ailleurs, et que cette pièce disparue, il pouvait impunément, et sans craindre la contradiction, accuser l'Empire d'étourderie et d'imprévoyance. »

Je donne dans toute sa simplicité le récit du prince Napoléon. Je n'y ajoute aucune réflexion. Je me borne à rappeler que le roi Victor-Emmanuel n'avait point de ces regrets rétrospectifs; placé, comme le fut un jour M. de Beust, en face de l'empereur Guillaume, le loyal soldat lui dit carrément : « Sire, je dois avouer qu'en 1870, j'ai été sur le point de déclarer la guerre à Votre Majesté. »

XIII

LA PRÉPARATION DE LA GUERRE

D'après les plans de campagne qu'avait fait établir le maréchal Niel, en cas de guerre avec l'Allemagne, deux armées de force variable destinées à l'offensive et s'appuyant l'une sur l'autre devaient être formées, tandis qu'une troisième leur servant de réserve protégerait les points faibles de notre frontière. Longtemps à l'avance, les cadres, les états-majors et les commandements de ces trois armées avaient été arrêtés sur le papier.

Ce principe de la constitution de trois armées était tellement considéré comme fondamental, qu'on y avait eu égard dans les plans de campagne discutés à Vienne entre l'archiduc Albert et le général Lebrun. Les 400000 hommes dont l'Autriche réclamait la réunion à la frontière comme condition de sa coopération devaient être répartis en trois armées de forces inégales, dont chacune avait son rôle tracé d'avance.

Dès que la guerre apparut comme imminente, on s'occupa de la constitution des trois armées. Les états-majors de chacune d'elles furent formés; les corps de troupes qui devaient en faire partie furent désignés et reçurent des ordres en conséquence. Les commandements furent donnés à des maréchaux : le maréchal Mac-Mahon avait le commandement de la première armée; le maréchal Bazaine celui de la seconde; quant à l'armée de réserve, elle était confiée au maréchal Canrobert.

Tous les ordres de services avaient été lancés, quand on fit savoir au maréchal Le Bœuf que le plan élaboré avec tant de soin, de peine et de travail, était abandonné. On avait tout à coup décidé en haut lieu que toutes les forces militaires de la France seraient réunies en une seule armée qui prendrait le nom d'*armée du Rhin,* sous le commandement exclusif de l'empereur.

Dans l'état de santé où se trouvait alors Napoléon III, en faire un généralissime, c'était préparer la défaite. Il est difficile à un homme, quel que soit son génie, d'en diriger 300000 et de les faire converger vers une action commune avec la rapidité qu'exigent les opérations militaires. Cela suppose non seulement une grande présence d'esprit et un large coup d'œil, mais encore une entière possession de soi-même. Or, que pouvait-on attendre d'un homme qui, en Italie, avait fait preuve de l'inexpérience la plus complète, au point de se voir placé à chaque instant à deux doigts de la défaite? En 1859 du moins, il était encore dans la vigueur de l'âge, mais en 1870, il touchait à la vieillesse et, de plus, il était en proie à une de ces affections qui paralysent tous les efforts de la volonté la plus robuste.

On a attribué cette résolution de former une seule armée à différentes causes, à des jalousies de palais, à des rivalités de généraux, à la préoccupation de ne pas trop grandir certaines situations. D'après ce que j'ai pu savoir, ces différents motifs ont pu peser dans la balance; mais la principale raison déterminante, c'est qu'on avait, dans cette circonstance, cru devoir obéir à une simple réminiscence de l'épopée impériale; l'armée du Rhin prenait la succession de la Grande Armée, et, dans ces conditions, c'est à l'empereur seul que devait être attribué le commandement.

Cet abandon d'une organisation depuis longtemps constituée ne se produisit pas sans amener des inconvénients très graves. Il fallut, au moment d'une entrée en campagne, défaire tout ce qui, de longue date, avait été préparé, nommer de nouveaux états-majors, licencier les anciens, changer les ordres de marche des troupes, donner de nouvelles attributions aux maréchaux qui avaient été désignés pour occuper de grands commandements. On conçoit les retards multipliés que causèrent ces divers remaniements et ces contre-ordres.

Ce n'est pas que l'idée de former trois armées fût complètement abandonnée. On se proposait d'y revenir, aussitôt que, après une première victoire, on aurait pénétré sur le territoire allemand. L'empereur, ayant ajouté un laurier à sa couronne, aurait alors consenti à partager sa gloire avec ses lieutenants. Mais il n'est pas nécessaire de posséder de grandes connaissances militaires pour se rendre compte de ce que de pareils tâtonnements dans l'organisation de troupes en train de se livrer à leurs opérations de guerre, entraînent après eux de difficultés et de désordres. Ces déplacements subits de corps de troupes, ces changements dans les commandements et dans les états-majors, détruisent la cohésion qui entre au moins pour les trois quarts dans la solidité d'une armée. C'est un grand danger, tous les militaires le savent, que d'être surpris par l'ennemi en flagrant délit de formation. Or, c'est à ce danger qu'on s'exposait en modifiant, au milieu de mouvements qui exigent de la suite et de la rapidité, le plan primitif de la constitution de l'armée.

Si encore l'armée du Rhin avait pu réunir les

effectifs sur lesquels on comptait, le mal eût pu être conjuré. C'est alors que se serait vérifié le mot du général Trochu; rien n'aurait résisté au premier coup de dent de l'armée française. Mais les déceptions se produisirent dès les premiers jours. Il fut démontré tout de suite qu'on s'était appuyé sur des calculs erronés.

Napoléon III a tracé de sa propre main le tableau de ses désillusions. Dans ses œuvres posthumes, réunies par M. le comte de La Chapelle, on lit :

> Le 6 juillet, le maréchal Le Bœuf annonçait à l'empereur qu'il pouvait disposer d'un effectif de 550 000 combattants.
>
> En examinant bien ce beau chiffre, on le réduisait à 400 000 hommes prêts à entrer en campagne.
>
> Les tableaux de classement dressés au moment de la mise en mouvement ne donnent plus que 385 000 hommes.
>
> Enfin, au bout de trois semaines, quand l'armée est à la frontière, on s'aperçoit qu'elle n'est en réalité que de 220 000 hommes.

L'empereur diminue ici légèrement le chiffre réel de l'effectif de l'armée du Rhin. D'après les chiffres qui m'ont été communiqués par le général Lebrun, sous-aide-major général de cette armée, les états, relevés au 1er août 1870, indiquaient un effectif de 235 000 hommes. Mais il est juste de dire que, dans cet effectif, se trouvait compris le 6e corps de l'armée, qui était à ce moment au camp de Châlons et dont la formation était loin d'être achevée.

On raconte qu'après une tournée dans les cantonnements, l'empereur se rendant compte de l'infériorité de ses troupes en face de l'armée allemande qui se massait de l'autre côté de la frontière se serait arrêté sur un point élevé, et que là, arrachant son képi de son front baigné de sueur, il se serait écrié : *Nous sommes perdus!* Je ne crois pas à cette anecdote où l'on donne à Napoléon III une attitude qui ne cadre point avec ses habitudes d'impassibilité apparente; si, réellement, un sentiment de découragement l'a saisi un instant, il s'est bien gardé de le laisser voir.

On se souvient des quelques lignes inscrites par l'empereur sur la première page d'une brochure ayant trait aux événements de 1870 et adressée à l'auteur d'un article très vif, inséré, en 1872, dans un journal du matin :

> On a prétendu, écrivait le souverain exilé, que le crime de l'empereur avait été de déclarer la guerre alors qu'il savait que la France n'était pas prête à la soutenir.
>
> Il serait plus juste de dire que le tort de l'empereur a été de compter sur la certitude des états de situation et sur la possibilité de réunir en peu de jours les divers éléments dont se composent les armées.
>
> NAPOLÉON.

Il est probable qu'à Metz même, Napoléon III s'était aperçu de l'erreur commise, et il n'y aurait rien d'étonnant qu'avant de livrer la première bataille, il ne se soit pas fait d'illusion sur le résultat.

Pourquoi aurait-il été moins instruit que son

cousin, le prince Napoléon, qui lui, du moins, avouait avec tristesse à ses amis que nous n'étions pas prêts?

J'ai souvent interrogé le général Lebrun, qui a fait une étude toute particulière de la préparation de la guerre de 1870, sur les causes qui avaient amené cette infériorité de nos forces :

« Ni les hommes, ni les armes, m'a-t-il constamment répondu, ne manquaient. Mais le plan de mobilisation était vicieux, et les armes étaient réparties dans des centres militaires qui ne permettaient pas de les distribuer facilement aux troupes. On s'est trouvé en présence de dispositions mal conçues, qui ont empêché les réservistes d'arriver très rapidement tout équipés aux régiments dans lesquels ils devaient être incorporés. »

L'auteur de ce mode défectueux de mobilisation était le maréchal Niel. « C'est sur lui, ajoutait le général Lebrun, qu'il faut faire peser la responsabilité de tous les mécomptes que le commandement eut à subir. On a accusé le maréchal Le Bœuf ; on a eu tort. Quand le maréchal Le Bœuf a prononcé ces mots : « Nous sommes prêts, archiprêts, » il était de bonne foi. Il avait, comme beaucoup d'officiers généraux, une confiance illimitée dans la réputation d'organisateur qu'avait laissée après lui le maréchal Niel. Aussi, quand il est arrivé au ministère, il a poussé à l'extrême le respect pour tout ce qui avait été fait et arrêté par son prédécesseur. C'est là une faute, ou, si on l'aime mieux, une erreur. Le maréchal Le Bœuf aurait dû soumettre à une revision sérieuse le mode de mobilisation que le maréchal Niel avait imaginé. Il eût évité de graves reproches et il nous eût épargné les désastres que nous avons subis. »

Il faut rendre cette justice à Napoléon III, qu'il se préoccupait beaucoup de tout ce qui concernait l'armée. Après le vote de la loi de 1868, il passa plusieurs mois à tracer, avec l'aide du général Lebrun, son aide de camp, le plan d'une nouvelle organisation de l'armée en se basant sur la nouvelle loi militaire. C'est à lui que le colonel Stoffel adressait directement ses rapports sur l'armée allemande. Le colonel Stoffel fut même à ce propos l'objet d'une réprimande de la part du ministre de la guerre, qui prétendait que c'était à son administration seule que l'attaché militaire de l'ambassade de Berlin devait compte de ses remarques et de ses observations. Il en fut quitte pour dresser une double expédition de ses rapports et en adresser une au cabinet militaire de l'empereur.

On conçoit que, s'intéressant aux choses de l'armée, Napoléon III se montrât très soucieux des réductions que le Corps législatif demandait constamment dans le budget de la guerre. En 1870, notamment, on paraissait vouloir pratiquer le système des économies à un point tel que nos forces militaires en auraient été certainement amoindries. On sait que pour combattre ces prétentions, l'empereur n'hésita pas à dépêcher le maréchal Le Bœuf auprès de M. Thiers, pour lui demander l'appui de sa parole que l'éminent orateur ne lui refusa point. Mais ce qu'on sait moins, c'est que l'intervention de celui qu'il avait appelé le *grand historien national* avait tellement touché Napoléon III, qu'il avait songé très sérieusement, au moment de son départ pour l'armée, à confier à M. Thiers le ministère de la guerre. Un billet en ce sens fut adressé par lui au maréchal Le Bœuf, et si l'affaire n'eut pas de suite, ce ne fut certainement pas de sa faute.

L'empereur avait pris lui-même la plume pour combattre les idées d'économies de la commission du budget. On a retrouvé en 1871 à l'Imprimerie nationale un ballot contenant des exemplaires d'une note de l'empereur destinés à être adressés aux députés au moment de la discussion du budget de 1871. Cette note, qui portait la date de mai 1870, était intitulée : *Une mauvaise économie*. Elle présentait un état comparatif de l'armée française et de l'armée de la confédération de l'Allemagne du Nord. Elle se terminait par cette phrase qui en résume l'esprit :

« Que l'on compare l'état militaire de l'Allemagne du Nord au nôtre, et qu'on juge si ceux qui veulent encore réduire nos forces nationales sont bien éclairés sur nos véritables intérêts. »

On ne comprend pas pourquoi cette note n'a pas été distribuée. Il y a eu là sans doute quelque négligence de bureau. Peut-être aussi a-t-on trouvé que l'empereur dépréciait un peu trop notre état militaire. Et puis, au Château, Napoléon III passait pour un rêveur et un chimérique, et on laissait volontiers sous le boisseau tout ce qu'il écrivait ou faisait imprimer.

XIV

L'EMPRUNT DE LA GUERRE

Une des idées qui me préoccupaient le plus depuis le début de la guerre, c'était comment on trouverait de l'argent pour couvrir les dépenses militaires. Vers la fin de juillet, comme je causais avec mon ancien collègue, M. Garnier, conseiller maître à la Cour des comptes, il m'est arrivé de lui expliquer comment on pourrait s'en procurer sans faire immédiatement un emprunt en rentes perpétuelles: il s'agissait d'imiter, en perfectionnant la mesure, ce qu'avaient fait les Américains pendant la guerre de sécession, c'est-à-dire d'émettre des bons spéciaux. M. Garnier avait trouvé mon projet fort ingénieux et s'était fait expliquer plusieurs fois le mécanisme de l'émission.

Cette combinaison, je l'ai retrouvée, mais bien

amoindrie et bien diminuée, dans un décret qui a paru au *Journal officiel* du 6 août 1870. Il m'a semblé évident que M. Garnier avait parlé de mon projet à un haut employé du ministère des finances, qui avait cru bon de se l'approprier.

Je suis allé deux fois au ministère dans l'espoir d'y rencontrer le secrétaire général, M. Haudry de Janvry ; je voulais lui signaler les lacunes et les erreurs que j'avais remarquées dans le décret ; je n'avais pu rencontrer cet honorable fonctionnaire. Mais j'avais vu dans le salon d'attente M. Isaac Pereire, qui avait trouvé mes observations très justes.

Comme j'étais loin de me douter de ce qui se passait à ce moment à l'armée du Rhin, je m'étais décidé à écrire à M. Émile Ollivier :

Paris, le 6 août 1870.

Mon cher Ollivier,

J'ai laissé tomber par terre une combinaison tendant à imprimer un grand élan à l'émission de bons spéciaux du Trésor et notamment l'idée d'attribuer aux porteurs de bons un droit de priorité dans le cas où un emprunt en rentes 3 p. 100 serait ultérieurement ouvert. Combinaison et idée ont été ramassées par une personne ayant plus de savoir-faire que moi et portées à Segris qui en a fait son profit.

Vous savez quelle abnégation j'apporte dans ces sortes de choses. Je me réjouis de ce que quelqu'un ait trouvé mon idée juste, et surtout de ce que le ministre des finances lui ait fait l'honneur de l'adopter; mais, dans une combinaison financière, toutes les parties se tiennent ; on a légèrement dénaturé ma conception; permettez-moi de la rétablir dans son intégrité, afin que, si l'opération n'avait pas tout le succès qu'on en attend, on ne puisse pas m'en rendre responsable.

Voici quelle était ma combinaison :

1° Diviser l'émission des bons du Trésor pour 1870 en deux parties : 150 millions attribués aux bons du Trésor à trois mois, six mois et un an, et 350 millions attribués aux bons spéciaux 5 p. 100.

2° Donner à l'émission des bons 5 p. 100 le caractère solennel d'une souscription patriotique et nationale et y intéresser tous les grands établissements de crédit.

3° Accorder aux porteurs des bons du Trésor de toute échéance la faculté d'échanger leurs titres contre des bons 5 p. 100.

4° N'accepter des souscriptions qu'en sommes rondes, et, quelle que soit la somme souscrite, permettre aux souscripteurs ou de prendre un titre unique ou de diviser leurs titres en coupons de 100 francs pour les souscriptions de 1 000 francs et au-dessous, de 500 francs pour les souscriptions de 1000 à 5 000 francs et de 1 000 francs pour les souscriptions de 5000 francs et au-dessus.

5° Exiger au moment de la souscription le paiement intégral des bons du Trésor souscrits, et accorder aux porteurs la faculté de les transmettre par voie d'endossement.

6° Attribuer aux souscripteurs de ces bons et aux derniers porteurs, un droit de priorité dans le cas où un emprunt en rente 3 p. 100 serait ultérieurement ouvert.

En comparant cette combinaison avec celle qui a été adoptée, vous apercevrez facilement la différence.

Il est évident pour moi qu'une de ces influences bureaucratiques, que vous avez si justement comparées à des toiles d'araignées, a empêché qu'on n'arrivât d'emblée pour les bons spéciaux à une opération sérieuse et raisonnable. On a agi d'abord avec une maladresse inexplicable, confondant dans une même émission les bons ordinaires du Trésor avec les bons spéciaux. On s'est ravisé ensuite, mais il était trop tard; la confusion avait porté ses fruits. Aujourd'hui on admet l'idée que j'avais émise, il y a plus de quinze jours; seulement on l'applique après coup et d'une façon incomplète. Tout cela est très fâcheux; il est regrettable que, dans des circonstances où il faut agir avec décision, on soit obligé de compter avec cette routine détestable, qui empêche tout et qui gâte tout.

Je me suis présenté plusieurs fois à la chancellerie, et je n'ai pas eu le plaisir de vous y rencontrer. Je suis sûr que si j'avais pu causer avec vous, on n'eût point procédé, en quelque sorte à tâtons, à une opération aussi décisive.

Agréez, etc.

ALFRED DARIMON.

Il n'est pas probable que M. Émile Ollivier ait eu connaissance de ma lettre. Au moment où elle est arrivée à l'hôtel de la place Vendôme, on y recevait la nouvelle du double désastre de Frossard et de Mac-Mahon. La question financière passait à l'arrière-plan. Ma lettre a été naturellement mise au panier.

Ce que j'avais prévu est du reste arrivé. L'emprunt en bons spéciaux, tel que l'avait organisé M. Segris, n'a pas réussi, et il a fallu procéder à un emprunt en rentes perpétuelles. Cet emprunt a été souscrit et même avec un empressement qui prouvait que le sentiment patriotique n'était pas tout à fait mort chez nous, Mais le succès est dû surtout à ce que le gouvernement a voulu faire de l'emprunt une manifestation nationale et remporter ce qu'on a appelé « la victoire du crédit ».

XV

LES PREMIÈRES DÉFAITES

Pendant les jours qui ont suivi le départ de l'empereur pour l'armée du Rhin, j'ai vécu dans une anxiété profonde. J'avais toujours présent à l'esprit le mot qu'avait laissé échapper le prince Napoléon, quand j'avais été lui faire mes adieux : *Nous ne sommes pas prêts!* Aussi les manifestations populaires, qu'en apparence on cherchait à empêcher et qu'on excitait par-dessous main, me causaient un véritable énervement.

On avait donné l'ordre aux musiques militaires de jouer la *Marseillaise*. Je me rappelle que, le 18 juillet, je me promenais avec Conti, le chef du cabinet de l'empereur, dans le jardin des Tuileries. Tout à coup la musique de la garde municipale s'était mise à jouer l'hymne de la Révolution. Je me tournai tout surpris vers Conti :

— C'est l'empereur, me dit-il, qui a donné l'ordre de jouer la *Marseillaise*. C'est le chant de guerre national. C'est même sa véritable destination.

— Mais, fis-je observer, la guerre n'est pas encore déclarée.

— Elle le sera demain, me répondit Conti.

La foule avait applaudi, mais faiblement. La signification belliqueuse de la *Marseillaise* échappait bien certainement à la plus grande partie des auditeurs.

A quelques jours de là, nous étions allés, quelques amis et moi, au café de l'Horloge, aux Champs-Élysées, pour juger de l'effet que la *Marseillaise* pouvait produire sur les habitués de ce café chantant. Nous avons été témoins d'un spectacle qui nous a laissé une impression fâcheuse. Le directeur de l'Horloge avait improvisé une pantomime dans laquelle on voyait un combat entre des zouaves et des soldats prussiens. Au dénouement on amenait un Prussien avec son casque à pointe sur le devant de la scène, et, après l'avoir fortement houspillé, on le forçait à se mettre à genoux et à demander grâce.

Ce n'était pas seulement préjuger la victoire; c'était donner une bien mauvaise idée de notre courtoisie et de notre générosité. Les spectateurs restaient froids et indifférents. La police, qui avait autorisé et peut-être provoqué cette ridicule exhibition, avait sans doute cru qu'un pareil spectacle réchaufferait le patriotisme. Elle s'était lourdement trompée. On ne s'occupait dans le public, composé en grande partie de jeunes gens, que des jambes des zouaves qui étaient figurés par les plus jolies filles de l'établissement.

Je passais presque toutes mes soirées au café de la Paix. Nous avions formé là une sorte de petit cercle en plein air composé de gens se connaissant tous, et allant chacun de son côté aux nouvelles : il y avait les deux Abbatucci, Sanpiero Gavini, Bournat, le docteur Yvan, Géry, Garnier, Joseph Ferrari, Paul Cère, de Toulgoët, et le général de Beaufort d'Hautpoul. Les frères d'Ollivier, Adolphe et Élysée, faisaient la navette entre la place Vendôme et le boulevard des Capucines et, avec la discrétion que commandait leur situation, ils nous tenaient au courant des événements.

La nouvelle du combat de Sarrebruck nous mit un peu de baume dans le sang. Ce n'était pas un succès signalé. Mais enfin cela prouvait qu'on sortait de l'inaction mortelle dans laquelle se tenait l'armée depuis qu'elle était rassemblée sur la frontière. Je savais que cette inaction causait dans le cabinet une impatience qui touchait à l'irritation. Comment, en effet, déterminer l'empereur d'Autriche et le roi d'Italie à mettre une signature au bas d'un traité d'alliance, tant qu'on resterait l'arme au bras, attendant l'ennemi qu'on aurait dû attaquer et prendre en flagrant délit? Sans être positivement au courant des négociations, il nous en était revenu quelque chose. Aussi le système défensif qui avait été adopté, disait-on, par l'état-major, trouvait-il peu de défenseurs parmi nous.

Deux jours après, en longeant les arcades de la rue de Rivoli, je rencontrai Charles Abbatucci; il portait la tête basse :

— Qu'y a-t-il? lui dis-je.

— Je viens du ministère de l'intérieur. Nous avons subi une défaite à Wissembourg. N'en dites rien à personne. Le gouvernement attend, pour faire connaître la nouvelle, qu'on ait obtenu un succès sur un autre point.

La régence eut-elle raison de garder le secret? Je ne sais. Mais cet échec de Wissembourg, une fois qu'il fut connu, mit toute la population parisienne en émoi. Il était visible que si elle ne recevait pas dans les vingt-quatre heures la nouvelle d'une victoire, elle pourrait se porter aux plus grandes extrémités.

L'affolement était général et avait gagné les têtes les plus solides. Je continuais pour mon compte à être dans une surexcitation nerveuse qui m'empêchait de prendre le moindre repos. Je me levais fort tard le matin, après une nuit complète d'insomnie. J'étais dans un accablement moral profond. Je courais les rues et les boulevards sans autre but que de rencontrer des gens avec qui je pusse échanger mes sentiments ou plutôt mes sensations. J'avais rencontré Géry, le docteur Yvan et Paul de Cassagnac. Tous les trois étaient dans la même situation d'esprit ; tous paraissaient possédés comme moi du besoin de parler à tort et à travers et de se livrer à des pronostics plus ou moins heureux.

Le docteur Yvan était le seul qui se montrât absolument pessimiste. Il prévoyait de nouvelles défaites, la perte de l'Alsace, que sais-je? Il nous répétait constamment le mot du prince Napoléon : *Nous ne sommes pas prêts!*

Le soir, nous nous étions retrouvés sur la terrasse du café de la Paix. Adolphe Ollivier et son frère Élysée étaient venus, comme de coutume, s'asseoir à côté de nous. Vers sept heures et demie, ils se retirèrent en annonçant qu'ils allaient chercher des nouvelles à la chancellerie. Nous les attendîmes pendant une demi-heure. A la fin, je n'avais pu y tenir plus longtemps, et je pris le chemin de la place Vendôme. Dans la rue de la Paix, j'aperçus Élysée qui filait en rasant les murs comme quelqu'un qui veut éviter d'être rencontré. Je courus vers lui :

— A-t-on des nouvelles? lui dis-je tout anxieux.

— Non, me répondit-il, avec un air d'embarras qu'il cherchait vainement à déguiser. Le fil télégraphique est détraqué.

J'étais rentré chez moi en proie à la plus vive inquiétude. Évidemment on avait subi une nouvelle défaite et on le cachait.

Ma nuit avait été aussi mauvaise que les précédentes. Je m'étais levé avec le même affaissement. Mes pauvres nerfs étaient dans un état horrible.

M. Welles de La Valette m'avait invité à déjeuner précisément pour le 7; mais, dans la situation morale où je me trouvais, je me demandai si je ne ferais pas bien d'envoyer mes excuses.

— Bah! me dit ma femme, tu te tourmentes trop; je suis sûre que si tu vas rue Vézelay, tu apprendras que l'armée française a pris sa revanche.

— Mais il n'y a rien au *Journal officiel*, et c'est là précisément ce qui m'inquiète.

Sur de nouvelles observations de ma femme, je me suis décidé à m'habiller et à me rendre à l'invitation de M. Welles de La Valette.

L'agitation de la veille avait disparu. Les rues étaient presque désertes. Je ne rencontrai point un seul crieur de journaux.

En approchant de l'hôtel de la rue Vézelay, j'aperçois un fiacre qui stationne à la porte. Le secrétaire de M. Welles de La Valette en tire de grosses liasses de papiers qui ressemblent fort à des titres de valeurs mobilières.

— Je sauve la caisse! me crie-t-il.

J'entre. Dans le vestibule, au bas de l'escalier, je trouve Mme Rouher, accompagnée de Mlle Louise, sa seconde fille. Toutes les deux ont la figure bouleversée et des larmes dans les yeux.

— Au nom du ciel, que se passe-t-il? leur dis-je.

— Comment! vous ne savez pas, me répond Mme Rouher. Mac-Mahon est battu; son corps d'armée est anéanti. C'est un effondrement complet. Tout est perdu!

Je monte l'escalier, et je me précipite dans le salon. Il y a Paul de Cassagnac, M. de Varaigne, M. Gourgaud et Mme la baronne de Vatry. Tout le monde a l'air consterné. Mme de Vatry sanglote. Seul, Paul de Cassagnac montre un peu de confiance :

— Rien n'est désespéré, dit-il; nous pouvons vaincre encore.

On apporte un supplément du *Journal officiel* qui vient de paraître. Les dépêches sont navrantes. Ce n'est pas seulement Mac-Mahon qui a été défait, c'est aussi Frossard. Nous sommes envahis sur deux points du territoire. L'armée française est forcée de se replier sur Metz.

Le déjeuner a été, comme on le pense bien, fort

triste. Mme de Vatry ne cessait de pleurer; son mari était à l'armée et elle n'en avait pas de nouvelles. Paul de Cassagnac parlait de s'engager pour toute la durée de la guerre, et de se faire incorporer, si cela se pouvait, dans les zouaves.

Le découragement était arrivé au dernier degré parmi toutes les personnes qui, de près ou de loin, se rattachaient au gouvernement impérial. On ne croyait pas que l'Empire pût survivre à une défaite. M. Welles de La Valette n'avait pas perdu de temps; il s'était mis immédiatement en mesure de placer à l'abri sa fortune mobilière.

Après mon dîner, j'ai parcouru les boulevards. La foule qui circulait à flots pressés était houleuse. On sentait qu'il aurait suffi d'un mot pour la pousser à la colère et à la révolte. J'ai remarqué qu'à la porte des cafés se tenait l'état-major des irréconciliables.

Tous nos amis s'étaient évanouis. Je n'avais rencontré que Joseph Ferrari. Nos défaites avaient abasourdi le pauvre philosophe italien; il constatait du reste très naïvement son état d'hébétude : « Je ne sais que dire, » me répétait-il, pendant le récit que je lui faisais des événements.

Il avait été convenu que les personnes qui avaient déjeuné chez M. Welles de La Valette se retrouveraient le soir rue Vézelay pour se communiquer les nouvelles, s'il y en avait. J'y retournai donc vers dix heures. Tout le monde était fidèle au rendez-vous.

Je décrivis l'agitation qui régnait sur les boulevards.

— Allons-y, dit Paul de Cassagnac. Il est bon, il est utile en ce moment d'étudier sur place l'esprit et le sentiment des masses.

M. Welles de La Valette et moi, nous consentons à accompagner Paul de Cassagnac. A peine avons-nous fait notre apparition sur le boulevard des Italiens que nous sommes entourés par la foule. C'est Paul de Cassagnac qui a attiré l'attention sur notre petit groupe. On se bouscule autour de nous. Paul de Cassagnac est acclamé.

— A-t-on des fusils, monsieur Paul? demandent des ouvriers.

Évidemment, la préoccupation de ces hommes, c'est de savoir s'il y a assez de fusils pour armer tous les combattants.

On a, en effet, décrété la levée en masse.

La position est devenue dangereuse. Nous ne pouvons plus avancer et nous risquons d'être étouffés. Nous parvenons à grand'peine à nous jeter dans le café Riche, qui a deux issues, et nous pouvons ainsi nous échapper.

Nous nous sommes rendus au ministère de l'intérieur dans l'espoir de recueillir quelques nouvelles. Mais on n'a rien pu nous dire. Les employés étaient ahuris. On aurait dit que le ministère avait été traversé par une révolution.

En rentrant chez moi vers minuit, j'avais trouvé sur mon bureau une lettre de faire part qui m'invitait à assister aux obsèques de Prévost-Paradol.

Triste coïncidence! Celui-là s'était tué, disait-on, parce qu'il avait prévu nos défaites!

J'ai assisté à l'enterrement qui avait lieu le lendemain 8 août. Il y avait peu de monde. Presque tous les assistants appartenaient au monde orléaniste et à l'ancien tiers-parti du Corps législatif.

D'après le langage que j'entendis tenir aux députés présents, le sentiment de l'opposition ne paraissait pas douteux : c'est le ministère qu'on rendait responsable de notre double défaite. On se promettait, aussitôt que la Chambre aurait été réunie, de le renverser.

Le sentiment général était qu'on devait rappeler l'empereur et lui enlever le commandement de l'armée. « C'est, disait-on, son incapacité qui nous a perdus. »

J'entendis plusieurs personnes, entre autres M. Buffet, formuler l'idée d'un comité de défense nommé par le Corps législatif.

L'Empire m'est apparu, dès lors, comme fortement ébranlé.

XVI

LA CHUTE DU MINISTÈRE DU 2 JANVIER

Les membres du cabinet semblent s'être fait de grandes illusions au lendemain de la double défaite de Frossard et de Mac-Mahon. Il leur paraissait impossible que des ministres purement civils pussent être rendus responsables des événements militaires, et, forts de leur patriotisme, ils se préparaient à prendre des mesures pour repousser l'invasion et pour maintenir l'ordre à l'intérieur.

Leur première préoccupation dans la journée du 7 août avait été de se renforcer devant l'opinion en s'adjoignant une personnalité qui jouissait d'une grande popularité dans l'armée. M. Émile Ollivier télégraphiait à l'empereur :

> Dejean n'inspire de confiance à personne. Je demande à Votre Majesté de m'autoriser à signer en son nom le

décret qui nomme Trochu. L'effet d'opinion sera infaillible.

Le général Trochu n'était pas un inconnu pour M. Émile Ollivier. Le garde des sceaux s'était trouvé en rapports avec lui quelques mois auparavant, dans un dîner que le prince Napoléon avait donné expressément pour que le général et le ministre du 2 janvier pussent se rencontrer et se rapprocher. Le général avait, dans le courant de la soirée, développé, avec une grande abondance de paroles, des théories et surtout des critiques sur l'organisation de l'armée. Il avait littéralement fasciné M. Émile Ollivier par sa facilité d'élocution véritablement surprenante, et comme, aux yeux des orateurs, l'art de parler prime tout, l'étonnement avait peu à peu fait place à l'estime. M. Émile Ollivier prisait très haut les talents du général Trochu.

Malheureusement, aux premières ouvertures qui lui furent faites, le général Trochu se déroba. A M. Schneider, président du Corps législatif, qui s'était chargé de le pressentir ; à l'amiral Jurien de La Gravière, qui était venu officiellement et directement de la part de l'impératrice lui offrir le ministère de la guerre, et même, s'il le voulait, la présidence du conseil, il répondit par un refus obstiné qu'il motiva de cette manière :

« Consciencieusement obligé d'expliquer devant

l'Assemblée la cause de nos désastres par les fautes du gouvernement, je le compromettrais, au lieu de le servir, en acceptant la haute position qu'on me propose, et j'aurais ainsi une situation tout à fait fausse, qui aurait l'apparence de la déloyauté, ce qui me répugne absolument. »

Pressé de nouveau par M. Émile Ollivier, le général Trochu maintint son refus : « Mon entrée au ministère, dit-il, ne pourra retarder d'un jour la chute du ministère que les événements accablent. » Le garde des sceaux télégraphia à l'impératrice : « Le général Trochu vient de me déclarer qu'il ne peut prendre le ministère de la guerre et qu'il faut le laisser. »

La première question qui se posait, c'était de savoir si la convocation des Chambres était indispensable. Aussitôt après la déclaration de guerre, on s'était empressé de proroger le Corps législatif. Aux personnes qui lui faisaient remarquer qu'il traitait un peu légèrement la représentation nationale, M. Émile Ollivier avait répondu : « Vous voulez donc une Convention? » On avait d'abord pensé à se passer des Chambres. C'était l'opinion de l'impératrice, c'était aussi celle de l'empereur. « Réunir les Chambres après des désastres militaires, avait-il dit, c'est en France appeler la Révolution. » Mais le cabinet se composait en grande partie d'hommes attachés au régime parlementaire et répugnant à tout ce qui pouvait ressembler à des mesures exceptionnelles. MM. Segris, Mège et Pichon offrirent leur démission ; M. Émile Ollivier eut ainsi la main forcée.

Les Chambres furent donc convoquées. Et cependant, en les convoquant, l'impératrice commettait une illégalité. Aux termes de la constitution, l'empereur seul avait le droit de signer le décret de convocation. Pour motiver cette irrégularité, on dut rappeler dans la communication faite au Sénat et au Corps législatif que « l'empereur avait promis que l'impératrice les réunirait si les circonstances devenaient difficiles ».

Cette convocation intempestive est une des mesures que Napoléon III a le moins pardonnées à l'impératrice. A Chislehurst, il la lui reprocha souvent comme une des causes qui avaient compromis la défense nationale : « Un appel à la nation, disait-il, dans un moment aussi critique, ne pouvait avoir qu'un seul effet, celui de décourager le pays, de détruire la confiance dans ses propres forces, et de lui persuader que l'état des affaires était encore pire que ne le faisaient connaître les rapports officiels. »

On se promettait du moins de congédier les Chambres immédiatement après le vote des subsides et des lois militaires. Tous les ministres étaient unanimes pour repousser la permanence. On avait pris soin de ne convoquer les Chambres qu'en session extraordinaire. Mais il fut bientôt démontré que, dans le public, on attachait une importance capitale à l'intervention constante des représentants du pays. Sous la pression de l'opinion, la réunion du Corps législatif, qui avait été fixée au 11 août, dut être avancée de deux jours ; elle fut fixée au mardi 9 août.

M. Émile Ollivier écrivait le 7 août à l'empereur :

Nous sommes tous unis et nous délibérons avec le Conseil privé dans le plus parfait accord. L'impératrice nous donne l'exemple du courage, de la fermeté et de la hauteur d'âme.

Si l'on s'en tient aux sentiments que manifestait l'impératrice, l'éloge était mérité. Le général Trochu lui-même a cru devoir inscrire dans son fameux testament, à cette date du 7 août, son opinion sur l'attitude de la régente : « L'impératrice, écrivait-il, dont je n'avais qu'une médiocre opinion, parce que je ne l'avais aperçue qu'à travers les brillantes frivolités dont elle aime à s'entourer, a montré du cœur, du caractère et des sentiments bien plus français qu'impérialistes. »

Cette dernière réflexion du général Trochu trouve son explication dans une phrase qu'une dame de l'entourage avait soufflée à l'impératrice et qu'elle répétait à tout propos, surtout aux personnes qu'elle supposait avoir peu d'attachement pour l'empereur. Au général Trochu, soupçonné d'orléanisme, elle avait sans doute dit sa fameuse phrase : « Il ne s'agit pas de sauver l'empire, mais de sauver la France. » La pauvre impératrice ne se doutait pas qu'en tenant un pareil langage, elle mettait à l'aise une foule de gens qui ne demandaient pas mieux que d'abandonner l'Empire sous prétexte que la France doit passer avant tout. On était surpris de voir combien peu le souci de la dynastie pesait pour l'épouse de Napoléon III, pour la mère du prince impérial. Il semblait que la couronne impériale fût une charge trop lourde pour cette tête de jolie femme, obligée de pourvoir au salut d'un grand pays qui courait à un immense péril.

Au fond, le désaccord entre l'impératrice-régente et les ministres existait sur deux points importants.

Depuis plusieurs jours, on réclamait avec insistance le retour à Paris du prince impérial dont la présence à l'armée était au moins inutile. M. Émile Ollivier, se rendant au vœu de l'opinion publique, télégraphiait officiellement au quartier général, à Metz :

A l'unanimité, le conseil des ministres et le conseil privé croient qu'il serait bon que le Prince impérial revînt à Paris.

L'impératrice ajoutait avec son chiffre privé :

> Pour des raisons que je ne puis expliquer dans cette dépêche, je désire que Louis reste à l'armée et que l'empereur promette son retour sans le laisser s'effectuer.

Que pense-t-on de cette manière de respecter les décisions d'un cabinet constitutionnel?

La question du retour de l'empereur à Paris ne passionnait pas moins l'opinion. Elle donna lieu à un débat assez long dans le conseil des ministres. M. Émile Ollivier était partisan du retour immédiat. Il lui paraissait impossible qu'après deux défaites, l'empereur pût rester à la tête de l'armée. On commençait à prononcer tout haut le nom du maréchal Bazaine ; l'armée paraissait désirer qu'il fût désigné comme généralissime. Dès le 7 août, l'impératrice elle-même avait écrit à l'empereur ; « Entendez-vous avec le maréchal Bazaine pour les opérations à venir. » Or, l'empereur ne pouvait abandonner le commandement sans reprendre la souveraineté.

Pour s'éclairer sur ce qu'on pensait dans l'armée, le cabinet avait envoyé à Metz M. Maurice Richard par un train spécial. Le ministre des beaux-arts avait pu s'assurer de l'état de santé de l'empereur et du désir manifesté par les troupes de voir le commandement placé entre des mains plus expérimentées. Au retour, quand la discussion s'ouvrit, M. Maurice Richard garda le silence; il avait fait connaître la situation à l'impératrice et il se croyait par là quitte vis-à-vis de ses collègues. De son côté, avisée par M. Franceschini Pietri de l'impossibilité où était l'empereur de continuer la campagne, l'impératrice avait opposé à son retour à Paris des objections invincibles. Le cabinet ne put vaincre l'obstination de la régente. La question dut être ajournée.

D'après le langage que j'avais entendu tenir aux personnes présentes à l'enterrement de Prévost-Paradol, j'avais pu me rendre compte de l'état des esprits. Renversement du cabinet, formation d'un comité de défense, ces propositions étaient formulées non par des hommes appartenant au groupe des irréconciliables, mais par les hommes modérés, qui jusque-là avaient voulu se rapprocher sincèrement de l'Empire.

La lecture des journaux acheva de m'éclairer. L'opinion avait reçu un ébranlement profond, et ce que j'avais entendu à l'enterrement de Prévost-Paradol n'était qu'un indice des projets qui se préparaient. Le *Siècle* publiait la proposition suivante, qui portait la signature de dix-huit membres de la gauche :

Considérant que l'incapacité du chef de l'État a mis la France en péril et a fait perdre à nos soldats, malgré leur valeur héroïque, deux grandes batailles :

ARTICLE PREMIER. — Il est institué, dans le sein de l'Assemblée, un comité de défense nationale composé de quinze membres.

ART. 2. — Le comité remplace jusqu'à nouvel ordre tous les pouvoirs existants.

ART. 3. — Il appelle immédiatement tous les citoyens sous les armes.

ART. 4. — Tout acte qui aurait pour but et pour effet d'entraver la marche du comité sera considéré comme un crime de lèse-nation.

La presse démocratique se joignit à la gauche pour réclamer des mesures analogues. Chacun de ses journaux reproduisait le manifeste suivant :

La France est envahie.

La presse démocratique réclame :

L'armement immédiat de tous les citoyens;

L'institution d'un comité de défense composé de députés de Paris.

Que tous les patriotes se lèvent et se joignent à nous!

La Patrie est en danger.

La rédaction de l'*Avenir national*, de la *Cloche*, de la *Démocratie*, du *Rappel*, du *Réveil*, du *Siècle*.

Je m'étais rendu au ministère de l'intérieur pour avoir des nouvelles. Là, j'avais appris que les députés de la gauche avaient fait une démarche auprès du gouvernement pour le mettre en demeure de pourvoir à la défense de Paris en armant immédiatement tous les citoyens inscrits sur les listes électorales. M. Émile Ollivier avait dit : « Nous donnerions bien des armes, mais comment les reprendre? » Les propositions de la gauche avaient du reste causé une vive irritation. On préparait, dans le cabinet du ministre, un placard dans lequel on qualifiait ces publications « de tentatives anarchiques de nature à compromettre l'unité d'action, à créer une agitation stérile et à mettre en péril la sécurité », et on menaçait de supprimer tout journal « qui renouvellerait ces propositions ou des propositions analogues ».

Au Palais-Royal, où je suis allé en sortant du ministère de l'intérieur, j'ai trouvé le secrétaire du prince Napoléon, M. Hubaine, littéralement enseveli sous des paperasses. « J'opère, m'a-t-il dit, un triage dans les papiers du prince. On ne sait pas ce qui peut arriver. J'ai ordre d'expédier toute cette paperasserie à Prangins. »

Mais c'est à la Chambre que m'étaient réservées les plus grandes surprises. J'avais pris, depuis quelques jours, l'habitude d'aller travailler à la bibliothèque, où tous les documents dont je pouvais avoir besoin se trouvaient en quelque sorte sous ma main. En arrivant, je fus frappé de l'animation qui régnait dans les couloirs. Un grand nombre de députés s'étaient rendus au Corps législatif. Je remarquai dans la salle des Quatre-Statues un fort groupe au milieu duquel M. Jules Brame parlait avec une grande animation; quelques mots étaient parvenus à mes oreilles.

« Le ministère ne peut pas rester.... Appelons Trochu.... Il faut opposer au comité de la gauche le ministère de la défense nationale. »

Puis le groupe se rendit, M. Jules Brame en tête, dans un des bureaux. Il y avait bien une soixantaine de membres.

Si quelque chose pouvait m'étonner, c'était de voir M. Jules Brame provoquer le renversement du ministère du 2 janvier. M. Jules Brame avait toujours professé une grande admiration pour M. Émile Ollivier. Il le comblait de soins et de prévenances: il avait coutume de lui dire : « Je n'ai qu'une ambition, c'est de remplir auprès de vous le rôle de votre chef d'état-major. » C'était chez M. Jules Brame qu'avaient eu lieu les réunions d'où était sortie l'interpellation des 116, qui avait été la cause directe de la chute de M. Rouher et qui avait amené la fin de la période du gouvernement personnel. A cause du zèle qu'il avait montré dans cette circonstance, le député de Roubaix avait été désigné pour faire partie du ministère dont M. Émile Ollivier devait devenir le chef. Mais, au dernier moment, il s'était aperçu que les doctrines protectionnistes dont il faisait profession lui constitueraient une situation fausse vis-à-vis de ses collègues, et il avait décliné l'offre qui lui avait été faite d'un portefeuille. Il avait, malgré cela, conservé avec M. Émile Ollivier de bonnes relations; il s'était, à la vérité, prononcé contre la guerre avec l'Allemagne; mais s'il s'était montré un dissident, il ne s'était point déclaré un adversaire.

Quelques heures plus tard, j'apprenais par un député, M. Vendre, qui y avait assisté, ce qui s'était passé à la réunion.

Les députés présents appartenaient à toutes les nuances, au centre gauche, au centre droit et à la droite. Il y en avait une centaine environ. On avait nommé six délégués chargés de se rendre aux Tuileries le soir même et de demander à l'impératrice de prendre les trois mesures suivantes :

1° Le renvoi immédiat du ministère Ollivier;

2° La nomination du général Trochu au ministère de la guerre dans le nouveau cabinet;

3° La nomination du général Montauban au commandement de l'armée chargée de couvrir Paris.

Les six députés étaient : pour le centre gauche, MM. Jules Brame et de Dalmas; pour le centre droit, MM. Dupuy de Lôme et Josseau; pour la droite, MM. Gaudin et Dugué de La Fauconnerie.

D'après M. Jules Brame, l'impératrice, prévenue par M. de Dalmas, reçut les délégués à 10 heures du soir, dans un salon voisin de celui où était réuni le conseil des ministres. Elle écouta avec beaucoup de calme l'exposé qui lui fut fait de la situation, de ses périls, des fautes commises et des mesures qu'il y avait à prendre. Puis, examinant l'une après l'autre chaque mesure proposée, elle s'attacha à montrer les inconvénients qu'elle pouvait entraîner.

Elle se montra tout à fait opposée au renvoi du ministère. « Une crise ministérielle, dit-elle, en face de l'ennemi, serait périlleuse, elle jetterait des inquiétudes dans les esprits au moment où nous avons besoin de fermeté et de confiance. Elle pourrait en outre faire croire à un désaccord entre le gouvernement et le Corps législatif, alors que l'union seule pourrait tout sauver encore. Une des premières nécessités de la situation était d'ailleurs de ne pas perdre un instant pour réorganiser la défense. »

Les délégués insistèrent : « L'état de l'opinion, dirent-ils, exige le renvoi du ministère ; c'est dans l'intérêt de la défense même, et pour lui donner de l'élan et de l'énergie, que le renvoi est indispensable. »

L'impératrice était plus à l'aise en ce qui concernait l'accession du général Trochu au ministère de la guerre et celle du général de Palikao au commandement de l'armée destinée à couvrir Paris. Elle répondit, ce dont elle avait pu s'assurer par elle-même, que le ministère de la guerre avait été offert au général Trochu, et que, pour différentes considérations, il l'avait refusé. Quant au général de Palikao, elle laissa entrevoir que son choix tomberait probablement sur lui, et que, dans cette prévision, elle l'avait fait venir de Lyon à Paris.

Ainsi, le 8 août au soir, l'impératrice était décidée à maintenir le cabinet. Mais le 9 au matin, ses résolutions étaient fort ébranlées. Les nouvelles qu'on avait reçues dans la nuit et qui étaient arrivées aux premières heures du jour étaient fort alarmantes. Dans tous les grands centres de population, on réclamait à grands cris l'armement des gardes nationales. On annonçait que la gauche ne se contenterait plus de la formation d'un comité de défense, qu'elle réclamerait la déchéance de l'empereur. En fait, des demandes de déchéance avaient été publiquement signées dans plusieurs villes, et notamment à Roanne et à Dijon. L'abandon du cabinet parut dès lors un moyen tout naturel de détendre la situation.

« Un changement immédiat du ministère est regardé comme nécessaire à l'opinion, et il n'y a rien d'impossible à ce qu'il s'accomplisse avant la fin de la journée. » C'est le journal *la France* qui s'exprimait ainsi le 9 au matin, et la *France* ne faisait que traduire la pensée secrète d'une portion considérable de la droite. D'un autre côté, M. Jules Simon a un jour laissé échapper cet aveu : « Nous avions réussi sans difficulté à renverser le cabinet, parce que nous avions eu les partis pour auxiliaires, *même le parti de la cour.* »

On connaît la séance du 9 août, c'est une des séances les plus tragiques de notre histoire. Sans doute le ministère reçut de cruels outrages ; mais l'Empire et l'empereur furent vilipendés et traînés dans la boue. On ne demanda pas la déchéance; on fit quelque chose de pis, on réclama la dégradation de l'empereur; on voulait que le commandement de l'armée lui fût arraché. On le frappait dans son honneur de soldat, afin de l'avilir aux yeux du peuple.

J'avais vainement essayé de pénétrer dans l'enceinte du palais législatif. La foule en obstruait les approches, et de plus des troupes en interdisaient l'entrée à toutes les personnes qui n'étaient pas munies d'une carte ou d'une médaille de député. Un certain nombre de députés avaient dû faire un long détour pour se rendre à la séance.

Je m'étais rendu dans les bureaux du journal *le Pays*, et c'est là que nous parvinrent d'heure en heure les détails navrants de cette séance lamentable.

C'est le soir seulement que j'appris qu'Ollivier et ses collègues avaient dû se retirer devant le vote d'un ordre du jour proposé par M. Clément Duvernois. La nouvelle nous fut apportée au café de la Paix par M. Pouyer-Quertier, qui avait assisté à la dernière partie de la discussion.

M. Pouyer-Quertier n'avait pas été réélu aux élections de 1869, mais à la nouvelle de nos premiers revers, il était accouru à Paris, et il se mêlait volontiers à ses anciens collègues. Il ne se doutait point à ce moment que c'était lui qui aurait la douloureuse mission de signer le traité de paix qui a mis fin à cette triste guerre, qui nous a fait tout perdre, même l'honneur.

M. Émile Ollivier a constamment protesté contre le verdict dont la Chambre l'a frappé. Il a fait entendre ses protestations toutes les fois qu'il lui a été possible. Il les a notamment consignées dans la préface de son livre : *Principes et conduite*, préface qu'il a dédiée *à ses amis.*

« Le ministère du 2 janvier n'a pas été la cause de cette lamentable déception ; il n'avait pas organisé l'armée, il avait encore moins formé, élevé, désigné les généraux qui la commandaient, ou coopéré aux dispositions stratégiques qui la perdirent ; dès que surgirent les difficultés, on lui enleva la direction des événements. Aveuglée par ses rancunes, une partie de la Chambre ne comprit pas que renverser le 9 août le ministère, parce que le maréchal de Mac-Mahon avait été battu à Reichshoffen, c'était préparer la voie à ceux qui, le 4 septembre, déposèrent l'empereur, parce qu'il avait capitulé à Sedan.

« Le cabinet du 2 janvier, s'il avait été maintenu au pouvoir, eût ramené le souverain dans sa capitale, et n'eût pas pesé sur la direction des mouvements militaires; il aurait congédié le Corps législatif après le vote des subsides, et se serait opposé à une permanence révolutionnaire; il eût interdit aux journaux de devenir les éclaireurs de l'ennemi; il n'aurait pas permis au 4 septembre de s'organiser politiquement et paisiblement pendant trois semaines; sous aucun déguisement, il n'eût préparé lui-même la déchéance de l'Empire. Le temps démontrera ces vérités. »

Dans l'intimité, M. Émile Ollivier s'était expliqué devant moi à plusieurs reprises sur ce qu'il comptait faire s'il était resté au pouvoir. Mais le 28 mai 1882, le *Figaro* ayant publié un article dans lequel on rapportait que l'ancien ministre du 2 janvier avait accusé les bonapartistes « d'avoir été la cause directe de la chute de l'Empire », le comte de Chambrun lui demanda dans quel sens il fallait entendre cette parole. Après avoir fourni les explications que notre ancien collègue réclamait de lui, M. Émile Ollivier développa le plan qu'il aurait mis à exécution si les Chambres ne l'avaient pas renversé le 9 août :

« J'avais, dit-il, convoqué le Corps législatif pour en tirer des troupes et de l'argent. Mais, dans ma pensée, il ne devait pas siéger plus de vingt-quatre heures. J'avais pris mes précautions en conséquence. En rédigeant le sénatus-consulte qui modifiait la constitution, j'avais pris soin de dire que le Corps législatif pouvait être prorogé par un simple décret inséré au *Journal officiel*. J'évitais par là les récriminations qui peuvent se produire, quand le décret est lu en séance publique.

« Le surlendemain de la prorogation, je faisais arrêter les députés de la gauche. Les ordres étaient donnés pour qu'ils fussent transportés à Cherbourg. Les députés de la gauche étaient à l'état de conspiration flagrante. Ils tendaient en quelque sorte la main aux Prussiens.

« J'avais obtenu de Chevandier de Valdrôme qu'il me prêtât l'appui le plus complet. C'était un homme lent à se décider; mais une fois qu'il avait pris son parti, il ne s'arrêtait devant aucun obstacle.

« Par cet acte de vigueur, j'arrêtais ainsi les adversaires du gouvernement. La nation n'ayant plus à s'occuper que d'une seule chose, repousser l'invasion, se serrait autour du gouvernement impérial, et nous n'étions pas obligés d'user nos forces à nous défendre contre les entreprises de l'intérieur.

« Que fit l'impératrice? Elle crut le moment propice pour faire arriver ses favoris. Elle me fit attaquer par Clément Duvernois et par Jérôme

David. Nous fûmes renversés dans le moment où c'eût été un devoir patriotique de nous soutenir. Mais l'Empire reçut de notre chute une cruelle atteinte; ce fut la préface de la catastrophe finale. »

En réalité, c'était un coup d'État que méditait M. Émile Ollivier. Un coup d'État avait-il quelque chance de réussite? Personne ne le croira. L'idée de renvoyer la Chambre après avoir obtenu d'elle des troupes et des subsides était impraticable ; ce qu'on voulait, c'était précisément que le gouvernement permît à la Chambre de prendre en mains la défense nationale. Toute tentative pour se passer de l'intervention des députés eût été le signal d'une résistance contre laquelle le gouvernement se serait brisé.

Quant à l'arrestation des députés de la gauche, on l'eût considérée comme une atteinte portée à la représentation nationale ; l'opinion publique se serait soulevée. Du reste, il faut, pour prendre des mesures exceptionnelles, avoir un point d'appui. Or, de quelque côté qu'on se tournât, ce point d'appui faisait défaut ; tout s'était effondré ; le maréchal de Mac-Mahon avait entraîné dans la déroute de son corps d'armée, non seulement le gouvernement, mais le pays.

M. Émile Ollivier comprit bien vite combien sa chute l'avait affaibli et diminué. Il s'abstint d'assister aux séances, bien qu'il eût promis son appui au nouveau ministère, et au bout de quelques jours, écœuré, découragé, il prenait le chemin de l'exil.

Avec cette lucidité d'esprit qui ne l'abandonnait jamais, même au milieu des circonstances les plus difficiles, M. Émile Ollivier s'était rendu compte tout de suite de la situation que les événements lui avait faite. Il avait dit, le 7 août, à M. Philis, son collaborateur et son ami, en lui apprenant le double désastre de Forbach et de Wœrth : « Nous avons la mauvaise chance d'attacher notre nom à une des plus épouvantables défaites que la France ait subies. »

XVII

LA MISSION DU PRINCE NAPOLÉON

Le prince Napoléon avait à l'armée une situation mal définie. Après l'abandon de l'expédition de la Baltique, sa situation avait été réglée par l'ordre suivant :

Par ordre de l'empereur, S. A. I. le prince Napoléon, général de division, est attaché au quartier général de l'armée du Rhin, à dater du 28 juillet 1870. Le prince emmène sa maison militaire.

Paris, le 2 août 1870.

Le ministre de la guerre par intérim,

Général DEJEAN.

Le prince n'avait donc pas de commandement. On ne lui en donna pas davantage lors de l'organisation de l'armée de Châlons. De sorte qu'il allait être exposé à se traîner à la remorque du quartier impérial, jusqu'à ce qu'il plût à la régente de permettre à l'empereur de reprendre les rênes du gouvernement. On sait que c'était l'idée qu'il avait fait prévaloir dans l'espèce de conseil de guerre tenu au camp de Châlons le 17 août, et que c'est pour préparer le retour du souverain dans sa capitale que le général Trochu avait été, sur sa désignation, nommé gouverneur de Paris.

Le 19 août, dans la matinée, l'empereur vint trouver le prince dans sa baraque :

« Les affaires vont mal, lui dit-il, tu n'es d'aucune utilité auprès de moi ; une seule chose, peu probable, mais cependant possible, serait décisive : c'est que l'Italie, se prononçant pour la France, déclare la guerre et tâche d'entraîner l'Autriche. Personne n'est mieux indiqué que toi pour cette mission près de ton beau-père et de l'Italie. Il faut que tu partes tout de suite pour Florence. J'écris au roi Victor-Emmanuel. Voici ma lettre. »

Le prince fit quelques objections. Outre qu'il désirait partager jusqu'au bout le sort de nos soldats, il lui paraissait bien difficile d'obtenir la coopération active immédiate de l'Italie et bien davantage encore celle de l'Autriche. Mais l'empereur insista ; il fit valoir cette considération sans réplique, c'est que, depuis qu'il n'exerçait plus le commandement en chef, la présence du prince Napoléon auprès de lui n'avait plus de raison d'être.

« Tu n'as, ajouta-t-il, ni le devoir vis-à-vis de toi-même, ni le droit vis-à-vis de moi et du pays de refuser de rendre un service. Du reste, tu ne me quittes que pour quelques jours; si ta mission ne réussit pas, tu me rejoindras. Les projets de Mac-Mahon sont bien arrêtés; l'armée se retire sous Paris par les places du Nord. C'est sous Paris que nous livrerons probablement une bataille décisive. D'ici-là, tu seras de retour. »

Le prince n'hésita plus; il fit seulement observer que l'empereur ne commandant plus l'armée, il avait pour chef militaire le maréchal de Mac-Mahon, et qu'il ne pouvait partir sans un ordre de celui-ci.

« Qu'à cela ne tienne, répondit l'empereur, tu vas l'avoir. »

Quelques instants après, le maréchal de Mac-Mahon faisait remettre au prince l'ordre suivant :

S. A. I. le prince Napoléon est chargé par l'empereur d'une mission spéciale.

Toutes les autorités civiles et militaires sont invitées à lui en faciliter l'accomplissement en mettant à sa disposition tous les moyens dont il pourrait avoir besoin.

Au quartier général de Châlons, le 19 août 1870.

Le maréchal commandant en chef,

Maréchal DE MAC-MAHON.

L'empereur avait laissé à son cousin un ordre analogue :

> S. A. I. le prince Napoléon étant chargé par l'empereur d'une mission en Italie, toutes les autorités sont requises de lui donner aide et assistance, si le besoin s'en faisait sentir.
>
> Donné au quartier impérial du camp de Châlons, le 19 août 1870.
>
> NAPOLÉON.

Ce n'était pas pour satisfaire une simple fantaisie que Napoléon III envoyait son cousin essayer de renouer à Florence les fils que les défaites de Forbach et de Wœrth avaient brisés. Il savait, par M. de Malaret, notre ambassadeur en Italie, qu'en apprenant les malheurs de la France, les hommes d'État italiens avaient été profondément émus ; on avait vu le général La Marmora accueillir par des sanglots la nouvelle de nos désastres. M. de Malaret était allé demander le secours du gouvernement italien ; le président du conseil, M. Lanza, avait refusé, mais en versant des larmes. Napoléon III croyait que toutes ces sympathies pouvaient se transformer en concours effectif. Il avait raison, quand il disait que le prince Napoléon était mieux placé que personne pour exercer à Florence une action utile : l'influence du prince sur les hommes d'État d'Italie était très grande ; il avait souvent suffi de son intervention personnelle pour dénouer des difficultés que la diplomatie avait rendues inextricables. Il y avait en outre, entre le gendre et le beau-père, une foule de points de contact qui faisaient qu'ils se comprenaient à demi-mot. Le roi Victor-Emmanuel ne pouvait pas oublier que le prince Napoléon avait prêté à l'Italie un appui constant et énergique, et que c'était en quelque sorte à lui qu'il devait sa couronne. Il était véritablement le meilleur avocat qu'on pût choisir pour plaider à Florence la cause de la France.

Un des motifs qui avaient empêché la signature des traités destinés à nous assurer le concours de l'Italie et de l'Autriche, c'était la clause relative à Rome, et l'Autriche était persuadée qu'on ne pouvait obtenir l'appui de l'Italie sans lui enlever ce que M. de Beust appelait son épine romaine. Les difficultés relatives à cette question avaient ralenti les négociations. M. de Gramont avait mis un certain amour-propre à contrecarrer les vues de l'Autriche sur ce point; chose singulière, il avait rencontré, dans cette campagne en faveur du maintien du pouvoir temporel du pape, un puissant auxiliaire dans M. Émile Ollivier, ministre de la justice et des cultes; en cette circonstance, M. Émile Ollivier oubliait que, de concert avec les Cinq, il avait constamment demandé que Rome fût laissée aux Romains, et qu'il avait été l'adversaire résolu de la convention du 15 septembre.

C'est à la résistance du cabinet que le prince Napoléon faisait allusion dans le discours qu'il prononçait à la Chambre des députés le 24 novembre 1876, discours qui avait été pour la France et pour l'Europe une véritable révélation :

« Il était incontestable, disait-il, que si nous avions eu des alliances sérieuses, des alliances bien conduites, des alliances certaines, le résultat de la guerre eût été tout autre. Eh bien, ces alliances, tous les documents diplomatiques le prouvent, elles s'étaient faites, elles existaient ; il n'y avait qu'une question pendante, c'était celle du pouvoir temporel du pape. Si l'on avait abandonné le pouvoir temporel, on aurait eu une alliance immédiate. »

Et il ajoutait avec une amertume profonde :

« C'est le maintien du pouvoir temporel des papes qui nous a valu la perte de l'Alsace et de la Lorraine. »

Pendant les négociations qui avaient eu lieu à la suite de la déclaration de guerre, le prince Napoléon avait insisté auprès de l'empereur pour qu'on n'imposât pas à l'Italie, au sujet de Rome, des conditions qui créeraient aux ministres italiens des difficultés, quand ils proposeraient l'alliance avec la France. Ses conseils n'avaient point été écoutés. Cette fois, Napoléon III s'était rendu à l'évidence. Il avait compris que, s'il voulait le concours armé de l'Italie, il fallait qu'il laissât le gouvernement italien libre de faire ce qu'il voudrait à Rome. Les instructions qu'il avait données à son cousin étaient conçues en ce sens. « Je n'aurais pas accepté de mission sans cette clause, » a dit celui-ci.

Le prince partit du camp de Châlons le 19 à midi. Comme il lui était interdit de passer par Paris, il dut faire un détour par Lagny et Meaux. Aussi n'arriva-t-il à Florence que le 21. Il fut logé chez son beau-père au palais Pitti.

« Je trouvai, dit-il, mon beau-père très bienveillant et les chefs de l'armée très favorables. Mais, pour ne pas fournir un concours immédiat, les ministres se retranchaient derrière une impuissance qu'ils exagéraient. Une mobilisation de 50 000 hommes était possible. »

C'est sans doute à la suite de ces conférences avec les généraux italiens que le prince Napoléon télégraphiait au général Trochu :

Je suis envoyé ici par l'empereur et le maréchal Mac-Mahon pour décider l'Italie et l'Autriche à faire la guerre. Mon opinion est que l'Italie pourrait donner 50 000 hommes dans trois jours, portés à 100 000 hommes dans quinze jours et à 150 000 dans un mois. Je suis sans nouvelles précises, et je m'adresse à vous qui avez mon amitié et ma confiance. Dites-moi quelle est notre situation militaire, et donnez-moi votre avis sur la direction des soldats italiens si je pouvais les obtenir. Faut-il les diriger par le Mont-Cenis, sur Belfort, ou par les Alpes, sur Munich; dans ce cas, la permission de l'Autriche est nécessaire puisqu'on passe sur son territoire.... Réponse urgente. Prière de garder le secret sur ma note.

NAPOLÉON JÉRÔME.

Le général Trochu ne répondit à cette dépêche que le 25 août. Ses explications ne durent pas fournir beaucoup de lumière au prince Napoléon ; on y voit surtout dominer cet esprit critique qui a constamment obstrué le jugement du gouverneur de Paris.

Nouvelles améliorées, le maréchal de Mac-Mahon s'étant concentré et Bazaine étant ravitaillé ; mais grandes incertitudes au sujet des combinaisons et des opérations ; on les tient secrètes, s'il y en a.

Il faudrait concentration à Lyon, et de là marche perpendiculaire menaçant le flanc gauche de l'invasion dans la direction de Belfort et de Langres.

Des éclaireurs ennemis paraissent à Châlons et à Troyes. La défense de Paris marche bien.

Respectueux dévouement.

Général TROCHU.

Pour gagner du temps, les ministres italiens avaient demandé à consulter l'Autriche. « On ne pouvait, disaient-ils, rien décider sans elle. » M. Minghetti fut envoyé à Vienne.

A Vienne, la France avait un adversaire décidé dans M. Andrassy, ministre de Hongrie ; M. de Beust ne lui prêtait que mollement son appui ; elle n'avait qu'un défenseur réel, c'était le ministre de la guerre, M. Kuhn. Ce n'était pas la faute de

M. Kuhn si la France n'avait pas eu à sa disposition, dès les premières hostilités, les troupes autrichiennes. Il avait employé tous ses efforts pour placer l'armée sur un pied qui permît de la mobiliser très rapidement. Dès le 7 août, on avait réuni en Hongrie 120 000 hommes qui pouvaient, en quinze jours, être portés à la frontière. D'autre part, l'Autriche avait commencé ses préparatifs dès le 14 juillet, et 300 000 hommes, sous les ordres des généraux Hartung, John, Remming, Gablenz et Edelsheim, auraient pu en très peu de temps se joindre aux troupes françaises. Ainsi, du 15 au 25 août, le gouvernement autrichien disposait de plus de 400 000 hommes.

Le ministre Kuhn avait réussi à réveiller les sentiments patriotiques de l'empereur François-Joseph ; il lui avait fait comprendre que l'occasion de relever la fortune de l'Autriche était meilleure que jamais : « Les forces militaires de la Prusse, disait-il, se sont portées en France et sur le littoral de la mer du Nord et de la Baltique; par conséquent, les chemins conduisant en Saxe, en Bavière et en Silésie sont ouverts. Vous n'avez pas besoin des Hongrois ni des Italiens. Vos 300 000 hommes vous suffiront. Ou la Prusse vous accordera tout ce que vous lui demanderez l'épée sur la gorge; ou, attaquée de deux côtés, elle est perdue. »

L'empereur François-Joseph accepta le plan de campagne très détaillé que lui remit son ministre de la guerre; il ne fit aucune objection; il exigea seulement que M. Kuhn obtînt l'assentiment du chancelier de l'empire austro-hongrois. M. de Beust parut entrer dans les vues du ministre. Suivant ses habitudes d'indécision, il demanda à réfléchir pendant quelques jours. Depuis nos premières défaites, il était en proie à une double terreur : d'un côté, il voyait la Russie prête à jeter dans la balance le poids de son épée et à achever la décomposition de l'Autriche; il avait en outre une peur effroyable de la presse, qui, dès le début de la guerre, achetée par l'or prussien, se prononçait nettement pour le maintien de la plus stricte neutralité. M. de Beust n'avait pas encore pris de détermination, quand arriva à Vienne la nouvelle de la catastrophe de Sedan.

S'il n'y avait eu que l'Autriche pour empêcher l'Italie de prendre un parti, il n'y aurait eu que demi-mal. D'après les faits que je viens d'exposer, on voit que ce n'était pas de Vienne que venaient les plus grandes résistances. La vérité, c'est que l'Italie se trouvait engagée dans des négociations qui lui liaient les mains.

L'Italie venait précisément de prier l'Angleterre de provoquer la formation d'une ligue des neutres, sous la forme d'un protocole par lequel les puissances s'engageaient à ne pas sortir de la neutralité sans s'entendre préalablement avec leurs cosignataires. Et quel était le but de cette ligue des neutres, qui a été, comme on l'a dit avec raison, si nuisible à nos intérêts, et qui nous a donné parfois de fausses espérances? Elle était faite uniquement pour protéger l'Italie contre nos demandes de concours. L'Italie, se sentant toujours suffisamment engagée par les pourparlers qui avaient eu lieu, avait cherché un moyen d'échapper à nos réclamations, si l'envie nous prenait de lui rappeler ses promesses. La ligue des neutres était pour elle une protection contre nous. C'est elle qui en avait suggéré l'idée à l'Angleterre. De cette façon, elle n'avait plus qu'à nous dire : « Je ferai ce que fera l'Angleterre, » et comme l'Angleterre disait : « Je ne ferai rien, » l'Italie se trouvait dégagée.

C'est contre cette ligue de neutres, qui était en ce moment en voie de réalisation, que toutes les sollicitations du prince Napoléon vinrent se heurter. Pour témoigner de son bon vouloir, on avait déplacé le terrain de la discussion; on avait mis en avant l'idée d'une intervention diplomatique. Le 26 août, le prince Napoléon avait acquis la conviction qu'il ne réussirait pas. Aussi annonça-t-il au roi d'Italie son prochain départ pour la France. Il envoya à l'empereur une dépêche pour demander à être relevé de sa mission.

A Sa Majesté l'Empereur,

Au quartier impérial.

Florence, 27 août 1870.

Je ne crois pas pouvoir décider l'Italie à la guerre avant de nouveaux événements. Selon vos ordres, j'ai refusé toute discussion sur une intervention diplomatique.

Je n'ai pas de réponse aux deux dernières dépêches écrites à Votre Majesté.

On m'a écrit de Paris que l'on attaque ma mission, que l'on interpellera à la Chambre, et que le ministre me défendra mal. Dans cette situation, veuillez me donner vos ordres positifs; il n'y en a que trois de possibles:

1° Ou de rester ici, suivre la négociation, ce que je ne désire pas;

2° Ou de vous rejoindre; il me sera bien difficile de ne pas traverser Paris;

3° Ou de me rendre ma liberté d'action, si vous pensez que je ne puisse être utile à rien auprès de vous.

J'attends vos ordres, et je vous prie de les formuler clairement.

NAPOLÉON JÉRÔME.

Le ton d'irritation qui règne dans cette dépêche était parfaitement justifié; le prince Napoléon n'avait accepté la mission d'aller à Florence qu'à la condition que l'armée de Châlons se retirerait sous Paris, et ce plan de campagne paraissait abandonné; de plus, à Paris, à l'armée et, dans l'entourage même de l'empereur, on travestissait sa mission; on représentait son voyage à Florence comme une désertion, et les journaux officieux ne se donnaient même pas la peine de répondre à cette calomnie.

L'empereur, qui, paraît-il, n'avait pas encore perdu ses illusions, répondit à la dépêche de son cousin :

Chesne, 27 août 1870.

J'ai reçu tes dépêches. Rien de nouveau ici.

Je te prie de rester où tu es, pour poursuivre la négociation. J'écrirai à Paris pour qu'on te défende si on t'attaque.

NAPOLÉON.

« Je passai, dit le prince Napoléon, les journées des 28, 29 et 30 août dans une inquiétude mortelle et dans cette alternative de quitter Florence malgré l'empereur ou d'y rester selon ses ordres.... Ce qui m'a décidé, dans mon extrême perplexité, c'est que, dans les circonstances difficiles surtout, la ligne stricte du devoir et de la discipline est la seule à suivre sans préoccupations personnelles. Craignant de contrarier les intentions de l'empereur en quittant l'Italie, car cette puissance pouvait avoir un rôle prépondérant pour nous dans le cas où le sort des armes ne nous eût pas été favorable et s'il eût été seulement indécis, j'obéis à l'empereur. » (*La Vérité à mes calomniateurs.*)

Les journaux des 30, 31 août et 1er septembre apportaient au prince toutes les heures les nouvelles des désastres; elles lui venaient de la Belgique presque instantanément.

On a eu, par des révélations qui eurent lieu en 1878, après la mort de M. Lanza, des détails sur ce qui s'était passé entre le chef du cabinet italien et le prince Napoléon à la nouvelle de la capitulation de Sedan. Le prince avait voulu tenter un nouvel effort en faveur de la France. Je laisse parler M. Lanza :

« Alors, me dit-il, en me voyant entrer, il paraît que l'Italie tient absolument à passer pour une ingrate.

« — Non, Altesse, répliquai-je ; l'Italie est plus sensible que vous ne croyez aux malheurs qui accablent la France ; elle ne mérite pas le nom d'ingrate, car l'ingrat n'est pas celui qui est dans l'impossibilité de venir en aide à son bienfaiteur, mais celui qui, le pouvant, refuse de le faire.

« — Quoi ! vous ne le pouvez pas ! s'écria le prince. Nous ne demandons que 70 000 hommes à une nation de 25 millions d'habitants. En quelques jours, vous pouvez envoyer cette armée sur la frontière, la jeter sur Lyon, et là nos troupes en déroute se rallieront autour de vous. C'est moins un appui matériel qu'un appui moral qu'il nous faut ; à la nouvelle qu'une nation accourt à notre secours, à la vue de votre armée fraîche et non encore découragée par la défaite, nos soldats eux-mêmes reprendront courage, l'enthousiasme nous donnera des forces nouvelles, et l'Italie sauvera la

France. Ne voyez-vous pas que ce que nous vous demandons est peu de chose, et qu'avec ce peu, vous pouvez nous sauver? Aurez-vous le cœur de nous refuser cela?

« La voix du prince devenait de plus en plus vibrante et plus pathétique. J'étais à la torture. Le prince s'animait.

« — Voici, dit-il, en me mettant entre les mains une feuille de papier blanc au bas de laquelle se trouvait la signature de Napoléon III. J'ai pleins pouvoirs pour accepter vos conditions quelles qu'elles soient; l'empereur a signé d'avance le traité qu'il vous plaira de nous dicter. Je sais que vous pouvez beaucoup; décidez-vous, Lanza; dites oui.

« — Altesse, répondis-je, c'est inutile. Le voudrais-je, qu'il me serait impossible de vous secourir. Nous sommes en ce moment désarmés. La question romaine nous prend, pour le maintien de l'ordre à l'intérieur, toutes les forces dont nous pouvons disposer. Votre Altesse sait-elle tout le temps qu'il nous faudra pour mettre 70 000 hommes sur le pied de guerre et les concentrer sur la frontière? Demandez-le à nos hommes du métier, et ils vous répondront : « Pas moins d'un mois. » Avant un mois, le sort de la France aura été réglé. »

« A chacune de mes paroles, l'agitation du prince augmentait. Quand j'eus fini, il éclata en un véritable orage de colère. Il marchait à grands pas dans l'appartement, proférait des paroles incohérentes sur notre ingratitude, exhalait son chagrin que la France nous eût jamais aidés, et une foule de choses que je regrettais de tout mon cœur. »

Le prince a confirmé lui-même la vérité du récit italien : « La scène, a-t-il dit, rappelée par M. Lanza est vraie. » Et il a ajouté :

« En résumé, dans mes négociations avec les ministres italiens, je trouvai de la faiblesse, de l'indécision, motivées par un sentiment exagéré de leur impuissance ; jamais à ce moment un refus absolu.

« La défaite de Sedan changea leur attitude.

« Mon rôle était désormais fini. Je n'avais plus qu'un désir et qu'un devoir, c'était de partir. »

On a prétendu que le cabinet italien avait exigé le départ du prince Napoléon en se basant sur la crainte de voir l'Allemagne prendre en mauvaise part la prolongation du séjour du cousin de Napoléon III à Florence.

« Dans notre dernière entrevue, dit le prince, au premier mot (de M. Lanza) sur ce sujet, je l'arrêtai en lui déclarant que l'expression de son désir était *déplacée* et *inutile,* que ma décision était prise avant de le voir, et que je partais dans quelques heures.

« Ce qui motivait les insinuations du ministre italien, c'était sa résolution de profiter des événements pour marcher sur Rome. Je lui dis que je connaissais ce projet, que c'était un motif de plus pour moi de quitter l'Italie, que je ne voulais pas assister à la violation de la convention du 15 septembre, bien que je n'eusse pas cessé de considérer Rome comme la vraie capitale de l'Italie. »

Il paraît que, bien loin de désirer son départ, le roi Victor-Emmanuel avait fait offrir à son gendre une position honorable dans la famille royale. Le prince refusa :

« Lorsque j'embrassai le roi Victor-Emmanuel, a rapporté le prince, il était aussi ému que moi. »

On ne saurait nier que, chargé d'une mission difficile et pour ainsi dire impossible, le prince Napoléon a rempli courageusement son devoir.

Les négociations avec l'Italie furent reprises après le 4 septembre par la délégation de Tours. Ce fut M. de Chaudordy qui fut chargé de les suivre. Mais comme il n'avait pas connaissance de la mission du prince Napoléon, il ne put s'appuyer sur les démarches faites par lui antérieurement pour exercer une pression sur le gouvernement italien. Celui-ci ne refusa pas tout d'abord; il fit seulement des objections sur le peu de troupes qui restaient à la France et sur l'état dans lequel elle était tombée, n'ayant plus de forces disponibles.

Quelques conseils de guerre se tinrent à Florence; M. Thiers, à qui M. de Chaudordy avait transmis les renseignements nécessaires, y assista, après avoir terminé sa mission auprès des grandes cours de l'Europe. Mais, en dernière analyse, la négociation échoua.

Ce qui se passa du côté de l'Autriche peut être considéré comme un des épisodes les plus comiques de la carrière de M. de Beust, si fertile pourtant en incidents grotesques. M. de Beust se considérait comme tellement engagé de notre côté, qu'il ne savait comment s'y prendre pour retrouver les bonnes grâces de l'Allemagne victorieuse. Ce fut M. de Bismarck qui lui procura le moyen de sauter le pas. Le chancelier prussien avait été mis au courant de tout par ses espions; il crut que l'occasion était bonne de s'attacher complètement l'empire austro-hongrois; il conseilla au roi de Prusse, qui venait d'être proclamé empereur allemand, d'écrire une lettre autographe à l'empereur François-Joseph. La lettre partit de Versailles et elle amena la réconciliation avec le gouvernement autrichien. Mais pour que cette démarche ne fût pas considérée comme un mauvais procédé vis-à-vis de la France, M. de Beust s'en excusa auprès de la délégation de Tours, en disant que ces nouvelles relations avec l'Allemagne nous aideraient à obtenir de meilleures conditions quand viendraient les négociations de paix,

XVIII

LES INDISCRÉTIONS DES JOURNAUX[*]

Pendant que j'étais son collaborateur à la *Presse*, M. Émile de Girardin m'a dit bien souvent :

« Je suis un partisan très résolu de la liberté illimitée de la presse, du système que j'appelle l'impunité de la presse. Il y a cependant deux choses qui devraient être interdites aux journaux : la première, c'est la publication d'une lettre sans le consentement de son auteur ; la seconde, c'est la divulgation des mouvements des armées françaises de terre et de mer. Le premier cas constitue une violation de la vie privée ; le second est un attentat à la sûreté de l'État. Pour ces deux contraventions, pour lesquelles je n'admets point de circonstances atténuantes, je voudrais des amendes très élevées. »

C'est en m'inspirant de ces idées de M. Émile de Girardin qu'en 1868, lors de la discussion de la loi sur la presse, j'avais proposé l'amendement suivant :

ARTICLE NOUVEAU.

Il est interdit aux journaux et écrits périodiques :

1° De divulguer les faits relatifs à la vie privée sans l'assentiment des personnes qu'ils concernent;

2° D'imprimer une lettre non tombée dans le domaine de la publicité sans le consentement préalable et par écrit du signataire;

3° D'indiquer les mouvements des armées françaises de terre et de mer, avant qu'ils aient été publiés par le *Journal officiel*.

Toute infraction à l'une ou l'autre des dispositions du présent article constitue une contravention passible de 50 à 2000 francs d'amende.

L'amende pourra être portée au double, en cas de récidive.

L'amendement fut retiré avant qu'il pût être imprimé et distribué aux députés. Le premier paragraphe rappelait l'amendement de M. de Guilloutet. Cet amendement avait donné lieu à tant de critiques, et son auteur était l'objet de tant de quolibets, que je pris peur et que je ne me sentis pas le courage de maintenir le mien.

J'avais tort. L'amendement Guilloutet était appuyé par un groupe assez considérable de députés, parmi lesquels il s'en trouvait un certain nombre appartenant à l'opinion libérale. M. Thiers avait encouragé très fort M. de Guilloutet à le déposer.

Comme j'exprimais à M. Thiers ma surprise de le voir si ardent pour un projet émanant d'un membre de l'extrême droite : « C'est que, me répondit-il, vous ignorez quel est le fond de mes idées en matière de journaux. Mon projet de loi sur la presse se réduirait à deux articles : le premier prononcerait la peine de la transportation contre les écrivains qui attaqueraient la constitution du pays; le second frapperait d'une forte amende quiconque porterait atteinte à l'inviolabilité de la vie privée. »

Cette opinion de M. Thiers ne me fit pas revenir sur ma décision; j'écrivis à la commission pour la prier de considérer mon amendement comme non avenu. Je le regrette, car le paragraphe relatif à la divulgation des mouvements des troupes soulevait une question qui était à l'étude depuis longtemps et qui appelait une solution législative. Dans tous les cas, il était bon qu'elle fût soumise à la discussion.

En présentant au Corps législatif un projet de loi déclarant facultative l'interdiction, par voie de simple arrêté ministériel, de rendre compte par un moyen de publication quelconque des mouvements des troupes et des opérations militaires sur mer et sur terre, M. Émile Ollivier faisait une œuvre qui intéressait au plus haut degré la défense nationale. Tous les arguments qu'on lui a opposés ne soutiennent pas l'examen. En temps de guerre, cette loi du silence qu'on lui a si fort reprochée est un devoir patriotique que tous les citoyens doivent s'imposer.

L'opposition qui se fit à cette loi si nationale et si nécessaire fut le fait d'une coalition de journaux que la réserve qui leur était ordonnée menaçait dans leurs intérêts. Au moment où nous engagions la campagne contre l'Allemagne, le reportage commençait à prendre un grand développement. Quelle abondante source de nouvelles qu'une grande guerre ! Le projet de loi de M. Émile Ollivier venait se mettre à la traverse de bien des calculs et de bien des spéculations !

M. Émile Ollivier ne faisait du reste que suivre l'exemple de nos ennemis. Dès le 17 juillet, le journal officiel de Berlin publiait l'invitation suivante :

J'ai l'honneur d'inviter les honorables rédactions des journaux paraissant en Prusse à ne donner, à partir d'aujourd'hui, aucune nouvelle, si insignifiante qu'elle soit et qu'elle puisse paraître, sur les marches militaires et les mouvements de troupes.

Berlin, le 16 juillet 1870.

Le ministre de l'intérieur,

Comte CULEMBOURG.

Je ne sais où j'ai lu une anecdote qui peint bien le journalisme de cette époque.

Un correspondant de journaux était arrivé au quartier général de l'armée du Rhin avec toutes sortes de recommandations plus ou moins puissantes. L'aide-major général, auquel il s'était adressé pour obtenir l'autorisation de suivre la campagne, lui opposait les ordres formels et rigoureux de l'empereur et du maréchal Le Bœuf.

Le journaliste insistait.

— Je suis venu, disait-il, avec l'intention de louer votre talent et votre courage.

— Je ne puis faire d'exception pour personne.

— Mais notre journal est très répandu.

— Raison de plus pour que vous ne soyez pas admis à suivre l'état-major.

A la fin, le journaliste qui traitait avec le général, placé sous les ordres immédiats de l'empereur, comme il l'eût fait avec le secrétaire d'un théâtre pour le service d'une première représentation, laissa échapper ce mot véritablement typique :

— Vous ne voulez pas m'admettre. Vous vous en repentirez, général ; nous ne ferons pas de réclame à cette guerre-là !

Ce qu'on doit reprocher à M. Émile Ollivier, c'est d'avoir fait une loi transitoire et exceptionnelle, au lieu d'une loi définitive et applicable en temps de paix comme en temps de guerre. Il y a, de plus, introduit un procédé qui lui donnait un certain cachet d'arbitraire. A quoi bon un arrêté ministériel pour mettre en mouvement une loi qui intéressait au plus haut degré la sûreté de l'État? Pourquoi aussi restreindre l'application de cette loi de haute police nationale à la seule durée de la guerre? Est-ce qu'il n'y a pas des cas où, même en temps de paix, dans ces situations délicates où l'honneur national est en jeu, la révélation de certains mouvements de troupes peut passer pour un acte de trahison?

M. Émile Ollivier eut peur à un moment donné du tapage qui se faisait autour de la loi dont il avait provoqué la promulgation. Il est vrai qu'on lui attribuait des paroles compromettantes au sujet de la presse; on prétendait qu'appelé à fournir des explications à la commission, il avait dit : « Présentez toutes les observations que vous voudrez; votez tout ce que vous voudrez; vous ne nous empêcherez pas de tuer les journaux qui nous gêneront et que nous voudrons tuer. » Huit jours ne s'étaient pas écoulés que les directeurs des principaux journaux étaient appelés au ministère de la justice et qu'il intervenait entre ces messieurs et le gouvernement une sorte d'entente qui énervait complètement la loi.

Il était convenu en effet que la presse s'abstiendrait de rien publier touchant les mouvements préliminaires de nos troupes, l'établissement ou le déplacement des corps d'armée, l'installation et la levée des camps, en un mot, rien de ce qui pouvait, en indiquant les dispositions prises par nos généraux et les postes assignés à nos soldats, compromettre le secret des opérations préparatoires. En revanche, une fois la campagne ouverte, liberté pleine et entière était laissée aux comptes rendus de tous les incidents ou événements militaires, du moment qu'ils rentraient, soit dans le domaine des faits accomplis, soit dans la catégorie des mouvements dont l'ennemi a forcément connaissance presque en même temps qu'ils s'opèrent.

Cette conférence eut pour résultat de rayer d'un seul trait non seulement l'arrêté ministériel du 22 juillet 1870, mais encore les deux circulaires adressées aux procureurs généraux pour requérir l'application rigoureuse de la loi. Les conclusions qui y avaient été adoptées étaient en outre en opposition à une note publiée quatre jours auparavant pour menacer des amendes prononcées par la loi certains journaux qui continuaient à donner des nouvelles des mouvements militaires, au grand détriment de la cause nationale.

On avait cru avoir raison des indiscrétions des journaux en établissant au ministère de l'intérieur un bureau de renseignements destiné à fournir à la presse des nouvelles du théâtre de la guerre. On les invita même, dans une note insérée au *Journal officiel*, à accréditer auprès du ministère un de leurs rédacteurs. Mais pour que le bureau des renseignements pût acquérir de l'autorité et justifiât véritablement son nom, il aurait fallu qu'il donnât autre chose que des faits insignifiants et que, de plus, toutes les fois qu'un grand événement se produirait, on se fît un devoir de le faire connaître immédiatement. Or, ce qui arriva à propos du combat malheureux de Wissembourg enleva toute autorité au bureau de renseignements du ministère de l'intérieur; la nouvelle de notre défaite était publiée dans le *Times* depuis seize heures et par conséquent connue de toute l'Europe, que Paris l'ignorait encore. On ne pouvait plus prendre au sérieux une agence officielle qui, pour des motifs inavoués et, dans tous les cas, inavouables, s'abstenait de faire connaître, aussitôt qu'elle l'avait appris, un fait de guerre de la plus haute importance.

Tout se réunit d'ailleurs pour donner raison aux journaux qui avaient prédit qu'avec le système adopté, on était exposé à n'avoir que des nouvelles frelatées ou à devenir la victime de fausses rumeurs.

C'est d'abord la fausse dépêche du 6 août, qui annonçait une victoire éclatante et qui produisit dans Paris une émotion de joie qui se termina par des explosions de colère.

Ce sont les dépêches émanées du quartier impérial pour annoncer la double défaite de Wœrth et de Spickeren, et qui, rédigées en style burlesque et larmoyant, cherchaient évidemment à donner le change sur l'étendue du désastre.

Ce sont plus tard les dépêches relatives aux mouvements de Bazaine autour de Metz, mouvements qu'on représentait comme résultant de profonds calculs et qui, dans les dépêches allemandes, se transformaient en opérations aboutissant à un siège et à un blocus hermétique.

Ce sont ensuite les demi-confidences que le général de Palikao laisse échapper dans les couloirs de la Chambre, et qui font croire à l'imminence d'une victoire, quand au contraire nos armées marchent à l'aveuglette, et sans que leurs opérations aient pour but la réalisation d'un plan concerté.

Il faut dire, à la décharge du gouvernement, que, du 18 août au 1er septembre, il fut ni plus ni moins que le public réduit aux conjectures, et qu'il était aussi mal instruit que lui du mouvement des armées. Le maréchal Bazaine ne pouvait envoyer que de rares et courtes nouvelles. L'armée de Châlons était soumise à des influences contradictoires qui rendaient sa marche incertaine; tantôt se rapprochant de Paris parce qu'on la considérait comme une armée de soutien; tantôt envoyée vers l'Est, parce que l'opinion exigeait que Metz fût secouru; tantôt dirigée vers les places du Nord, parce que son chef, le maréchal Mac-Mahon, tiraillé entre des plans différents, finissait par n'en plus suivre aucun et allait pour ainsi dire à l'aventure. Les seules dépêches échangées entre le ministre de la guerre et le quartier général de l'armée de Châlons montrent combien il était difficile au gouvernement de se rendre un compte précis du mouvement de nos troupes. Comment, dès lors, aurait-il pu renseigner les journaux? Les *reporters* qui se glissaient à grand'peine à la suite des bagages étaient à cet égard beaucoup plus instruits que lui.

C'est cette ignorance des faits qui explique comment s'est formée la légende du *glorieux Bazaine*. L'immobilité dans laquelle le généralissime laissait l'armée de Metz était considérée comme un trait de génie. « L'histoire, me disait vers le 25 août le général de Beaufort d'Hautpoul, tiendra un grand compte de la résolution prise par Bazaine; il est parvenu à immobiliser 200 000 Allemands autour de Metz. C'est 200 000 combattants qui sont paralysés pendant que nous refaisons nos armées et que nous réorganisons nos forces. » Le général de Beaufort d'Hautpoul oubliait que ces 200 000 Allemands qui bloquaient Metz tenaient enserrée dans un cercle de fer notre meilleure armée, celle qui contenait tous nos cadres, et que le jour où Bazaine succomberait, notre défaite définitive ne serait plus qu'une question de temps.

Parmi les nouvelles que publiaient les journaux sur les mouvements des troupes, il y en avait beaucoup qui étaient purement imaginaires. Mais avec le flair qui les caractérise, les journalistes parvenaient à saisir au passage des faits exacts. Le 23 août 1870, le ministre envoyait aux journaux et faisait insérer dans le *Journal officiel* l'avis suivant :

Plusieurs journaux recommencent à donner sur les mouvements des troupes françaises des renseignements de nature à compromettre le succès de nos opérations.

Le ministre de l'intérieur fait un nouvel appel au patriotisme de la presse.

Il est convaincu qu'il suffira, pour obtenir qu'elle garde sur le moindre mouvement un silence absolu, de porter à sa connaissance le fait suivant, attesté par vingt préfets et sous-préfets :

Quand les Prussiens traversent un centre de population leur premier soin est de rechercher les journaux français, qu'ils lisent avec la plus scrupuleuse attention.

Paris, le 23 août 1870.

Cet avis fut renouvelé à deux jours de là, et sous une forme comminatoire. Le 25 août, le *Journal officiel* contenait en tête de la partie non officielle la note suivante :

Malgré de nombreux avis donnés à la presse, certains journaux continuent à publier les mouvements des troupes, l'état des garnisons, la composition des corps d'armée, etc.

Le ministre de la guerre se verra désormais forcé d'appliquer la loi dans toute sa rigueur.

Malheureusement, quand ces deux avis arrivaient à la connaissance du public, le mal était fait; certains journaux, sans le vouloir et sans le savoir, avaient instruit l'état-major allemand d'un des mouvements qu'il lui importait le plus de connaître.

Pendant plusieurs jours, le grand quartier général prussien avait ignoré ce qu'était devenu Mac-Mahon. Vers le 20 août, on y avait intercepté une lettre d'un officier de Metz qui exprimait l'espoir d'être prochainement secouru. Le 22 août, le *Public,* journal publié sous la direction de M. Dréolle, ami de M. Rouher, insérait les lignes suivantes :

Le maréchal Mac-Mahon a pris la direction de Metz avec une rapidité qui double le mérite de son mouvement.

Le lendemain 23, le *Temps* publiait une correspondance qui lui était envoyée par l'agence Havas et qui contenait le passage suivant :

J'ai passé la journée d'hier au camp situé dans la plaine de Reims... Cette halte n'est que provisoire. En ce moment même, l'armée de Mac-Mahon se dirige vers le Nord pour aller donner vers l'Est la main à Bazaine. On pense que ces deux armées, une fois leur jonction faite, attendront l'ennemi de pied ferme en s'appuyant sur le quadrilatère formé par Montmédy, Verdun, Thionville et Metz.

Le 25 août, l'agence Havas envoyait également aux journaux la dépêche suivante :

Londres, 25 août.

Le maréchal Mac-Mahon a quitté Reims lundi soir, dans le but, dit-on, d'apporter aide au maréchal Bazaine.

Enfin, à la même date, un télégramme de Londres annonça, d'après le *Temps* du 23, « que Mac-Mahon s'était subitement décidé à courir à l'aide de Bazaine, bien qu'en découvrant la route de Paris, il compromît la sécurité de la France ; que toute l'armée de Mac-Mahon avait déjà quitté les environs de Reims ; mais que cependant les nouvelles reçues de Montmédy ne faisaient pas encore mention de l'arrivée des troupes françaises dans ces parages. »

Les nouvelles arrivaient au grand état-major prussien avec une rapidité foudroyante ; car, dès le soir même du 25, le général de Moltke télégraphiait au prince royal commandant la IIIe armée allemande :

Bar-le-Duc, le 25 août 1870, à 11 h. soir.

On me télégraphie à l'instant que le journal français *le Temps*, dans son numéro du 23 août courant, affirme que le maréchal Mac-Mahon a pris tout à coup la résolution de marcher au secours de Bazaine et a déjà quitté Reims avec toute son armée.

C'est à la suite de ces indiscrétions commises par la presse parisienne qu'en quelques heures, à l'état-major allemand, de nouvelles dispositions furent prises, et qu'un nouveau plan de campagne fut arrêté. Ce plan de campagne reçut le soir même un commencement d'exécution. Il a abouti à l'extermination de notre dernière armée dans le fatal entonnoir de Sedan.

Ce terrible exemple suffirait donc pour démontrer combien il est indispensable d'inscrire dans la législation des dispositions qui interdisent la divulgation des mouvements militaires.

Lors de l'expédition de Tunisie, on a éprouvé vivement les inconvénients qui résultent de la lacune qui existe à cet égard dans nos lois. Au moment où se préparait le débarquement à Tabarca, que l'autorité militaire avait tenu à cacher jusqu'à la dernière minute, le bey de Tunis fut informé du mouvement projeté par un journal de Paris qui tenait ce fait de son correspondant.

Pour se garer à l'avenir contre de pareilles indiscrétions, l'état-major crut devoir suivre l'exemple que lui avaient donné les généraux russes lors de la guerre de 1877; ils présentèrent à la signature des correspondants de journaux la formule suivante d'engagement :

Je m'engage sur l'honneur à ne transmettre aucune information, soit directement, soit par télégramme ou par lettre, soit par tiers, sans l'avoir fait au préalabe revêtir du visa du commandant de la colonne expéditionnaire ou des officiers que celui-ci aura délégués. Je reconnais que tout manquement à cet engagement m'expose à toutes les rigueurs des lois militaires. Je reconnais en outre avoir été prévenu que si le journal au titre duquel je suis accrédité publie des nouvelles de nature à servir l'adversaire de la France, je serai immédiatement conduit au port le plus voisin et que le séjour de l'Algérie me sera interdit.

La plupart des correspondants de journaux consentirent à signer cet engagement. Tous les correspondants de journaux radicaux refusèrent. On a entendu en cette circonstance les journaux répéter les mêmes plaintes et formuler les mêmes critiques que les journaux d'opposition avaient fait entendre lors de la promulgation de la loi du 24 juillet 1870.

L'un des défenseurs les plus ardents de la formule d'engagement, c'était M. Francisque Sarcey : « L'intérêt de la patrie, disait-il, commande qu'on ne se hâte pas de satisfaire une curiosité qui, le plus souvent, n'est que vaine ou stérile. »

M. Francisque Sarcey avait évidemment oublié, au mois d'avril 1881, les lignes suivantes, qu'il écrivait le 25 juillet 1870 :

Nous voulons, outre les récits officiels, lire les détails caractéristiques que donnent tous les reporters et les lettres des officiers en campagne... Mais les inconvénients !... mais les renseignements donnés à l'ennemi ! Permettez-moi de vous le dire, c'est de la plaisanterie !

On prétend qu'en 1866, le général Benedek avait laissé les journalistes libres de suivre son armée; mais qu'en même temps il les avait prévenus qu'à la moindre indiscrétion commise par l'un d'eux, il le ferait passer devant un conseil de guerre. L'anecdote est-elle vraie? Je n'en sais rien. Mais qu'aurait-on eu à reprocher au général autrichien si, à la suite d'une indiscrétion qui l'aurait exposé à être battu, il avait fait fusiller le journaliste coupable?

XIX

LA RÉGENCE

Dans les derniers jours du mois de mars 1870, le prince Napoléon avait pris l'habitude de descendre, après son déjeuner, dans le jardin du Palais-Royal, et de se promener, en fumant son cigare, dans l'allée qui longe la galerie de Valois. Cette allée avait remplacé son petit salon de réception; c'est là qu'on renvoyait les personnes qui se présentaient pour le visiter.

Je le trouvai, le 28 mars, en compagnie de son aide de camp, le colonel Ragon. Du plus loin qu'il m'aperçut, il me dit :

— Eh bien! et le fameux sénatus-consulte!

On venait de publier le projet de sénatus-consulte qui allait servir de base au plébiscite. Je ne cachai pas au prince qu'à première vue ce projet ne m'allait guère. Il se déboutonna alors complètement, et il mit en pièces le sénatus-consulte. Il s'attaquait surtout aux articles concernant la régence.

— On veut faire, dit-il, de la loi de régence une partie intégrante de la constitution. C'est ridicule. Une loi de régence est avant tout une loi de circonstance. L'exemple du testament de Louis XIV, déchiré par le Parlement, est là pour prouver ce que valent les précautions prises pour que la régence soit placée entre telles ou telles mains. »

Puis le prince répéta, à diverses reprises :

« Ollivier s'est fait rouler par Rouher. L'Auvergnat a, cette fois, triomphé du Marseillais. Rouher est un vieil avoué retors; il s'est montré plus habile qu'Ollivier, qui a été mis dedans. »

Et après quelques instants de silence :

« Il faut continuer à soutenir le ministère, parce qu'on ne sait pas qui on mettra à sa place; mais c'est bien ennuyeux. Ces gens-là n'ont rien dans le ventre! »

A deux jours de là, je rencontrai le prince Napoléon dans le jardin du Palais-Royal, avec M. Ancel, député du Havre. Son mécontentement s'était accru; ses critiques étaient plus acerbes. Il continuait surtout à insister sur l'introduction dans la constitution de la loi de régence.

— Voyez-vous, me dit mon ancien collègue, quand le prince fut rentré dans ses appartements, c'est là le point qui lui tient le plus au cœur. Il sent qu'après tout le sénatus-consulte est dirigé contre lui. Cela l'irrite d'avoir l'air d'un homme qui a été pris pour dupe; il a contribué énormément à la formation du nouveau ministère, et ce ministère, sur la reconnaissance duquel il croyait avoir le droit de compter, lui fausse compagnie et se tourne contre lui, dans une circonstance où il avait le plus besoin de l'avoir pour lui. »

Quand il s'agit de soumettre la nouvelle constitution à l'acceptation du peuple, on discuta, dans le conseil des ministres, la question de savoir s'il n'était pas conforme au nouveau régime constitutionnel que les plébiscites fussent désormais envoyés au Sénat et au Corps législatif, avant d'être présentés au vote populaire. Le prince Napoléon se prononça hautement pour ce système.

— Ce ne serait pas là, lui ai-je dit, l'appel au peuple tel que l'ont entendu jusqu'ici les constitutions impériales...

Il m'a arrêté dès les premiers mots :

— L'appel au peuple, tel que vous l'entendez, s'est-il écrié, c'est le despotisme. Si les Chambres n'interviennent pas, on se trouve livré au moindre caprice de l'empereur. Son esprit peut s'affaiblir Il peut se trouver livré à des influences occultes. Que devient, en ce cas, l'appel au peuple?

Comme je voulais insister, le prince a ajouté : « Oui, vous pensez comme Ollivier. Mais Ollivier est absurde. Qu'on fasse un plébiscite, je ne m'y oppose pas absolument; mais je trouve tout cela dangereux. Ce n'est pas l'opposition qui est à craindre, c'est l'indifférence. »

L'opposition du prince alla si loin qu'il fit confidence à un de ses amis que son intention était de ne pas voter le sénatus-consulte, quand il viendrait en discussion au Sénat.

Il y avait cependant, dans le sénatus-consulte, un article qui aurait dû rendre le prince plus indulgent, parce qu'il lui donnait une satisfaction complète sur la question de succession au trône. Le prince Napoléon et ses fils étaient, par cet article, reconnus comme héritiers éventuels, et ce droit de succession allait recevoir la consécration populaire.

Jusque-là la situation du prince et des membres de la famille était régie par le décret organique du 18 décembre 1852. L'origine de ce décret montre combien cette situation était précaire.

Quand il s'agit de rétablir l'Empire, Louis-Napoléon vivait dans le célibat, et il était assez naturel de régler l'ordre de succession au trône dans la famille Bonaparte pour le cas où il ne laisserait aucun héritier direct légitime ou adoptif.

Le futur empereur désigna au Sénat, comme devant être son successeur éventuel, le prince Jérôme-Napoléon, son oncle, et, après celui-ci, sa descendance légitime provenant de son mariage avec la princesse Catherine de Wurtemberg.

Au Sénat, on ne fit aucune objection au sujet de la personne du prince Jérôme-Napoléon ; mais les sénateurs témoignaient une grande répugnance à admettre comme prétendant au trône son fils, le prince Napoléon. Ils l'accusaient d'avoir pactisé avec les hommes de la Montagne, d'avoir entravé de toutes les façons possibles le gouvernement de son cousin, et de s'être, jusqu'à la dernière minute, montré l'adversaire résolu du coup d'État.

Cette portion du sénatus-consulte rétablissant l'Empire menaçait d'être rejetée, quand M. Rouher, toujours avisé, trouva un expédient qui mettait tout le monde à l'aise. Il proposa de laisser à l'empereur la faculté de régler lui-même l'ordre de succession au trône. Un article spécial, en consacrant cette faculté, tracerait la procédure à suivre. L'expédient réussit. L'article 4 du sénatus-consulte du 7 novembre 1852 déclara que l'empereur réglerait l'ordre de succession par un décret organique adressé au Sénat et déposé dans les archives.

Ce décret, rendu le 18 décembre 1852, était le seul titre que le prince Napoléon pût faire valoir.

Mais ce n'était pas une garantie sérieuse; car ce qu'un décret avait fait, un autre décret pouvait le défaire. Au contraire, un plébiscite ne pouvait être détruit que par un autre plébiscite, et il n'y avait aucune probabilité à ce qu'on songeât jamais à modifier ce que le suffrage universel allait établir.

Il est probable que ces considérations qui ont dû se présenter tout naturellement à l'esprit du prince Napoléon avaient fini par triompher des mauvaises impressions que lui avait causées l'introduction de la loi de régence dans le sénatus-consulte; car, à la fin d'avril 1870, il était presque rallié au plébiscite; il était allé passer quelques jours à Prangins, et il en était revenu à peu près converti.

Mais qui avait eu l'idée de mettre la loi de régence dans la constitution? C'étaient évidemment des gens qui avaient voulu plaire à l'impératrice; c'étaient les Rouher, les Jérôme David, les La Valette, tous ennemis du cabinet. C'était de ce côté que le coup était venu. Le prince ne s'y était pas trompé. Aussi n'était-ce pas sans motif qu'à la lecture du projet de sénatus-consulte, il s'était écrié: « Allons! l'Auvergnat a terrassé le Marseillais! »

Dès que la guerre fut déclarée, on vit nettement quelle avait été l'intention de M. Rouher en insistant si fort pour que la régence devînt une loi constitutionnelle. Dès le 16 juillet, avant même que le cabinet se fût prononcé sur la question, le président du Sénat disait, dans une allocution adressée à l'empereur :

« Que notre auguste souveraine redevienne dépositaire du pouvoir impérial ; les grands corps de l'État l'entoureront de leur respectueuse affection, de leur absolu dévouement ! »

C'était là la dénonciation d'un plan formé de longue main. On se proposait de constituer un conseil de régence, dont la présidence serait conférée à l'impératrice et la vice-présidence à M. Rouher. On devait attribuer les portefeuilles aux membres du conseil. On réunissait enfin dans ce conseil les membres les plus autorisés des différents groupes parlementaires du Sénat et du Corps législatif.

Cette combinaison entraînait naturellement la chute du ministère du 2 janvier. C'était tout particulièrement dans ce but qu'elle avait été formée. On prétendait que ce cabinet, dans sa composition actuelle, n'était pas suffisamment fort devant la Chambre et devant le pays pour la mission dont il allait se trouver investi, pendant l'absence du souverain et surtout lorsque la session serait close.

Dans le conseil qui eut lieu le 17 juillet, les ministres n'eurent besoin que de quelques mots pour avoir raison de l'intrigue : ils démontrèrent à l'empereur que le conseil de régence, tel qu'il était proposé, était tout au plus admissible sous le gouvernement personnel et qu'il était absolument incompatible avec le régime parlementaire. Il fut décidé que l'impératrice remplirait les fonctions de régente absolument dans les mêmes conditions que lors de la guerre d'Italie.

L'impératrice, c'était sa faiblesse, a toujours recherché les occasions d'exercer la régence. Lors de la guerre de Crimée, Napoléon III avait exprimé à diverses reprises l'intention d'aller prendre lui-même le commandement de l'armée. Les ministres s'y opposèrent de toutes leurs forces; on prétend même qu'il vint un moment où, pour triompher de l'obstination de l'empereur, MM. Troplong et Baroche s'étaient vus obligés de se jeter à ses genoux. Seule, l'impératrice était de l'avis de l'empereur. Elle disait à la reine Victoria, pendant son voyage à Paris, qu'elle tenait absolument pour le départ de son époux. « Je ne vois pas, disait-elle, qu'il y ait là plus de dangers pour lui que partout ailleurs. » Évidemment, l'impératrice caressait l'idée d'une régence. L'empereur renonça à son projet sur les observations de lord Clarendon.

En 1859, l'impératrice a exercé la régence pendant la guerre d'Italie. Son influence a été déplorable.

Il lui est arrivé de déclarer au Corps législatif, avant même que la campagne fût ouverte, qu'elle avait foi, quand le jour serait venu, « dans la modération de l'empereur ».

Autour d'elle, on disait hautement que l'empereur ferait la paix avec l'Autriche, moyennant quelques sacrifices de la part de cette puissance. « La guerre, disaient les chambellans, ne saurait se prolonger sans amener les complications les plus graves. Avec l'Autriche, puissance conservatrice, la France ne peut avoir qu'un duel au premier sang. »

Quand, après Solférino, la campagne fut brusquement interrompue par la signature des préliminaires de Villafranca, j'allai voir le prince Napoléon qui s'était retiré dans sa maison pompéienne de l'avenue Montaigne. Je l'avais trouvé mécontent, irrité :

« Tout le mal, me dit-il, est venu de l'obstination de l'empereur à conserver son entourage, au moment où il entreprenait une guerre révolutionnaire. On a fait la guerre à l'Autriche avec des gens vendus à l'Autriche. On a été bien forcé de faire la paix ; le ministre de la guerre n'envoyait plus de troupes ni de munitions, et le ministre des affaires étrangères, sympathique à nos ennemis, jetait la terreur dans l'âme de l'empereur.

« Et puis, ajoutait le prince, quelle sottise de confier, dans des circonstances aussi graves, le gouvernement de la France à une femme à la mode; car l'impératrice n'est pas autre chose ! »

Le prince Napoléon avait raison. C'est l'impératrice qui a été là cause de l'avortement de la campagne d'Italie et de tous les embarras qui en ont été la suite.

En 1865, avant de partir pour l'Algérie, où il allait chercher un adoucissement au mal cruel dont il commençait à ressentir les atteintes, l'empereur non seulement confia à l'impératrice la régence pendant tout le temps que devait durer son absence, mais il fit en outre son testament. Évidemment, il tenait à assurer à l'impératrice la prépondérance dans le cas où une catastrophe inattendue serait survenue.

Rien n'obligeait l'empereur à constituer une régence : en allant en Algérie, il ne quittait pas le sol français; la distance qui sépare la France de ses colonies africaines n'est pas tellement grande que le chef de l'État ne pût continuer à suivre les affaires. Cette abdication momentanée du pouvoir entre les mains de l'impératrice pouvait flatter la vanité de l'épouse, mais elle n'avait aucune raison d'être au point de vue politique.

Le testament de Napoléon III porte la date du 24 avril 1865; il a donc été écrit la veille du départ pour l'Algérie. Les premières phrases révèlent la pensée qui l'a inspiré :

Je recommande mon fils aux grands corps de l'État, au peuple et à l'armée. L'impératrice Eugénie a toutes les qualités nécessaires pour bien conduire la régence.

Cette régence de 1865 a contribué à accroître l'importance politique de l'impératrice. Il était bien difficile désormais de lui refuser, sinon l'entrée dans les conseils, du moins la connaissance des affaires de l'État, après qu'on lui en avait confié pendant plusieurs mois la direction presque absolue. Les ministres prirent l'habitude d'aller chez elle et de la mettre au courant des affaires pendantes. C'était de leur part un simple acte de déférence. Mais elle faisait son profit des confidences qui lui étaient faites, et bien souvent l'empereur eut à lutter contre les préjugés et les partis pris que ces confidences faisaient naître dans l'esprit de sa compagne.

A partir de 1865, il y eut aux Tuileries un parti de l'impératrice. Elle avait réussi à gagner un certain nombre de personnalités qui tombaient naturellement sous son influence immédiate. Elle s'était ainsi formé une clientèle importante, à l'aide de laquelle elle s'était constitué dans le gouvernement une sorte de lieutenance honoraire de l'Empire.

C'est le parti de l'impératrice qui avait le plus poussé à la guerre avec la Prusse. C'est lui qui avait exigé que l'empereur prît le commandement en chef de l'armée. Son projet, qu'il n'avait pas tardé à dévoiler était, après avoir éloigné l'empereur, de s'emparer de la régence et de profiter de la première victoire pour en finir avec la politique du 2 janvier.

Les lettres patentes du 22 juillet 1870, qui conféraient la régence à l'impératrice, étaient motivées sur l'intention de l'empereur de se mettre à la tête de l'armée. L'impératrice devait en exercer les fonctions à partir du jour où l'empereur aurait quitté la capitale; elle était tenue de se conformer aux ordres et aux instructions contenus dans l'ordre de service général transcrit sur le livre de l'État.

Toutefois, disaient les lettres patentes, notre intention n'est point que l'impératrice régente puisse autoriser, par sa signature, la promulgation d'une loi autre que celles qui sont actuellement pendantes devant le Sénat, le Corps législatif et le Conseil d'État, nous référant à cet égard au contenu des ordres et instructions mentionnés.

Ce document, il y a lieu de le remarquer, portait le contre-seing de M. Émile Ollivier.

L'impératrice ne recevait donc que des pouvoirs très limités. Elle était de plus en présence d'un ministère constitutionnel et parlementaire bien résolu à faire respecter les institutions nouvelles. Elle n'exerçait plus la régence tout à fait dans les mêmes conditions qu'en 1859 et en 1865, c'est-à-dire à une époque où le pouvoir personnel faisait la base du régime impérial.

Se rendit-elle compte de ce changement? J'en doute fort. L'impératrice a toujours été par nature et par tempérament essentiellement autoritaire. Le mécanisme délicat d'un gouvernement constitutionnel lui échappait complètement. Elle avait naguère montré du goût pour M. Émile Ollivier, parce que l'éloquent député de Paris n'aimait pas l'opposition systématique et qu'elle était, comme lui, l'adversaire impitoyable de ce genre d'opposition. Mais quand M. Émile Ollivier, devenu ministre, montra ce qu'il entendait par l'Empire libéral, les sympathies qu'elle lui avait témoignées se changèrent en hostilité. Les ministres avaient cessé d'aller l'entretenir des affaires de l'État ; elle voyait là une atteinte à ses prérogatives de régente *in petto*.

Ce sont les hommes du parti de l'impératrice qui proclamaient hautement que le plébiscite du 8 mai avait été rendu non en faveur de l'Empire libéral, mais au profit de l'empereur seul, et qui cherchaient une occasion de revenir sur toutes les concessions faites depuis 1861. Le mot tant de fois répété depuis : *Le parlementarisme nous perd*, date de cette époque. Il est antérieur à la déclaration de guerre. Il a pris naissance dans le boudoir de l'impératrice au mois de mai 1870.

A cette date (27 mai), le cabinet Ollivier paraissait fort menacé. Il venait de refuser au comité plébiscitaire l'autorisation de se constituer en comité électoral permanent. On ne parlait rien moins que d'une coalition entre la gauche, le centre gauche et la droite.

Voici quel était le plan de campagne :

Un membre de la gauche, M. Bethmont, devait attacher le grelot ; M. Duvernois viendrait à la rescousse, et M. Nogent Saint-Laurent achèverait la déroute au moyen d'un ordre du jour impliquant la désapprobation de l'attitude prise par M. Émile Ollivier vis-à-vis du comité plébiscitaire et l'invitation adressée au gouvernement d'user, avec sagesse mais libéralement, du droit d'autoriser les comités électoraux permanents.

— La coalition échouera, m'avait dit le prince Napoléon que j'avais vu le matin. En refusant l'autorisation au comité plébiscitaire, le cabinet n'a fait qu'appliquer la loi. La droite ne peut lui infliger un blâme qu'en renonçant à ses principes. Quant à la gauche et au centre gauche, ils sont dans une fausse position ; on ne les écoutera pas.

J'avais rencontré un grand nombre de députés, tous s'attendaient à une bataille. Mais la plupart d'entre eux étaient résolus à soutenir le cabinet : « Nous aimons mieux, m'avait dit un membre du centre, le gouvernement tel qu'il est que le triumvirat La Guéronnière-Duvernois-Girardin.

Le prince Napoléon avait deviné juste. Le plan de campagne avait fait long feu. MM. Bethmont et Duvernois avaient seuls donné. M. Émile Ollivier avait tenu tête à l'attaque; il avait été vigoureusement soutenu par la Chambre qui, à la presque unanimité, avait passé à l'ordre du jour.

Dans la tribune des anciens députés où j'avais assisté à la séance, on avait prévu à l'avance cette défaite de la coalition. Mais aussi on se disait qu'en agissant avec tant de vigueur vis-à-vis du comité plébiscitaire, M. Émile Ollivier venait de créer le *parti de l'empereur*, et qu'il mettait ainsi en péril la constitution nouvelle.

C'était une erreur. L'empereur, j'ai pu m'en assurer par moi-même, avait adopté très sincèrement les réformes constitutionnelles.

Le vote de confiance que venait d'obtenir le cabinet ne l'avait pas raffermi. Il continuait à être l'objet d'attaques incessantes.

Le ministre de l'instruction publique, M. Mège, m'écrivait le 7 juin :

Tout est toujours dans le même état. Même incertitude dans les esprits, même désarroi dans la Chambre. D'où vient ce mal si préjudiciable aux véritables intérêts du pays? Le pouvoir impérial et la liberté ont remporté une grande victoire par le vote plébiscitaire. Les dissensions ministérielles semblaient devoir être écartées, et cependant, voyez ce qui se passe chaque jour.

Ainsi le découragement avait gagné les membres du cabinet.

De son côté, le prince Napoléon paraissait vouloir se désintéresser de tout ce qui se passait. « Je suis à Meudon, me disait-il, avec Renan et Berthelot; nous causons science; nous ne faisons pas plus de politique que si nous étions à cinq cents lieues de Paris. »

M. Jérôme David avait traité le cabinet avec un grand dédain dans une séance toute récente. Le prince Napoléon, tout en blâmant son ancien aide de camp, trouvait qu'il y avait du vrai dans les reproches qu'il adressait à M. Émile Ollivier de ne pas avoir de ligne de conduite, de se montrer tantôt ultra-libéral, tantôt autoritaire à outrance. Il prétendait que M. Émile Ollivier commençait « à en avoir assez » et qu'il ne demandait qu'à s'en aller.

« Une seule chose, me disait-il, pourrait déterminer Ollivier à rester sur la brèche, c'est que l'empereur lui donnât un blanc-seing pour dissoudre la Chambre dans le cas où elle continuerait son système de taquinerie. Mais l'empereur ne voudra pas le lui donner, ce blanc-seing. L'empereur estime beaucoup le talent et le dévouement d'Ollivier, mais, sous le rapport du tact et de la conduite, ce n'est pas son homme. Il n'y aurait rien d'étonnant à ce qu'il le laissât miner en dessous, en attendant une occasion de s'en débarrasser tout à fait.

« C'est fâcheux, ajoutait le prince, car, après Ollivier, je ne vois que Rouher de possible. C'est le seul homme de talent qu'on puisse mettre à la tête du gouvernement. Malheureusement, il est tellement impopulaire qu'on ne sait pas ce qui adviendrait si l'on était forcé de le reprendre. C'est Rouher qui fait attaquer Ollivier. »

Ce que le prince ne disait pas, parce que sans doute il l'ignorait, c'est que M. Rouher et ses amis étaient d'accord avec le parti de l'impératrice.

Le vide se faisait autour du cabinet. Le 12 juin 1870, j'étais allé à la réception de M. Émile Ollivier. A part les ministres, il n'y avait personne. Pas un seul de ces hommes politiques qui se pressaient dans les salons de la chancellerie au lendemain de l'avènement des ministres du 2 janvier. Je me trompe; il y avait M. de Forcade La Roquette, qui passait, à tort ou à raison, pour être un de ceux qu'on désignait comme devant faire partie du futur cabinet. M. de Forcade La Roquette était-il venu tenter une œuvre de conciliation et essayer de ramener M. Émile Ollivier vers la droite? Je n'avais pas pu le découvrir, car je n'avais pas vu causer ce personnage avec le garde des sceaux.

Il y avait eu cependant un semblant de replâtrage, et comme tout rapprochement, ne fût-il qu'apparent, se fait toujours au détriment de quelqu'un, c'est M. Clément Duvernois qui avait servi de bouc émissaire. On lui avait retiré la direction du *Peuple français*.

M. Clément Duvernois passait pour recevoir les confidences de l'empereur, et son journal ne faisait, disait-on, que traduire la pensée impériale. Voyait-il réellement l'empereur et était-il vraiment chargé de répandre dans le public les inspirations du souverain? Il est certain que le *Peuple français* recevait de fortes subventions de la cassette impériale et que parfois Napoléon III lui adressait des communications. Mais je suis convaincu qu'on a beaucoup exagéré ces relations; les amis de M. Clément Duvernois les grossissaient à dessein dans un but de camaraderie politique.

Quoi qu'il en soit, M. Clément Duvernois était devenu un embarras. M. Émile Ollivier avait, disait-on, déclaré à l'empereur qu'il faisait du renvoi de l'écrivain favori la condition de la continuation de son concours. M. Clément Duvernois avait été immolé. Il avait cessé d'être le porte-paroles de l'empereur, mais il était devenu l'ennemi acharné du cabinet.

Ce n'était pas certainement un sentiment de sympathie qui avait dicté à M. Clément Duvernois l'interpellation qu'il avait déposée le 12 juillet 1870. Cette interpellation était dirigée contre M. Émile Ollivier. Elle était destinée à combattre les impressions qu'avaient répandues dans la Chambre cette déclaration faite par le garde des sceaux à la nouvelle de la renonciation du prince de Hohenzollern : « Nous n'avons jamais demandé autre chose ; l'incident est clos. »

L'interpellation n'avait pas, comme on l'a prétendu, été inspirée par l'empereur. Mais elle avait été approuvée par le parti de l'impératrice. Le duc de Gramont avait compris d'où partait le coup. Aussi, s'était-il empressé de donner son acquiescement à la demande de garantie. Comme c'est cette demande qui a amené tous les incidents qui nous ont placés en face d'un affront public fait à notre ambassadeur, on peut dire que c'est le parti de l'impératrice qui est véritablement responsable de la guerre.

Quand, le 28 juillet, l'empereur quittait Paris pour aller prendre le commandement de l'armée du Rhin, il laissait derrière lui, non des hommes dévoués, tout prêts à se réunir dans un seul sentiment, la défense des intérêts et de l'honneur du pays ; mais des coteries hostiles disposées à profiter de toutes les occasions pour créer des difficultés et pour se supplanter les unes les autres.

On vient de voir que la première tentative de la coterie du Château avait été de dénaturer le caractère de la régence, en confisquant tout le pouvoir au profit de l'impératrice. Elle avait échoué. Mais elle avait néanmoins réussi à avoir gain de cause sur un point important : l'impératrice exerçait les fonctions de régente à partir du jour où l'empereur quittait Paris.

Napoléon III a eu le sentiment de la faute qu'il venait de commettre. Par le fait, il abandonnait le pouvoir dont il était investi : « Il y eut, a-t-il dit plus tard, deux gouvernements : l'un à l'armée, ayant tous les attributs de la souveraineté, sans avoir auprès de lui aucun des intermédiaires légaux pour l'exercer; l'autre à Paris, entouré de tous les dépositaires de l'autorité, mais ne possédant pas toutes les prérogatives du pouvoir. »

Le conflit éclata dès les premiers jours. L'impératrice nommait des généraux, et l'empereur annulait ces nominations qui étaient illégales. On formait, en conseil des ministres, des plans de campagne qu'on pressait l'empereur d'exécuter le plus promptement possible, sans se préoccuper d'un fait important, c'est que l'armée envoyée au Rhin était à peine organisée.

M. de Gramont, tout plein du projet d'alliance qu'il poursuivait avec l'Autriche et l'Italie, conseillait le système offensif comme étant le seul qui pût donner de prompts résultats et faire sortir la France de son isolement. Il multipliait les dépêches; il accablait le quartier général de télégrammes. Le ministre des affaires étrangères s'appuyait surtout des sentiments de l'impératrice qui attendait d'heure en heure la nouvelle d'une victoire.

La régente attachait, paraît-il, une importance particulière à certains pronostics; on a, en effet, retrouvé aux Tuileries le brouillon de cette singulière dépêche qu'elle adressait, le 31 juillet, de Saint-Cloud au prince impérial :

La petite Malakoff a encore trouvé deux trèfles à quatre feuilles. Je te les enverrai. Nous t'embrassons tous.

EUGÉNIE.

Après les défaites de Forbach et de Wœrth, les lettres patentes du 19 juillet sont déchirées; on met en oubli la constitution elle-même : « C'est ainsi, a écrit Napoléon III, que les Chambres furent convoquées sans que les ministres eussent demandé à l'empereur son consentement. Il ne pouvait y avoir de convocation légale que par un décret signé de l'empereur. »

Je n'ai pas à prendre la défense du cabinet du 2 janvier; mais il faut avouer que la façon dont on s'y prit pour le renverser ressemble plus à une intrigue qu'à un acte parlementaire régulier.

L'opposition — le compte rendu en fait foi — s'en prenait bien plus à l'empereur qu'au ministère. C'était le commandement qui avait tout perdu. Aussi la gauche demandait-elle, non pas le renversement du cabinet, mais un changement de gouvernement.

Le parti de l'impératrice trouva que l'occasion était favorable pour saisir le pouvoir qu'il ambitionnait depuis trois mois. Il sacrifia tout à la fois l'empereur et le cabinet : l'empereur, en consentant à ce qu'on lui fît subir une véritable dégradation militaire; le cabinet, en le rendant responsable de la mauvaise préparation de la guerre.

On vit M. Jérôme David, un des partisans les plus résolus de la guerre, venir déclarer que nous étions entrés en campagne sans être prêts; et M. Clément Duvernois, l'auteur de la demande de garantie, proclamer qu'il n'accorderait sa confiance qu'à un cabinet capable d'organiser la défense.

Quand la gauche demanda que l'empereur fût déchu du commandement, personne ne protesta. L'impératrice elle-même conseilla à Napoléon III de se démettre en faveur du maréchal Bazaine. « Entendez-vous, lui écrivait-elle dès le 7 août, avec Bazaine pour toutes les opérations à venir. » Le 13 août, le nouveau ministre de la guerre, le général de Palikao, proclamait, à la tribune du Corps législatif, la déchéance militaire de l'empereur.

En renversant le cabinet du 2 janvier et en abandonnant l'empereur vaincu, l'impératrice croyait avoir fortifié la régence; elle ne tarda pas à s'apercevoir qu'elle avait annulé son pouvoir.

Dès son entrée aux affaires, le cabinet du 10 août, bien que composé en grande partie d'éléments de la droite, dut déclarer qu'il n'était pas un gouvernement de parti, mais le *ministère de la défense nationale*. C'est le nom que lui avait donné M. Jules Brame, nommé, on ne sait trop pourquoi, ministre de l'instruction publique. M. Jules Brame ne perdait pas une occasion de proclamer que le cabinet n'était pas autre chose et qu'il n'avait pas d'autre ambition ni d'autre programme.

« Je voudrais bien que la Chambre s'en allât, » disait le général de Palikao, que les interpellations continuelles dont il était l'objet agaçaient et fatiguaient. Mais quand on parlait de la renvoyer, la Chambre menaçait de se mettre en permanence. Comme le ministère du 10 août était lui-même une concession faite au Corps législatif, il n'avait pas une force suffisante pour le proroger; il dut dès lors compter avec la représentation nationale; peu à peu le pouvoir passa des mains de l'impératrice dans celles des députés.

Le 14 août, après le vote des lois relatives aux forces militaires et aux subsides, l'ordre du jour était épuisé; les mesures de salut public que les circonstances exigeaient étaient prises; il semblait que le rôle du Corps législatif fût terminé. Mais le Corps législatif avait compris qu'il était le maître.

A ce moment, aucune force humaine n'aurait pu prévaloir contre sa volonté.

Que pouvait être le rôle d'une assemblée dans la situation pénible où se trouvait le pays? Ce ne pouvait être évidemment, et ce ne fut en réalité qu'un grand conseil de guerre, troublé, et tumultueux, le plus souvent affolé, exposé à tous les courants venant du dehors et menacé à chaque instant par les entreprises des partis.

On y discutait tout haut les mesures de défense sans se douter qu'on donnait ainsi des indications à l'ennemi et qu'on accroissait le péril.

On interrogeait les ministres sur toutes sortes de détails qui auraient exigé le plus grand secret, sur l'emplacement des troupes, sur la formation de nouveaux corps, sur la marche de nos armées, sur les fortifications de nos places fortes, sur les plans de campagne, sur les progrès de l'ennemi.

On dénonçait aux Prussiens la lenteur qu'on apportait à l'armement de la garde mobile; on leur désignait les villes où la garde nationale n'était pas organisée; on leur disait où étaient les fonctionnaires lâches et les généraux incapables; on les encourageait en quelque sorte à s'avancer sans crainte dans un pays qu'on leur représentait comme désarmé et prêt à subir l'invasion.

On commettait parfois des indiscrétions, qui, dans toute autre enceinte, eussent été passibles d'un conseil de guerre. C'est ainsi que le ministre de la guerre s'oublia un jour jusqu'à révéler à la tribune le pays étranger où il avait trouvé à acheter un lot considérable de fusils. Un membre du Corps législatif, M. Tachard, fit connaître publiquement que Belfort avait été abandonné par le 7e corps. D'autres membres faisaient savoir qu'aucun secours ne pouvait être envoyé à l'Alsace envahie ou à Strasbourg assiégé.

On se serait cru un moment chez les Mexicains du XVIe siècle, au milieu des peuples primitifs de l'Amérique du Sud, qui, habitués d'indiquer à l'avance à l'ennemi le terrain sur lequel se donnerait le combat et la tactique qu'ils se proposaient d'adopter, prémunissaient Fernand Cortez et ses compagnons contre toute surprise et lui permettaient de prendre ses dispositions et de vaincre à coup sûr.

Il est à remarquer que, pendant que nous donnions à l'ennemi tous les renseignements dont il pouvait avoir besoin, nous paraissions aussi peu instruits que possible sur l'état de ses forces et sur les mouvements de l'armée allemande. Les détails donnés sur ce sujet par le général de Palikao à la tribune du Corps législatif feraient supposer qu'au ministère de la guerre on négligeait le service des renseignements, qui est cependant une des premières nécessités des troupes en campagne. Les plans tracés au maréchal Mac-Mahon pour guider sa marche vers Metz sont établis sur des données que la simple lecture des rapports rédigés par le grand état-major allemand a démontré être complètement fausses. Le général de Palikao a déployé une grande activité et un grand zèle pour former de nouveaux corps et pour tirer parti des ressources que possédait encore le pays. Mais c'était un pauvre stratégiste ; le fait est aujourd'hui acquis à l'histoire.

Le tort du général de Palikao a été de céder, dans ses combinaisons stratégiques, aux préoccupations politiques de la régence. C'est notamment la faute qu'il a commise, quand, à la suite du conseil de guerre tenu à Châlons, il s'opposa à la marche, sur Paris, de l'armée dont le commandement venait d'être donné au maréchal Mac-Mahon.

S'il avait acquiescé aux décisions prises par l'empereur, de concert avec le maréchal, le général de Palikao conservait à la France une armée qui, bien que composée en grande partie de régiments de marche, avait néanmoins assez d'anciens cadres pour réorganiser une armée de 250 à 300000 hommes.

Il fournissait à la capitale l'armée de secours qui pouvait écarter l'ennemi de son enceinte et lui permettre de résister en cas d'attaque.

Il rehaussait le prestige de l'Empire aux yeux

des populations qui commençaient à perdre toute confiance.

Il fournissait enfin à l'empereur le moyen de se réhabiliter aux yeux des masses et de reprendre, au bout d'un temps très court, les rênes du gouvernement.

C'est ce que comprit tout de suite M. Rouher, quand, parti spontanément à quatre jours de là pour conseiller la marche sur Metz, il changea d'opinion sur les explications qui lui étaient fournies par le maréchal Mac-Mahon. Non seulement, le président du Sénat se rangea à l'avis du maréchal, mais il se chargea de rédiger les décrets et les proclamations qui préparaient la marche de l'armée de Châlons sur Paris.

Les dépêches expédiées par le général de Palikao pour engager le maréchal Mac-Mahon à faire tous ses efforts pour dégager Bazaine, ne renferment aucune de ces raisons décisives auxquelles un général d'armée doit se rendre. Elles ne contenaient, comme toutes les dépêches émanées du ministère du 10 août, que des renseignements erronés. Aussi, n'est-ce pas d'après ces données fantaisistes que le maréchal Mac-Mahon consentit à aller au secours de l'armée de Metz. C'est parce qu'il reçut une dépêche du maréchal Bazaine, lui annonçant qu'il se préparait à se mettre en marche en suivant les places du Nord. Le commandant de l'armée de Metz était généralissime; il ne restait plus au maréchal Mac-Mahon qu'un parti à prendre : obéir.

Car ce ne sera pas, du reste, une des moindres originalités de cette guerre néfaste : un général bloqué ayant le commandement en chef, et ayant sous ses ordres les généraux qui tenaient la campagne.

Plus tard, le général de Palikao ne trouva pas seulement en face de lui l'empereur et le maréchal Mac-Mahon, mais le conseil de défense de Paris, dans lequel M. Thiers, après s'être bien fait tirer l'oreille, avait consenti à entrer.

« Nous étions désespérés, m'a dit bien souvent M. Jérôme David, de la marche sur Sedan, et nous avons tout fait pour l'empêcher. »

On connaît le mot de M. Thiers : « Si l'armée de Châlons ne périt pas, le moins qu'il puisse lui arriver, c'est d'être bloquée comme celle de Metz; vous avez un maréchal bloqué; vous en aurez deux. »

A toutes les instances qui lui étaient faites, le ministre de la guerre répondait que l'impératrice voulait l'expédition par une sorte de point d'honneur. « Il serait odieux, disait-elle, de laisser Bazaine périr sans secours. »

C'est en vain que, le 27 août, le maréchal Mac-

Mahon, se rendant compte des difficultés et trouvant la marche sur Metz périlleuse, télégraphia qu'il se portait sur Mézières, d'où il continuerait sa retraite en se dirigeant vers l'ouest, on lui répondait : « Si vous abandonnez Bazaine, la révolution est dans Paris. »

Cette fois il était bien visible que la régence mettait la politique au-dessus des nécessités de la défense. La gauche, dont le maréchal Bazaine était devenu l'homme de guerre favori, reprochait bien au gouvernement de ne pas aller au secours de l'armée de Metz. Mais le gros du public ne partageait pas ces préoccupations de l'opposition. On ne paraissait pas croire que le maréchal Bazaine fût en péril. On ne savait pas qu'il était complètement bloqué. On supposait simplement qu'il avait un plan, et que, s'il restait sous Metz, c'est qu'il attendait le moment propice pour l'exécuter.

Le jour même où l'on renouvelait au maréchal Mac-Mahon l'ordre de reprendre la marche sur Metz, on annonçait au Corps législatif que l'ennemi s'avançait sur Paris. C'était le cas ou jamais de s'assurer d'une armée de secours. C'est en empêchant le siège de Paris qu'on parvenait à débloquer Metz. C'était l'alphabet du métier. Mais, dans les conseils du gouvernement, on ne faisait plus la guerre, on s'occupait de politique.

Aussi est-ce avec raison que Napoléon a pu écrire à sir John Burgoyne :

> Revenu à Châlons, j'ai voulu conduire la dernière armée qui nous restait à Paris, mais là encore les considérations politiques m'ont forcé de faire la marche la plus imprudente et la moins stratégique qui a fini par Sedan.

La régence reste frappée par ce jugement qu'a prononcé l'empereur lui-même.

C'est moi qui ai eu la douleur d'annoncer au général Beaufort d'Hautpoul, qui, à ce moment, ne se savait pas destiné à apposer sa signature au bas de la capitulation de Paris, la nouvelle de la double défaite des maréchaux Mac-Mahon et Bazaine.

« A voir, m'a-t-il dit, la façon dont les opérations étaient menées, il fallait s'attendre à ce lamentable résultat. Mac-Mahon et Bazaine ont été victimes des éternelles hésitations du gouvernement de la régence. Les Allemands savaient où ils allaient, et nous, nous ne le savions pas, nous ne l'avons jamais su. Nous sommes en présence d'un immense désastre. »

Le fait dominant de la régence est celui-ci : empêcher à tout prix l'empereur de rentrer à Paris. On s'y opposa le 17 août ; on s'y opposa encore le 22 août ; on s'y opposa plus que jamais le 27 août.

Comme je manifestais un jour à M. Rouher mon

étonnement de la persistance qu'avait mise l'impératrice à tenir l'empereur éloigné de sa capitale :

— Vous avez bien plus raison que vous ne croyez, me répondit M. Rouher. Si l'empereur n'est pas rentré dans Paris, s'il a continué à se traîner à la queue de l'armée, c'est qu'il l'a bien voulu. Il pouvait d'un seul mot mettre fin à la régence. Car les pouvoirs confiés à l'impératrice étaient subordonnés à une condition, c'est que l'empereur continuerait à être à la tête de l'armée. Or, depuis le 12 août, l'empereur ne commandait plus; la direction de la guerre avait passé aux mains de Bazaine. La régence n'avait donc plus de raison d'être. A partir de cette date, ce n'était plus un pouvoir légal. Il eût suffi d'un mot de l'empereur pour le faire disparaître.

— Mais pourquoi, dis-je à M. Rouher, l'empereur n'a-t-il pas prononcé ce mot?

— C'est que l'empereur avait compris qu'on était dans un de ces moments critiques où l'on ne doit pas toucher au gouvernement, quel qu'il soit. Son retour à Paris aurait causé un ébranlement profond. Peut-être que certains ministres, qui avaient consenti à être les agents de la régence, c'est-à-dire d'un gouvernement ayant uniquement pour but la défense nationale, auraient répugné à être les ministres de l'empereur, qui était, pour beaucoup de gens, l'image vivante de la défaite.

— Mais comment n'a-t-on pas compris qu'en laissant l'empereur dans une situation humiliée, on portait un coup terrible à la dynastie?

— On le comprenait bien. A cette situation, il n'y avait qu'un remède, l'abdication. Au fond, tout le monde la désirait. Personne n'a osé la demander, et l'empereur paraît n'y avoir jamais pensé. On marchait au jour le jour, sans savoir où on allait ni comment tout cela finirait.

Je ne poussai pas plus loin la conversation. J'avais compris que, dès les premières défaites, la régence avait deviné que l'empereur était perdu, et que si l'on continuait à lutter, c'était pour sauver l'honneur et pour montrer qu'on n'avait plus qu'une seule préoccupation : sauver la patrie!

XX

LE CABLE ÉLECTRIQUE

Voici ce que racontaient les journaux à la date du 10 mars 1871 :

Lorsqu'on craignit l'investissement de Paris, l'administration des télégraphes fit charger la nuit, dans le plus grand secret, à bord d'un toueur qu'on avait amené dans un des bassins du canal de l'Ourcq, un long câble d'une grosseur de 2 centimètres de diamètre. Il était destiné à être jeté dans la Seine entre Paris et le Havre. Le câble se déroulait par le fond du bateau, sans que cette opération pût attirer l'attention de personne.

On réussit parfaitement, et l'on arriva sans entrave jusqu'à Traie, situé entre Rouen et le Havre, près de la Meilleraye. Paris par ce fait se trouvait en communication avec la province depuis le 15 septembre. Mais le 25 du même mois, deux individus d'un village riverain dénoncèrent le fait aux Prussiens.

Un officier fit saisir le chef éclusier de Bougival, et le somma de lui indiquer en quel endroit le fil électrique traversait le talus de l'écluse. Mais celui-ci s'y refusa. On le menaça de le fusiller; il fut roué de coups, mais on n'obtint rien de lui.

Ce ne fut qu'à Saint-Germain qu'on découvrit le fil après de longues recherches. Sa pesanteur l'avait en effet déjà envasé profondément.

On remonta jusqu'à l'écluse et l'on vit alors que le fil communiquait avec l'autre bras par une tranchée recouverte soigneusement de gazon, qui traversait l'île de la Loge.

Sans la dénonciation de deux misérables, Paris aurait pu continuer à être longtemps en communication avec la France.

Malgré cette dénonciation, les deux traîtres, qui étaient connus dans tout le pays, n'avaient point été inquiétés; c'est seulement un an après, au mois de février 1872, que l'un d'eux, le nommé Dagomet, fut renvoyé devant la cour d'assises de Seine-et-Oise. Il fut condamné à une peine insignifiante.

L'immersion d'un câble dans la Seine pour tenir Paris en communication avec la France en cas d'investissement est une des dernières mesures prises par le comité de défense.

Je m'étais préoccupé de cette question, et j'avais écrit le 30 août 1870, à M. Jérôme David, ministre des travaux publics, pour appeler son attention sur l'urgence de l'opération.

Voici ma lettre :

Paris, le 30 août 1870.

Mon cher ami et ancien collègue,

Je me suis préoccupé, comme tout le monde, des mesures à prendre au cas où l'ennemi s'approchant de Paris couperait toutes les communications de la capitale avec le reste de la France, et paralyserait ainsi l'action du gouvernement sur les départements envahis. Je ne crois pas avoir découvert le meilleur moyen de parer à cette douloureuse éventualité, mais je pense que la proposition que je vais vous soumettre mérite un sérieux examen.

Il ne faut pas songer à envoyer tout ou partie du gouvernement hors de Paris, ce serait le signal de la révolution. Encore moins l'impératrice doit-elle s'éloigner, ce serait compliquer la défense d'intrigues antidynastiques de toutes sortes. L'impératrice-régente et le gouvernement doivent rester à Paris pour donner confiance à la population, et pour rendre la défense plus efficace. Paris alors combattant non seulement pour lui-même, mais pour la France tout entière, montrera une fermeté et une ténacité invincibles.

La première chose que fera l'ennemi, ce sera de couper les fils télégraphiques qui relient Paris aux différentes villes de France. Quelques escadrons de ulhans, lancés sur les gares de banlieue, suffiraient pour opérer cette destruction. Toutes les communications seraient ainsi interrompues, et les départements non envahis seraient livrés à eux-mêmes. Ce serait la plus complète anarchie.

C'est donc à maintenir les communications entre le gouvernement et le pays qu'il faut pourvoir.

Si l'on avait devant soi quelques semaines, on pourrait, sur une au moins des lignes télégraphiques existantes, enterrer les fils, ainsi que cela se fait dans la traversée des grandes villes, sur une distance de 20 à 25 lieues; mais un pareil travail demanderait beaucoup de temps et de soins. Il ne pourrait d'ailleurs s'exécuter qu'à l'aide d'un très grand nombre d'ouvriers. Beaucoup trop de gens seraient dans le secret, qui ne tarderait pas à être révélé à l'ennemi.

La ligne télégraphique qui doit assurer nos communications ne peut être qu'improvisée. Voici le projet que je soumets au comité de défense.

On pourrait acheter en Angleterre, sous prétexte d'établir

une ligne sémaphorique sur une de nos côtes, un câble télégraphique d'une longueur de 3 à 400 kilomètres; ce câble serait transporté par le Havre à Rouen, où on le rattacherait au réseau télégraphique des lignes du reste de la France, et on l'immergerait dans la Seine à partir de Rouen jusqu'à Paris.

L'opération aurait lieu la nuit et on la confierait à des hommes sur la discrétion desquels on pût compter. Car si l'ennemi se doutait de l'existence du câble, il ferait draguer le fleuve et il ne manquerait pas de détruire ce moyen de communication.

Il se peut qu'on ne trouve pas en ce moment à acheter en Angleterre un câble de 3 à 400 kilomètres. En ce cas il serait facile d'en confectionner un à Paris, très rapidement et à peu de frais, il suffirait pour cela de noyer trois ou quatre fils télégraphiques ordinaires dans une enveloppe de gutta-percha, substance qu'on a en quelque sorte sous la main. Le tout serait entouré de chanvre et revêtu d'une couche de gutta-percha qui suffirait à la conservation du câble.

Tous les postes télégraphiques de l'empire communiquant entre eux, il suffit que Paris soit en rapport avec un des postes principaux pour que ses communications soient assurées avec tout le reste de la France.

Il se peut que mon projet prête à la critique; mais vous me rendrez cette justice qu'il m'est inspiré par les sentiments du plus pur patriotisme.

Agréez, etc....

ALFRED DARIMON.

Je n'avais pas voulu confier ma lettre à la poste ; j'étais allé la porter moi-même au ministère des travaux publics et je l'avais remise à M. Lara Minot, chef du cabinet, en le priant de la donner au ministre lui-même : « Il s'agit, lui avais-je dit, d'une affaire toute particulière, et qui ne regarde pas les bureaux. »

J'ai reçu le soir même le petit billet suivant :

Paris, le 30 août 1870.

Mon cher ami et ancien collègue,

Je vous remercie cordialement de la communication que vous avez bien voulu me faire. Déjà l'attention du comité de défense a été attirée sur les points que vous signalez, et je puis vous dire que nos communications sont en tout cas assurées.

Sentiments les plus affectueux et dévoués,

Baron Jérome DAVID.

M. Jérôme David ne pouvait pas, sans violer un secret d'État, m'en dire davantage. J'ai appris depuis que, lorsqu'il a reçu ma lettre, il avait bien été question d'immerger un câble dans la Seine, mais qu'on n'avait encore rien fait pour la réalisation de ce projet. Peut-être ma lettre a-t-elle servi de stimulant. Dans tous les cas, on s'est enfin décidé à se procurer un câble, et le 4 septembre, au moment où le gouvernement impérial était tombé, toutes les dispositions étaient prises pour l'immersion.

Ce n'est pas le 25 septembre, comme l'ont dit les journaux, que les Prussiens ont eu connaissance du câble, c'est dans les premiers jours d'octobre. C'est même cette interruption des communications avec les départements qui a décidé le gouvernement de la défense nationale à renforcer la délégation de Tours par l'envoi de Gambetta. Il était dangereux de laisser des pouvoirs illimités à des vieillards comme Crémieux et Glais-Bizoin.

Je possède un morceau du câble provenant de la portion immergée dans le voisinage de l'île Saint-Denis. Il a deux centimètres de diamètre. Il se compose de cinq fils de cuivre enveloppés de gutta-percha et de chanvre. Le tout est renfermé dans une gaine de fils de fer tordus de façon à former une grosse corde. Comme ce fragment provient de la portion du câble qu'on n'a retirée de la Seine qu'après la levée du siège, il est revêtu d'une légère couche de vase et de sable.

Évidemment on l'avait envasé le plus qu'on avait pu, et, sans la trahison du misérable Dagomet, les Prussiens n'auraient pu soupçonner son existence.

XXI

LE 4 SEPTEMBRE

Le 3 septembre 1870, vers cinq heures de l'après-midi, je rencontrai, au bout du pont de Solférino, M. Philippe de Bosredon, député de la Dordogne. Il vint à moi tout en larmes :

« Nous avons subi, me dit-il, une double défaite. Mac-Mahon et Bazaine ont été battus. Et dire que, dans des circonstances aussi graves, Jules Favre a eu le courage de proclamer la déchéance de l'empereur! »

Je me hâtai de quitter M. Philippe de Bosredon et de me rendre au Palais législatif, afin d'avoir des nouvelles plus détaillées, qui me permissent de me faire une idée juste de la situation. Dans le fumoir, où je ne pus pénétrer qu'à grand'peine, tout le monde était atterré; on ne se parlait pas, de peur d'avoir à se communiquer des impressions pénibles.

J'imitai le silence général, quand mon ancien collègue, M. de Dalmas, s'approcha de moi :

— Vous connaissez, me dit-il, sur le bout des doigts toutes les constitutions de l'Empire. Indiquez-moi donc où je trouverai la loi de Régence.

Il y avait sur la table du fumoir un livret contenant les constitutions, les sénatus-consultes et les décrets organiques. Je le pris et je montrai à M. de Dalmas la page où se trouvait le sénatus-consulte relatif à la régence.

J'avais à côté de moi M. Lacroix Saint-Pierre; il me dit à voix basse et d'un ton de reproche :

— Vous auriez bien pu vous dispenser de cet acte de complaisance. Dalmas, vous ne l'ignorez pas, déteste l'impératrice qui n'a pas voulu de lui comme chef du cabinet de l'empereur; il me paraît évident qu'il cherche un moyen de faire une niche ou de créer des difficultés.

M. Lacroix Saint-Pierre, en me faisant cette observation, prouvait tout simplement que, comme la plupart de ses collègues, du reste, il n'avait pas lu le sénatus-consulte du 17 juillet 1856 concernant la régence de l'Empire. S'il en avait eu la plus légère teinture, il aurait vu que rien, dans cette loi, n'avait été préparé pour faire face à la situation dans laquelle la captivité de l'empereur plaçait le

Tout pouvoir légal avait disparu, à partir du moment où l'impératrice avait communiqué à ses ministres cette dépêche foudroyante : « L'armée est défaite; moi-même, je suis prisonnier. »

L'empereur était prisonnier, c'est-à-dire qu'il était dans la position d'un général tombé aux mains de l'ennemi, qui ne peut plus donner un ordre à ses troupes sans s'exposer à voir sa captivité se resserrer et devenir plus dure. Napoléon III n'avait plus le droit de dicter des instructions ou de rendre un décret. M. de Bismarck eût arrêté au passage tout ce qu'il aurait essayé de transmettre à la régence. Il considérait, du reste, comme étant de sa dignité, de ne point accepter la responsabilité d'actes et d'événements dont il avait été le spectateur impuissant. Aussi, quand le chancelier prussien vint lui demander s'il voulait discuter les moyens de mettre fin à la guerre, répondit-il que, pour ces questions, il s'en référait au gouvernement de la régence.

Le prince impérial, après avoir quitté l'armée et s'être traîné au hasard à travers nos places du Nord, venait de se réfugier en Belgique. Il était malade au château de Chimay, tandis que son père s'acheminait tristement vers Wilhemshöhe, que le roi Guillaume lui avait imposé comme résidence.

Le prince Napoléon était à Florence, où il essayait encore de réveiller les sympathies du gouvernement italien en faveur de la France.

L'impératrice avait, dans cette crise terrible, fait preuve de qualités viriles qu'on n'aurait pas soupçonnées dans une femme livrée jusque-là aux préoccupations frivoles de la vie de cour. « Elle a bien rempli son rôle de jolie femme, me disait un jour le baron Haussmann, mais ç'a été une triste souveraine. » — « Votre appréciation, répondis-je à l'ancien préfet de la Seine, manque de justesse et de justice. Dans les derniers jours de l'Empire, l'impératrice a été à la hauteur de la situation; elle a déployé un grand courage; elle a fait preuve d'une abnégation qu'on ne saurait trop louer. Tous ceux qui l'ont approchée, dans ces jours douloureux, l'ont réellement trouvée digne de ce trône au bas duquel elle allait être précipitée. » Mais quelles que fussent les hautes facultés de l'impératrice, elles ne pouvaient suppléer aux pouvoirs qu'elle n'avait pas. Les lettres patentes du 22 juillet 1870 qui lui conféraient la régence, limitaient ces pouvoirs aux seuls actes inscrits sur le registre d'État. C'est ainsi, pour ne citer que cet exemple, qu'elle ne pouvait pas changer ses ministres, et, de ce seul fait, elle avait les mains liées sur tous les actes concernant l'administration et le gouvernement.

La seule solution désirable eût été que l'empereur abdiquât et que le prince impérial fût proclamé à sa place. Le sénatus-consulte concernant la régence eût pu alors être appliqué dans toute son étendue. Malheureusement, le cours des événements avait rendu cette solution impraticable. L'abdication d'un souverain prisonnier en faveur de son fils réfugié à l'étranger constituait un fait irréalisable et sans précédent. Aussi l'idée n'en vint-elle à personne.

La force des choses est une puissance aveugle contre laquelle on peut essayer de résister, mais à laquelle il faut bien finir par céder. Nous allons voir comment, après avoir lutté pendant quelques heures pour le maintien de la régence, le ministère du 10 août se vit amené à abandonner la régence et par suite l'Empire.

A partir du 3 septembre, M. Thiers paraît être devenu l'arbitre de la situation. Tout le monde s'adressait à lui.

Dans la nuit du 2 au 3 septembre, en sortant du conseil de défense, M. Jérôme David faisait connaître à M. Thiers toute l'étendue du désastre de Sedan. M. Thiers laissait échapper un cri douloureux. « Ne vous découragez pas, lui dit M. Jérôme David; vous pouvez encore rendre de grands services à la France et il faut les lui rendre. »

M. Jules Simon écrit dans ses *Souvenirs du 4 septembre:* « Nous persistions à souhaiter que la Chambre nommât une commission de gouvernement. Nous aurions voulu que M. Thiers en fût la tête, et que M. Trochu en fût le bras. »

M. Thiers a raconté lui-même que des démarches en ce sens furent faites auprès de lui : « Les membres de la gauche s'adressaient à moi. Ils me disaient : « La révolution est proche; elle est inévitable; c'est dans nos mains que le pouvoir doit « passer. Eh bien! mettez-vous à notre tête; nous « nous appliquerons tous ensemble à servir le « pays, qui sans cela va périr. »

On connaît la démarche que l'impératrice fit faire par Mérimée et par le prince de Metternich auprès de M. Thiers. Le dialogue qui s'engagea entre M. Thiers et Mérimée a une grande importance :

— Vous devinez pourquoi je viens, dit Mérimée.

— Oui, je le devine, répondit M. Thiers.

— Vous pouvez nous rendre un grand service.

— Je ne puis vous en rendre aucun.

— Si! si! je connais votre manière de penser; les dynasties ne vous occupent pas. Vos pensées sont tournées surtout vers l'état des affaires. Eh bien! l'empereur est prisonnier, il ne reste qu'une femme et un enfant! Quelle occasion pour fonder le régime représentatif!

— Après Sedan, il n'y a rien, absolument rien.

Ainsi M. Thiers refusait son concours; il repoussait même toute idée de donner des conseils. Il s'était cependant arrêté à une combinaison qu'il aurait pu, sans inconvénient, communiquer à l'impératrice, d'autant plus que c'est à une combinaison analogue que le conseil des ministres devait s'arrêter vingt-quatre heures plus tard.

A ceux de ses amis qui venaient le consulter, M. Thiers déclarait qu'il fallait laisser le pouvoir aux mains où il se trouvait, sauf un changement qui consistait à le concentrer dans le sein du Corps législatif. « Ma pensée, disait-il, est de me servir de ce que j'appellerai le Corps législatif *repentant*, pour résoudre les difficultés de notre affreuse situation. Il faut, selon moi, que le Corps législatif déclare le trône vacant, forme une commission de gouvernement, essaie de signer un armistice avec l'ennemi, puis convoque une assemblée qui remédie à tous nos malheurs. »

Ce sont ces idées que M. Thiers développa dans l'après-midi du 4 septembre, dans un des bureaux de la Chambre, en présence de MM. Jules Favre, Jules Simon, Ernest Picard et Gambetta, qui le suppliaient de prendre le pouvoir, ou du moins de l'accepter des mains des députés.

La combinaison mise en avant par M. Thiers était, sous une forme légèrement adoucie, la proposition que la gauche avait déposée, le 9 août, sur le bureau du Corps législatif. C'était une déclaration de déchéance à peine déguisée. La gauche crut que, dans des circonstances aussi graves, il ne fallait pas biaiser avec l'opinion. Aussi s'arrêta-t-elle à l'idée de proclamer purement et simplement la déchéance. Mais il fut convenu qu'après le rejet par la majorité de la proposition de la gauche, celle-ci se rallierait à la combinaison de M. Thiers, s'il se décidait à lui donner la forme d'une proposition.

Ce qui se passa dans la séance de jour du 3 septembre ne fut qu'un prologue. Les membres de la gauche avaient été mis au courant de la véritable situation par M. Thiers, qui leur avait fait connaître les révélations de M. Jérôme David. Aussi les réticences du général Palikao, qu'ils supposaient être en possession de la vérité, leur causaient une profonde irritation. C'est sous le coup d'une colère concentrée que Jules Favre prononça cette terrible diatribe, qui fut considérée comme l'arrêt de mort de l'Empire :

— « Où est l'empereur? Communique-t-il avec ses ministres? Leur donne-t-il des ordres?

« *Le comte de Palikao.* — Non.

« —Si la réponse est négative, je n'ai pas besoin de longs développements pour faire comprendre à la Chambre que le gouvernement de fait a cessé d'exister, et qu'à moins d'un incroyable aveuglement et d'une obstination qui cesserait d'être patriotique, c'est à vous-mêmes, c'est au pays que vous devez demander les ressources qui, seules, vous peuvent et le peuvent défendre. »

Vers six heures, j'étais attablé avec quelques amis sur la terrasse du café de la Paix, quand Séverin Abbatucci vint nous apporter l'affreuse nouvelle : « L'armée de Mac-Mahon a dû capituler; l'empereur est prisonnier. » Elle circulait sur les boulevards depuis une heure, mais personne n'avait voulu y croire.

Séverin Abbatucci ajouta, en s'adressant à moi : « Le Corps législatif est convoqué pour ce soir. Faites connaître cette convocation à tous les députés qui viendront ici, et recommandez-leur d'être exacts. Il s'agit de déjouer les manœuvres de la gauche. »

Il vint une douzaine de députés. Je les envoyai tous à la Chambre. Quelques-uns blâmaient cette convocation inattendue. « Si l'on n'a pas, disaient-ils, des mesures énergiques à proposer, cette séance est une faute, car on laisse le champ libre aux révolutionnaires. »

Un seul sentiment animait tous les députés qui s'étaient rendus au Palais-Bourbon pour cette séance de nuit, c'est qu'il ne fallait pas se séparer sans avoir pris une mesure décisive. Tout le monde paraissait être d'avis que le Corps législatif devait s'emparer du pouvoir.

Il y avait des allées et venues continuelles entre

la salle des conférences et le cabinet de M. Schneider, où les ministres étaient réunis.

Le centre gauche s'était rallié à la combinaison proposée par M. Thiers. M. Martel fut chargé d'aller l'expliquer au président et aux ministres. Il fut éconduit.

A droite, on caressait l'idée d'une dictature militaire au profit du général de Palikao. Comme correctif, on y joignait un gouvernement anonyme pris au sein de la Chambre comme auxiliaire de la régence. C'est à droite surtout qu'on comprenait la nécessité de prendre une décision immédiate.

« Monsieur le ministre, disait au général de Palikao un des membres les plus ardents, n'oubliez pas qu'il n'y a encore dans Paris que de la tristesse et de la douleur. Seulement la colère peut venir, et vous la préviendrez si vous annoncez demain matin quelque résolution énergique. »

Par la façon dont les membres du cabinet accueillaient toutes les propositions, il était visible qu'ils étaient pris à l'improviste. Ce n'était pas seulement cette convocation anticipée de la Chambre qui les embarrassait, c'étaient les questions qu'on leur posait et pour lesquelles ils n'avaient pas de solutions prêtes. Dans le conseil des ministres qui avait eu lieu dans la soirée, on n'avait pas prévu l'éventualité qui se présentait, et la formation d'un comité de gouvernement, pris dans la Chambre, n'avait été proposée par personne. Je me trompe, M. Schneider en avait dit quelques mots; mais ce projet avait été aussitôt écarté.

La gauche seule avait une formule prête; elle n'hésita pas à la présenter. Jules Favre donna lecture de la proposition suivante :

ARTICLE PREMIER. — Louis-Napoléon Bonaparte et sa dynastie sont déchus des pouvoirs que leur a confiés la Constitution.

ART. 2. — Il sera nommé par le Corps législatif une commission de gouvernement composée de... qui sera investie de tous les pouvoirs de gouvernement et qui a pour mission expresse de résister à outrance à l'invasion et de chasser l'ennemi de la patrie.

ART. 3. — M. le général Trochu est maintenu dans les fonctions de gouverneur général de la Ville de Paris.

Cette proposition mit en ébullition toutes les parties de l'assemblée. En dehors de la gauche, personne ne voulait de la déchéance, bien qu'on considérât la dynastie comme perdue. Aussi c'est à la recherche des moyens termes que se passèrent la nuit et la matinée suivante.

M. Buffet, à l'issue de la séance de nuit, communiqua à un grand nombre de membres de la majorité et des diverses fractions de la Chambre une combinaison qui, à première vue, paraissait assez ingénieuse. Il fallait, suivant lui, que le Corps législatif n'eût pas l'air d'usurper le pouvoir et que ses membres ne pussent être accusés d'avoir violé leur serment. Pour obtenir ce double résultat, on invoquait l'intervention de l'impératrice; on l'invitait à adresser à la Chambre élective un message dont la pensée était celle-ci :

« Depuis le départ de l'empereur, je gouverne en vertu de pouvoirs délégués et limités. Ces pouvoirs sont tout à fait insuffisants pour faire face aux nécessités de la situation. Je ne puis en demander le complément ni à l'empereur, qui a cessé d'être libre, ni au pays auquel il est impossible de faire appel au milieu de la crise terrible que nous traversons. En conséquence, je remets au Corps législatif, qui est l'émanation la plus directe du suffrage universel, l'exercice du pouvoir exécutif et je l'invite à nommer une commission de gouvernement. Dès que cela sera possible, le pays sera consulté. »

C'était la combinaison de M. Thiers; seulement M. Buffet y ajoutait le contre-seing de l'impératrice, qui abdiquait ainsi elle-même tout pouvoir.

Cette proposition fut portée le lendemain au conseil des ministres par M. Schneider. Elle fut appuyée fortement par M. Jules Brame. Mais elle fut repoussée.

Le cabinet paraît avoir été sous le coup d'une triple préoccupation : 1° donner satisfaction à la droite en lui offrant cette dictature militaire qu'elle considérait comme un moyen de salut ; 2e se rallier la gauche et le centre gauche en lui concédant le comité de gouvernement pris dans la Chambre ; 3° ménager les amis de la dynastie en conservant au moins de nom la régence.

C'est en ce sens qu'il faut comprendre la proposition qui fut apportée le 4 septembre au Corps législatif par le général de Palikao. Cette proposition était ainsi conçue :

Article premier. — Un conseil de Régence et de défense nationale est institué. Ce conseil est composé de cinq membres ; chaque membre est nommé par le Corps législatif.

Art. 2. — Les ministres sont nommés sous le contre-seing des membres du conseil.

Art. 3. — Le général comte de Palikao est nommé lieutenant général de ce conseil.

Mais pendant que le conseil des ministres discutait, sous le coup des événements qui prenaient à chaque moment une gravité plus grande, au Corps législatif les esprits avaient marché. M. Thiers avait enfin donné un corps à sa pensée, voici la formule qu'il proposait :

Vu la vacance du trône,

Il est nommé par le Corps législatif une commission de gouvernement et de défense nationale.

Une Constituante sera convoquée dès que les circonstances le permettront.

On fit observer à M. Thiers que ces mots : *Vu la*

vacance du trône constituaient une déclaration de déchéance qui gênerait beaucoup de personnes. Il les fit remplacer par ceux-ci : *Vu la vacance du pouvoir*. Mais même cette expression fut trouvée excessive. M. Thiers y substitua celle-ci : *Vu les circonstances*. La rédaction nouvelle fut bientôt couverte de signatures. Elle devint ce qu'on appela dès ce moment la PROPOSITION DE M. THIERS.

M. Thiers a raconté que, pour tous ces changements, il avait réclamé et obtenu l'adhésion de la gauche :

« Je me rendis dans un bureau où on me dit que la gauche était assemblée; je dis à ces messieurs : « Les députés du centre désirent autant « que vous la déchéance; je le tiens de leur propre « bouche; mais ils ne veulent pas prononcer le mot « eux-mêmes. » Les membres de la gauche me répondirent qu'ils tenaient à la chose et point au mot lui-même, et nous convînmes d'une rédaction définitive. »

C'est pendant que ces pourparlers avaient lieu que le général Palikao arriva à la Chambre, avec la proposition qui avait été arrêtée en conseil. Il venait trop tard. Présentée à la séance de nuit, cette proposition aurait peut-être reçu un favorable accueil. Mais venant au moment où la proposition de M. Thiers était en train de rallier un grand nombre d'adhésions, elle fut considérée comme insuffisante et comme intempestive. Les mêmes hommes qui avaient répugné à admettre les mots : *Vu la vacance du pouvoir*, s'offensaient de ce qu'on eût introduit dans le projet le mot *régence*. « Si le mot est maintenu, disaient-ils, nous voterons la motion de M. Thiers. »

Il se forma dans la salle des conférences un cercle au milieu duquel on enferma la plupart des ministres. On leur proposa d'effacer le mot *régence*. M. Jules Brame, le premier, consentit à ce que ce mot fût rayé; M. Busson-Billault vint ensuite; M. Jérôme David reconnut à son tour qu'en présence d'aussi nombreuses réclamations, il n'y avait aucune honte à céder. M. Clément Duvernois fut dépêché auprès de l'impératrice, pour la prévenir de la modification qui était apportée à la proposition adoptée au conseil, et pour lui demander son assentiment L'impératrice ne fit aucune opposition. Elle consentit à ce changement sans se rendre compte qu'il impliquait l'abrogation de la régence.

On a pu dire avec juste raison que c'étaient les ministres qui avaient supprimé la régence de leurs propres mains.

Bien que les circonstances ne fussent plus les mêmes et que le courant eût véritablement changé, M. Buffet n'avait point abandonné sa combinaison. Dès qu'il eut connaissance de la proposition du général de Palikao, il se rendit aux Tuileries, accompagné de MM. Daru, Dupuy de Lôme, Kolb-Bernard, Genton, de Pierres et d'Ayguesvives. Admis en présence de l'impératrice, il lui développa sa proposition, qui se résumait ainsi :

« Une commission de gouvernement est instituée par le Corps législatif, sur l'invitation de la régente qui lui abandonne tous ses pouvoirs.

« Cet arrangement, en pourvoyant aux nécessités actuelles, ne préjuge en aucune façon la décision ultérieure du pays. »

L'impératrice fit à M. Buffet une réponse qui mérite d'être enregistrée, d'abord parce qu'elle exprimait des sentiments véritablement généreux et patriotiques, mais surtout parce qu'elle indique quelle était au fond son opinion sur les solutions diverses qui étaient proposées pour remédier à la situation :

« Ce que vous me proposez, Messieurs, réserve, dites-vous, l'avenir, mais à la condition que j'abandonne, à l'heure du plus grand péril le poste qui m'est confié ; je ne le puis, je ne dois pas y consentir. L'avenir est aujourd'hui ce qui me préoccupe le moins, non pas assurément l'avenir de la France, mais l'avenir de la dynastie. Croyez-moi, Messieurs, les épreuves que je viens de subir ont été tellement douloureuses, tellement horribles, que, dans ce moment, la pensée de conserver cette couronne à l'empereur et à mon fils me touche très peu. Mon unique soin, ma seule ambition est de remplir dans toute leur étendue les devoirs qui me sont imposés. Si vous croyez, si le Corps législatif croit que je sois un obstacle, et non une force, pour dominer la situation et organiser la résistance, que l'on prononce la déchéance; je ne me plaindrai pas. Je pourrai même quitter mon poste avec honneur, je ne l'aurai pas déserté. Mais je suis convaincue que la seule conduite sensée, patriotique, pour les représentants du pays, serait de se rallier autour de moi, autour de mon gouvernement, de laisser de côté, quant à présent, toutes les questions intérieures, et d'unir étroitement nos efforts pour repousser l'invasion. »

M. Daru fit observer à l'impératrice qu'elle n'avait reçu que des attributions restreintes, insuffisantes : « Elles ne vous permettent pas, dit-il, de faire face aux nécessités d'une crise aussi formidable que celle que nous traversons. Vous ne pouvez même pas nommer un ministre de votre seule autorité. Vos pouvoirs ne vous permettent pas d'agir, de défendre le pays. Si, de bonne grâce, vous consentez à vous entendre avec le Corps législatif, vous donnerez le moyen de faire régulièrement ce qui sans cela se fera peut-être irrégulièrement. »

L'impératrice finit par consentir, mais à la condition que son cabinet serait consulté. « Si mes ministres, dit-elle, sont d'accord sur les mesures à prendre et que vous me proposez, l'obstacle ne viendra pas de moi. Parlez-en au comte de Palikao; s'il adhère, j'adhérerai. »

Quand M. Buffet et ses collègues furent de retour au Corps législatif, la séance était interrompue; les députés s'étaient retirés dans leurs bureaux. Il était trop tard pour conférer avec les ministres sur l'utilité d'un message qui serait adressé aux députés par l'impératrice.

A bien prendre les choses, cette idée d'un message était une puérilité, une de ces subtilités de procédure comme en a enfanté souvent le cerveau un peu trouble de M. Buffet. Est-ce que l'impératrice, qui n'exerçait la régence qu'à des conditions fort restreintes, avait le pouvoir de la déléguer au Corps législatif, de délier les députés du serment qu'ils avaient prêté à l'empereur et à la constitution, et de donner, par une simple démarche, une sorte de consécration à la révolution parlementaire dont on lui proposait d'être la promotrice? Ce sont là des illusions comme en ont souvent les hommes qui ont passé une grande partie de leur existence dans les assemblées délibérantes. En somme, la proposition de M. Buffet ne différait pas sensiblement, comme je l'ai dit, de la proposition de M. Thiers; c'était la proposition de M. Thiers consentie par l'impératrice.

Il s'était passé au cours de la séance un incident qui a une grande valeur. Quand M. Thiers avait donné lecture de sa proposition, le ministre de la guerre avait demandé la parole : « Je n'ai, avait-il déclaré, qu'un mot à dire, c'est que le gouvernement accepte parfaitement que le pays soit consulté aussitôt que nous serons sortis de la crise. » C'était proclamer que tout ce qui existait en ce moment n'avait plus qu'un caractère précaire et provisoire.

Plus tard, M. Jules Brame, appelé à déposer devant la commission d'enquête sur le 4 septembre, a avoué que le ministère était « prêt à admettre la proposition de M. Thiers ». Cet aveu, qu'il a renouvelé devant moi dans une conversation que j'ai eue avec lui peu de temps avant sa mort, explique la déclaration du général de Palikao. Sans admettre encore la proposition de M. Thiers, le ministre de la guerre cherchait à s'en rapprocher le plus possible, afin d'esquiver le coup dont il voyait la régence menacée. A ce moment, il était disposé à renoncer à cette lieutenance générale dont le conseil avait voulu l'investir ; il avait compris que, à part quelques membres de l'extrême droite, la majorité répugnait à lui confier ces fonctions presque dictatoriales. Il sentait la France se dérober sous lui, et il comprenait que ce qu'il avait cru possible à midi devenait irréalisable au fur à mesure que les heures s'avançaient.

Pendant que les commissions délibéraient sur les différentes propositions soumises à l'examen de la Chambre, l'enceinte du Palais législatif fut envahie. Au milieu de l'effroyable tumulte qui suivit cette invasion, M. Gambetta monta à la tribune et donna lecture de la déclaration suivante :

Attendu que la patrie est en danger;

Attendu que tout le temps nécessaire a été donné à la représentation nationale pour prononcer la déchéance;

Attendu que nous sommes et que nous constituons le pouvoir régulier élu du suffrage universel;

Nous déclarons que Louis-Napoléon Bonaparte et sa dynastie ont à jamais cessé de régner sur la France.

Puis, sur l'invitation de Jules Favre, la foule se précipita vers l'Hôtel de Ville pour y constituer un gouvernement provisoire.

Les débris du Corps législatif rassemblés dans la salle à manger de la présidence allaient donner une sorte de sanction à cette déclaration brutale de déchéance. Deux cents membres ou à peu près avaient trouvé le moyen de s'y rendre et d'y tenir séance sous la présidence de M. Alfred Leroux. M. Martel, rapporteur de la commission chargée d'examiner les propositions dont l'urgence avait été déclarée, donna lecture de son rapport. C'était la proposition de M. Thiers qui avait obtenu le plus grand nombre de suffrages. Toutefois, la commission avait cru devoir lui faire subir quelques modifications : elle y avait notamment ajouté deux paragraphes. Voici quelle était la proposition modifiée :

Vu les circonstances,

La Chambre nomme une commission de gouvernement et de défense nationale.

Cette commission est composée de cinq membres choisis par le Corps législatif. Elle nommera les ministres.

Dès que les circonstances le permettront, la nation sera appelée par une Assemblée constituante à se prononcer sur la forme du gouvernement.

La discussion qui eut lieu sur ce texte fut, à ce qu'on m'a rapporté, fort courte. M. Thiers reconnut avoir modifié la proposition lue par lui aux députés de la gauche pour obtenir un plus grand nombre d'adhérents; mais il déclara revenir à sa première formule : *Vu la vacance du trône.* M. Dréolle, membre de la droite et ami de M. Rouher, se chargea de lever les derniers scrupules qui pouvaient exister encore dans la conscience de ses collègues.

« Messieurs, dit-il, je crois que nul ici ne peut se dire plus impérialiste que moi. Il y a deux heures, j'aurais combattu avec énergie la proposition qui déclarait la vacance des pouvoirs. C'était la déchéance, et je n'aurais pas voté la déchéance de l'Empire. Mais à l'heure présente, ce n'est plus une question de conscience qui est posée, c'est malheureusement une question de fait. Y a-t-il réellement vacance des pouvoirs? L'empereur est prisonnier à Sedan, le prince impérial est réfugié à l'étranger, et notre honorable collègue, M. Estancelin, est venu nous apprendre, dernière douleur pour moi, que l'impératrice avait quitté les Tuileries. Eh bien! Messieurs, le chef de l'État et la régence n'étant plus représentés, il y a vacance des pouvoirs, et c'est au Corps législatif, le second pouvoir issu du suffrage universel, qu'il appartient de s'emparer de la direction des affaires. Il y a urgence qu'il le fasse, car, encore quelques heures, et il aura contre lui un pouvoir issu de l'émeute, de l'insurrection. Après avoir vu violer son enceinte, il peut voir violer son autorité. Je le dis donc, Messieurs, à tous nos amis, à tous ceux qui, comme moi, eussent repoussé cette proposition de déchéance; il y a un fait qui domine, qui paralyse toutes nos convictions, tous nos dévouements, c'est la vacance du pouvoir. Je les conjure de voter, de voter vite, et moi, je le déclare bien haut, comme impérialiste, et sous la réserve de l'avenir, que nous pouvons sauver par une prompte décision, je vote la proposition de M. Thiers. »

« Les paroles de M. Dréolle sont très sages, s'écria M. Thiers, et sa conduite décide le vote. »

Et, en effet, la proposition lue d'une voix forte par M. Dréolle lui-même fut votée à l'unanimité moins cinq ou six voix.

Ce fut donc un des impérialistes les plus convaincus qui détermina le vote qui donnait au renversement de l'Empire un semblant de légalité.

Eut-il tort? eut-il raison? Il est plus facile de poser de pareilles questions que de les résoudre, parce que les éléments sur lesquels le raisonnement pourrait s'appuyer font défaut. Les révolutions constituent une des forces de la nature, et si l'on admet l'homme assez courageux pour essayer de lutter contre la tempête, qui oserait blâmer celui que la foudre abat ou qu'elle fait ployer?

Le 4 septembre, je le répète, par suite de la captivité de l'empereur, on était dans une situation révolutionnaire. De quelque côté qu'on se tournât, de quelque manière qu'on s'y prît, on se trouvait acculé à un coup d'État.

La régence ne pouvait conserver ses pouvoirs et les étendre sans faire un coup d'État.

C'était un coup d'État que de proclamer que le Corps législatif serait désormais investi de tous les pouvoirs et qu'il avait le droit de constituer une commission de gouvernement.

C'était un coup d'État que de proclamer la déchéance de la dynastie établie par un double plébiscite et ne relevant que du peuple seul.

Le principal organe du gouvernement ayant disparu, il n'y avait plus de légalité possible.

Vouloir conserver le nom et les apparences d'un

régime, tout en en détruisant les conditions fondamentales et en lui substituant une sorte de provisoire anonyme, c'était poursuivre une chimère. On ne tarda pas à s'en apercevoir. La logique reprit ses droits, et sans le vouloir, sans même le savoir, on se trouva amené à l'abdication de la régence de l'Empire, et de là à la déchéance.

ÉPILOGUE

EXTRAIT DE MES CARNETS

Paris, 4 Septembre 1871.

L'avènement de M. Thiers à la présidence de la République n'a rien que de parfaitement logique, et les braves gens qui s'en étonnent ou qui s'en indignent ne comprennent rien aux choses de ce monde.

L'héritier d'un gouvernement qui tombe, c'est celui qui a amené sa chute. Or, qui a renversé l'Empire? M. Thiers. Qui a renversé le gouvernement de la défense nationale? M. Thiers. Le comte de Chambord et le comte de Paris se sont vainement agités pour ramasser le pouvoir tombé par terre. Comme ils n'avaient pas été à la peine, l'opinion publique leur a dénié le droit d'être à l'honneur. On a trouvé au contraire très simple que la suprême magistrature du pays fût décernée à M. Thiers.

On aura beau ergoter sur le pouvoir constituant de l'Assemblée nationale, sur l'intrigue parlementaire qui a inspiré la proposition Rivet, sur les misères de la situation, sur la pauvreté des raisons données en faveur de la quasi-constitution qui vient d'être votée. Il y a dans tout ce qu'on dit un fonds de vérité, mais rien qui touche à la question. Si l'on avait procédé avec plus de régularité, le résultat eût été le même. Au point de vue des données inflexibles de la raison d'État, la seule règle qui gouverne les choses de la politique, M. Thiers était le successeur désigné de Napoléon III.

M. Thiers n'a pas pris part matériellement à la révolution du 4 septembre; mais il l'a préparée, et il l'a rendue possible. Depuis sa rentrée sur la scène politique, en 1863, il n'a eu qu'une préoccupation : se poser en antagoniste de l'empereur et détruire le régime inauguré en 1852. Un moment on a pu croire qu'à force de jouer le jeu de M. Thiers, Napoléon III finirait par le battre; après le 2 janvier 1870, M. Thiers lui-même s'avouait vaincu. Malheureusement pour lui, Napoléon III commit deux fautes capitales : le jour où il inaugurait le régime parlementaire, il choisit M. Émile Ollivier, au lieu d'appeler M. Thiers ou les hommes de M. Thiers. En second lieu, à la veille du plébiscite, il rompit avec M. Thiers et écarta du pouvoir ses amis et ses partisans. Ce fut dès lors entre M. Thiers et l'empereur le signal d'une guerre à mort.

Le 4 septembre, M. Thiers, ennemi des moyens violents et amoureux de la légalité, aurait voulu que la révolution se fît par la Chambre. Au fond, il acquiesçait à ce que la déchéance de l'Empire fût prononcée et à ce qu'un gouvernement provisoire fût constitué. Il refusa de faire partie du gouvernement proclamé à l'Hôtel de Ville ; il se contenta de conseiller à la Chambre d'accepter les faits accomplis. M. Thiers avait si bien l'oreille de la majorité qu'elle se soumit immédiatement. M. Thiers a ainsi donné à la révolution du 4 septembre une sorte de sanction morale.

Après Sedan, on ne pouvait plus faire qu'une guerre de désespoir. Il n'y avait plus d'armée ; le siège de Paris dans ces conditions ne pouvait être, comme on l'a dit, qu'une héroïque folie. La guerre à outrance devait achever notre défaite et compléter notre ruine. M. Thiers avait compris tout cela. Aussi accepta-t-il un rôle qui devait faire de lui la personnification de la paix. Il entreprit ce fameux tour d'Europe, qui n'amena aucun résultat si ce n'est de bien établir l'état d'isolement dans lequel se trouvait la France, mais qui constitua à M. Thiers, au point de vue du patriotisme, une situation hors ligne. Cette situation grandit encore quand, de retour de ce voyage diplomatique, M. Thiers se trouva à Tours et à Bordeaux en présence de Gambetta. Quoique n'ayant aucune position officielle, il s'occupa à contre-balancer et à contrecarrer la politique du dictateur, en groupant autour de lui toutes les influences qui, à un moment donné, pouvaient rendre la paix possible.

Au mois d'octobre 1870, la paix pouvait être signée, si le gouvernement de la défense nationale avait compris que son rôle était fini. Mais au lieu de se résigner à la fatalité de leur situation, les membres du gouvernement profitent de l'échauffourée ridicule du 31 octobre pour se faire donner par la population de Paris un bill d'indemnité. Forts de l'adhésion qu'ils ont obtenue, ils rejettent avec mépris l'armistice sans ravitaillement qui leur était proposé et qui était cependant une condition de salut. Dans les pourparlers engagés pour l'armistice, M. Thiers se place fort habilement au second plan, et quand l'armistice est repoussé, il décline avec beaucoup d'adresse la responsabilité du refus. Du rapport qu'il publia à cette occasion, il ressort clairement que M. Thiers a voulu la paix et que, si la guerre continue, il faut en accuser Trochu et Jules Favre.

La dictature de Gambetta s'accentue de plus en plus. Les conseils municipaux sont dissous, puis les conseils généraux. Tout le parti conservateur et libéral proteste. M. Thiers se place à sa tête et mêle sa voix aux observations qui s'élèvent de toutes parts. Devenu ainsi le défenseur des libertés municipales et départementales, M. Thiers, déjà désigné comme l'homme de la paix, est de plus en plus signalé comme étant le seul homme capable de mettre fin à la déplorable anarchie qui s'est superposée à la guerre étrangère.

Arrive le moment suprême où Paris, épuisé et affamé, est acculé à une capitulation depuis longtemps prévue. Si l'ennemi veut profiter de la victoire, il peut, suivant le mot du prince Frédéric-Charles, *aller partout*. Qui se présente pour limiter le désastre? M. Thiers. Avec son habileté ordinaire, il laisse à Jules Favre la tâche humiliante de régler les préliminaires de paix. Il veut bien être l'arbitre entre M. de Bismarck et le gouvernement de la défense nationale; mais c'est sur le gouvernement de la défense nationale que portera, aux yeux de la nation, le poids de ce traité qui nous enlève deux provinces et nous arrache cinq milliards. A lui le beau rôle; aux autres les démarches ingrates et compromettantes.

Viennent les élections, et l'on aura ce spectacle inouï d'un citoyen porté dans un grand nombre de départements et élu par 26 collèges. La France avait soif de paix, et le nom de M. Thiers était synonyme de paix. Peu importent les conditions auxquelles la paix est obtenue. On sait que, depuis trois mois, M. Thiers est l'adversaire de la résistance à outrance, et cela suffit; personne ne songe à lui en vouloir des charges écrasantes imposées par l'ennemi et à lui reprocher la perte de deux provinces.

Après la signature des préliminaires de paix, il y a un moment de défaillance dans le gouvernement. A force de ne voir que la province, on perd de vue Paris, Paris qui a supporté cinq mois de siège et qui a subi l'occupation dégradante des Prussiens. M. Thiers a manqué certainement de prévision entre le 28 janvier et le 18 mars. Il n'a pas suffisamment insisté pour que l'Assemblée vînt siéger à Paris. De là l'insurrection du 18 mars et le règne de la Commune.

Sans doute, il y a lieu d'en vouloir à M. Thiers d'avoir mis un peu trop de lenteur dans la répression. Il a pour excuse l'état de désorganisation dans lequel se trouvait l'armée. Par contre, il a déployé une grande activité pour former une armée nouvelle, aussitôt que les pourparlers avec M. de Bismarck le lui ont permis. L'insurrection a été vaincue, et M. Thiers peut revendiquer la plus grande part dans la victoire.

Enfin, au milieu des partis qui divisent les assemblées, M. Thiers s'est toujours posé en modérateur. Prenant part à toutes les intrigues, et n'en laissant réussir aucune, parce que, après tout, il tient à conserver la situation que les événements lui ont faite, il était l'homme non pas indispensable, mais inévitable. En lui décernant la magistrature suprême, il n'est pas un parti qui ne l'ait considéré comme sauvegardant l'avenir. M. Thiers est un coussin accepté par tout le monde pour amortir les chocs.

M. Thiers est-il à la hauteur de la fortune qu'il s'est taillée dans nos désastres? C'est ce que le temps nous apprendra. Une seule chose qui soit en ce moment indéniable, c'est qu'il était impossible, étant données les circonstances, que le pouvoir ne tombât pas entre ses mains. . . . .

. . . .

FIN

APPENDICE

NOTES EXPLICATIVES

I

L'IMPÉRATRICE A-T-ELLE CONNU LA MALADIE DE L'EMPEREUR?

L'impératrice a-t-elle connu la maladie de l'empereur? Je ne puis me dispenser d'aborder ce sujet délicat; mais je déclare que je ne le fais qu'avec une profonde répugnance. Je tâcherai, tout en recherchant la vérité, de me maintenir dans une respectueuse réserve.

Dans la conversation que j'ai eue avec lui au mois de mars 1886, conversation à laquelle je fais allusion plus haut, le docteur Germain Sée m'a assuré que l'impératrice n'avait eu communication de la consultation du 1er juillet que quelques mois avant la mort de l'empereur. Ce serait à la suite de cette communication qu'on aurait fait appeler les médecins anglais qui auraient, après une exploration, confirmé l'existence d'un calcul vésical de formation très ancienne.

Mme Carette, dans ses *Souvenirs intimes de la cour des Tuileries*, reporte à une autre date le moment où l'impératrice fut instruite de la vérité.

S'il faut en croire Mme Carette, c'est « à la prière de Mme la duchesse de Mouchy de voir le docteur Sée, que l'Impératrice avait décidé l'empereur de demander une consultation des premiers médecins de Paris ».

« Vers le milieu de décembre 1870, poursuit-elle, la duchesse de Mouchy vint passer une après-midi à Cambden. L'impératrice était profondément affectée, sous le coup des lettres de l'empereur qui était souffrant à Wilhemshohe. Sachant combien l'empereur était sensible au froid, Sa Majesté se demandait si le dur climat de cette résidence n'était pas nuisible et si elle ne devrait pas, malgré ses répugnances, demander au roi de Prusse que l'empereur pût habiter un climat plus doux.

« La duchesse de Mouchy croyait l'impératrice instruite de tout. Elle supposait que Sa Majesté, habituellement très confiante, ne lui avait jamais parlé de la maladie de l'empereur par suite d'une réserve intime.

« — Mais, ma tante, dit-elle, le climat n'y fait rien. Dans l'état où est l'empereur, c'est une opération qu'il faut, et le plus promptement possible. C'est l'avis de tous les médecins.

« L'impératrice fut frappée de stupeur. Elle demanda des détails.

« — Alors l'empereur est perdu! dit-elle. Comment m'a-t-on caché une chose pareille? »

Ce récit infirmerait la réponse faite au prince Napoléon par le docteur Conneau, que « la consultation avait été communiquée *à qui de droit et en temps utile* ». Cependant il y a un témoignage qui vient à l'appui de cette réponse du docteur Conneau, c'est celui de M. le comte de La Chapelle.

M. le comte de La Chapelle a été à Londres le collaborateur de Napoléon III; il a publié et il a même signé plusieurs écrits sortis de la plume de l'empereur. Au dire de personnes bien informées, ce publiciste possédait toute la confiance de l'empereur dans les dernières années de sa vie, et celui-ci a dû lui faire connaître bien des choses secrètes. M. le comte de La Chapelle m'écrivait, au mois de janvier 1888 :

« Bien avant l'incident Hohenzollern, on savait d'une manière certaine jusqu'à quel point le souverain était atteint. Lui seul avait été laissé dans l'ignorance de son triste état. S'il était nécessaire de donner les preuves de ce que j'avance, je serais à même de le faire et je me rappelle parfaitement les paroles prononcées par le docteur Conneau en ma présence au moment où l'empereur venait d'expirer : « Que n'a-t-on pas écouté le docteur Sée? L'opération eut été faite avec succès, il y a trois ans de cela? Mais on n'a pas voulu! »

Cet aveu du docteur Conneau confirme ce que m'avait dit le docteur Sée : « Notre consultation fournit la preuve que l'empereur avait tous les organes parfaitement sains. A part la lésion dans la vessie, on n'avait découvert chez lui aucune lésion morbide. J'en conclus que si l'opération s'était effectuée en temps utile, et surtout si on y avait procédé avec moins de précipitation que n'en ont mis les praticiens anglais, la réussite eût été complète, et l'empereur aurait recouvré immédiatement la santé. »

Ce qui a rendu si difficile jusqu'ici d'admettre la complète ignorance de l'impératrice, c'est, d'une part, la correspondance qu'elle a échangée avec M. Franceschini Piétri au lendemain de la double défaite de Forbach et de Wœrth ; c'est, d'autre part, la conversation qu'elle a eue avec M. Maurice Richard. M. Franceschini Piétri lui a dit en termes très nets que « l'état de l'empereur l'empêchait de suivre la campagne ». M. Maurice Richard lui a tenu le même langage. « J'ai averti l'impératrice, m'a-t-il dit souvent. Je lui ai dit ce que j'avais vu. Elle n'a pas voulu m'écouter. Elle a persisté à vouloir que l'empereur restât à l'armée. »

Il y a du reste une observation qui a été faite bien souvent et à laquelle aucune réponse décisive n'a jamais été opposée. C'est l'impératrice qui a provoqué la consultation du 1er juillet. Il serait bien étrange qu'elle eût négligé de s'enquérir de ses résultats, et que les conclusions des médecins consultants ne fussent arrivés à sa connaissance que par hasard et quand il n'était plus temps de parer au mal.

Je ne suis pas de ces esprits qui cherchent des explications dans des calculs plus ou moins machiavéliques. Mais je ne puis me dispenser de déclarer qu'à mon sens, une grande négligence a été commise. Elle a eu des conséquences terribles, dont la France ressent encore et ressentira longtemps les contre-coups. Ceux-là qui s'en sont rendus coupables ont dû trouver leur punition dans les reproches de leur conscience, en attendant le jugement de la postérité qui leur infligera le juste châtiment qu'ils ont mérité.

II

LES CONFESSIONS DE M. DE BISMARCK

Quand M. Geffcken se décida à publier, dans le *Rundschau*, la partie du *Tagebuch* de l'empereur Frédéric III qui avait rapport à la guerre de 1870, M. de Bismarck éprouva une vive contrariété qui se traduisit par de grands éclats de colère. Il y avait de quoi : ce document attribuait tous les fruits de la campagne, — la réunion à l'Allemagne de l'Alsace et de la Lorraine et la fondation de l'empire allemand, — à l'influence et aux efforts de celui qui était alors le krönprinz.

Cette prétention avait paru à M. de Bismarck une diminution de sa gloire ; il avait en outre craint que les révélations contenues dans le journal du père de l'empereur Guillaume II ne produisissent sur celui-ci un effet fâcheux et n'obscurcissent à ses yeux la valeur des services qui avaient fait son importance.

On a donc vu paraître, sous la forme d'un rapport solennel adressé à l'empereur, une réfutation en règle de l'extrait des *Mémoires* de Frédéric III. On a prétendu que c'était l'impératrice Victoria, la veuve de l'empereur défunt, qui avait encouragé M. Geffeken à publier ces notes journalières. C'est sans doute ce qui avait déterminé l'irascible chancelier à donner à sa réplique la forme d'un document officiel.

Dans cette pièce, M. de Bismarck a essayé de jeter des doutes sur l'authenticité du *Tagebuch* du krönprinz. Cela ne l'a pas empêché d'opposer des dénégations passionnées aux affirmations positives contenues dans ces mémoires écrits au jour le jour. Malgré tous ces efforts, il a réussi uniquement à prouver que, dès l'année 1870, il régnait, entre le chancelier de l'Allemagne du Nord et le prince royal de Prusse, des dissentiments profonds sur tous les points de la politique intérieure et extérieure.

Ce rapport a mis en relief tout un côté du caractère de M. de Bismarck qui avait été jusque-là tenu dans l'ombre. On lui avait fait la réputation d'un homme d'État qui ne sait rien cacher de ce qu'il pense ou de ce qu'il projette, et qui pousse la franchise jusqu'à la brutalité. Et voilà qu'on découvre qu'il sait au besoin faire usage de cette dissimulation que Louis XI considérait comme la condition de toute politique sérieuse.

Sous la date du 13 juillet 1870, on lit dans le Journal du prince royal de Prusse :

> Long entretien avec Bismarck. Il a reçu le 12, très tard, de Madrid, la nouvelle de la renonciation du prince Léopold. Il regarde la paix comme assurée. Il veut retourner à Varzin. Il est surpris de la tournure que prennent les événements à Paris.

M. de Bismarck écrit dans son rapport :

> Dès les premières lignes, il est dit que, le 13 juillet 1870, je tenais la paix pour assurée et voulais retourner à Varzin. Des documents établissent au contraire que Son Altesse Royale savait déjà alors que je considérais la guerre comme nécessaire et que je ne savais pouvoir retourner à Varzin qu'en donnant ma démission. Les documents prouvent que Son Altesse Royale était d'accord avec moi sur ce point.

Il y a ici un artifice de rédaction sur lequel j'appelle toute l'attention du lecteur. M. de Bismarck ne nie point d'une façon positive qu'il ait tenu au prince royal le langage que celui-ci lui attribue dans son journal ; il dit seulement que des documents prouvent qu'il professait des sentiments contraires. En un mot, quand il parlait au prince, il lui déguisait tout à la fois sa pensée et ses intentions.

Il était en effet bien difficile à M. de Bismarck de prétendre qu'il n'eût point tenu les propos qui lui étaient imputés. Il y avait une dépêche télégraphique, dictée par le chancelier à la *Correspondance provinciale*, qui lui interdisait toute dénégation absolue.

Voici cette dépêche, qu'on peut retrouver dans tous les journaux du temps :

Berlin, 13 juillet, 3 h. 12 soir.

M. de Bismarck est arrivé ici hier. Il s'est entretenu immédiatement avec le ministre de l'intérieur et avec le ministre de la guerre. Il se proposait aujourd'hui de poursuivre son voyage et de se rendre à Ems. Mais après avoir reçu hier un télégramme de Paris portant que M. de Olosaga avait officiellement annoncé la renonciation du prince de Hohenzollern à la candidature au trône d'Espagne, M. de Bismarck, en présence du changement intervenu dans la situation, a renoncé à son projet. En conséquence, il se propose de retourner aujourd'hui à Varzin.

Entre ce télégramme et le passage du Journal du prince royal qui porte la date du 13 juillet, il y a identité presque absolue. C'est le décalque du discours que M. de Bismarck a tenu au prince Frédéric.

Mais les documents, dont l'ex-chancelier invoque le témoignage prouvent qu'en effet il reconnaissait la guerre comme nécessaire, et qu'en présence de la paix rendue possible par la renonciation du prince de Hohenzollern, il employait tous ses efforts pour rendre inévitable la lutte entre les deux nations.

Il usait de dissimulation vis-à-vis du prince royal, et, par son télégramme, il cherchait à donner le change à l'opinion publique.

Pendant toute la durée des négociations poursuivies à Ems, M. de Bismarck avait feint de se tenir tranquille à Varzin où, aidé de M. de Kendell, il expédiait les affaires courantes. Tout à coup, le 12, il quitte sa retraite et il arrive à Berlin. C'est qu'il savait, à n'en pas douter, que la renonciation du prince de Hohenzollern allait être rendue publique, et qu'il voulait juger par lui-même de l'effet que cet incident pouvait produire sur l'opinion. Du premier coup d'œil, il vit que, de quelque façon qu'on l'interprétât, cet événement diplomatique était un succès pour la France et un échec pour la Prusse, et il chercha un moyen de raviver le conflit.

Ses véritables sentiments qu'il cachait au prince royal, probablement parce que, comme il l'avoue cyniquement dans son rapport, celui-ci « devait être tenu en dehors de toute négociation d'affaires », il les exposait sans ambages à lord Loftus, l'ambassadeur d'Angleterre à Berlin. Lord Loftus, étant venu le féliciter de la renonciation du prince de Hohenzollern, le chancelier lui exprima le doute que cette solution pût aplanir le différend avec la France.

« Après ce qui vient d'arriver, dit-il à son interlocuteur, nous devons exiger quelque assurance, « quelque garantie qui nous prémunisse contre une « soudaine attaque. Il faut savoir si les difficultés « espagnoles une fois écartées, il n'existe pas encore quelque dessein mystérieux qui puisse éclater « comme un coup de foudre. »

Puis il ajouta :

« Si on ne me donne pas une explication suffisante du langage menaçant tenu par le duc de « Gramont, le gouvernement serait obligé d'exiger « une satisfaction de la France. Il est impossible « que la Prusse puisse rester tranquille et pacifique, « après l'affront fait au roi et à la nation par le « langage menaçant du gouvernement français. Je « ne pourrais pas entretenir de rapports avec l'ambassadeur de France, après le langage tenu par le « ministre des affaires étrangères de France. »

Lord Loftus ne se méprenait pas sur les véritables sentiments de M. de Bismarck, car après avoir rapporté cet entretien, il terminait sa dépêche par ces mots :

« Il est évident pour moi que le comte de Bismarck et le ministère prussien regrettent l'attitude et les dispositions du roi à l'égard du comte Benedetti et qu'en vue de l'opinion publique en Allemagne, ils sentent la nécessité de prendre quelques mesures décisives pour sauvegarder l'honneur de la nation.

Ce qu'il venait de dire à lord Loftus, M. de Bismarck le télégraphiait au roi; il lui mandait « que « son extrême modération avait produit dans toute « la Prusse une indignation générale; que de di« verses villes de l'Allemagne du Nord, il arrivait « des dépêches exprimant une forte désapprobation « de son attitude courtoise. »

M. de Bismarck a souvent eu la bonne fortune de rencontrer, sur son chemin, des esprits brouillons et maladroits qui lui ont fourni les moyens de mettre ses méchants desseins à exécution, tout en lui donnant les apparences d'avoir le bon droit de son côté. Le maladroit en cette circonstance, ce fut le duc de Gramont. Nous avons rapporté précédemment l'histoire de cette demande de garantie, qui blessa si profondément le roi de Prusse. On sait qu'à cette première maladresse, notre ministre des affaires étrangères en avait ajouté une seconde: celle de dicter à M. de Werther la copie d'une lettre que le roi Guillaume Ier devait écrire à Napoléon III et qui fut considérée à Ems et à Berlin comme une lettre d'excuses. Voilà comment il se fit que notre ambassadeur ne fut pas reçu par le roi et que les négociations se trouvèrent brusquement interrompues.

Il est inutile d'insister. On prend ici M. de Bismarck en flagrant délit de duplicité : le matin, il déclarait au prince royal qu'il considérait la paix comme assurée, et, le soir, il mettait le feu aux poudres par la publication dans les journaux officieux et l'envoi aux représentants de l'Allemagne d'un télégramme offensant pour l'honneur et la dignité de la France.

Toutes ces mauvaises actions, M. de Bismarck les a longtemps niées. Il les nie encore de temps à autre, pour les besoins de la cause. C'est ainsi que, dans une conversation qu'il a eue au mois de mai 1890, avec un publiciste français, M. Henry des Houx, il a dit en parlant de la guerre de 1870 : « Cette guerre, qui nous était nécessaire, à la- « quelle était attaché notre repos, nous l'avons « évitée, autant qu'il nous a été possible. Sou- « venez-vous de la renonciation du prince de Ho- « henzollern. »

C'est que pendant longtemps l'ex-chancelier a eu intérêt à faire porter sur la France toute la responsabilité de la guerre. Il poussait la susceptibilité si loin sur ce point que lord Loftus ayant raconté à lord Granville la conversation que je rapporte plus haut et la dépêche ayant été livrée à la publicité, il fut impossible à lord Loftus de se maintenir à Berlin ; il fut envoyé à Saint-Pétersbourg.

Depuis que la prépondérance de l'empire allemand paraît assurée, M. de Bismarck revendique hautement une initiative qu'il avait jusque-là constamment repoussée. Déjà, comme on l'a vu, l'historiographe intime des *Propos de table* de *Notre chancelier*, M. Martin Busch, avait révélé comment avait été fabriqué le faux télégramme qui a amené la guerre. Et, pour le dire en passant, ce fidèle *famulus* a montré par là quel cas il faut faire des allégations de son maître.

A présent c'est M. de Bismarck lui-même qui déclare que, dès le 13 juillet 1870, il considérait la guerre comme nécessaire, et que si elle n'avait pas été déclarée, il serait retourné à Varzin après avoir donné sa démission.

Ainsi, depuis 1870, l'Europe aurait été la dupe d'une supercherie, et la France porterait la peine d'une provocation dont elle ne s'est pas rendue coupable.

Est-ce à dire que, de notre côté, aucune faute n'ait été commise et que nous ayons su profiter des avantages que nous offrait la fortune ?

Après la renonciation du prince de Hohenzollern et l'approbation que le roi de Prusse laissait entrevoir, toute cause de conflit avait disparu. C'est ce qu'avait compris M. Émile Ollivier, quand, au reçu de la dépêche que lui avait communiquée M. de Olozaga, il avait dit hautement dans les couloirs du Corps législatif : « L'incident est terminé ! c'est la paix ! » Ses collègues du ministère, les Louvet, les Segris, les Plichon, partageaient ses sentiments ; ils étaient d'avis que la résolution prise par le prince Antoine faisait cesser toute menace de guerre.

Le maréchal Le Bœuf, semble-t-il, était dans la même croyance. L'intendant général Blondeau a cité devant une commission d'enquête un trait bien caractéristique. Il avait été autorisé le 10 juillet, en vue des préparatifs militaires, à dépasser d'un million les crédits alloués au budget de la guerre pour les services administratifs. « Lorsque, dit-il, la renonciation fut connue, le ministre me fit appeler et me dit : — Vous me rendrez bien mon million. — Il est dépensé, lui dis-je. — Rendez-moi au moins cinq cent mille francs. — Pas un centime ; la dépense est engagée. Ainsi le million m'était accordé le 10 ; le 12, on me le redemandait. » Donc le ministre de la guerre considérait tout danger de conflit comme écarté.

Un point qui est acquis, c'est que Napoléon III était dans les dispositions les plus pacifiques. M. Thiers a raconté que deux ambassadeurs des grandes puissances lui avaient assuré que l'empereur, qu'ils avaient vu dans l'après-midi du 12 juillet, leur avait dit en parlant de la nouvelle du matin : « C'est la paix ; je le regrette, car l'occasion était bonne. Mais, à tout prendre, la paix est encore le parti le plus sûr. Vous pouvez considérer l'événement comme terminé. »

Depuis le commencement des négociations, les généraux et les aides de camp de l'empereur étaient dans une situation d'esprit qui se conçoit aisément : ils se demandaient s'ils devaient remonter leurs équipages et prendre leurs dispositions en vue de la guerre. Ils dépêchèrent vers Napoléon III le général Bourbaki, qui avait le commandement de la garde impériale et dont le rôle, en cas de guerre, était désigné d'avance. Interrogé par lui le 12 juillet dans l'après-midi, l'empereur répondit : « Vous pouvez suspendre l'achat de nouveaux chevaux et vos préparatifs de campagne. On a reçu une déclaration qui me paraît la confirmation de la paix. »

Comment le parti de la guerre parvint-il de nouveau à faire prévaloir son idée? Ici encore, nous voyons apparaître l'influence néfaste du duc de Gramont.

« J'étais, a raconté M. Émile Ollivier, devant mon bureau, occupé à rédiger la déclaration conciliante, arrêtée dans le conseil après le désistement du prince de Hohenzollern, et dont je devais donner lecture à la Chambre. J'étais heureux d'avoir su conjurer un conflit qui, à un instant, paraissait imminent, lorsque le duc de Gramont entra dans mon cabinet profondément ému. Il tenait en main des documents et entre autres la dépêche télégraphique que M. de Bismarck avait expédiée à ses agents pour les informer que le roi, après avoir été insulté par notre ambassadeur, avait refusé de le recevoir.

« — C'est un soufflet, disait-il, que la Prusse applique sur la joue de la France ; je déposerai mon portefeuille plutôt que de supporter un pareil outrage. »

M. Émile Ollivier a ajouté : « Je voulais la paix. Je la poursuivais ardemment, sans relâche ; j'avais réussi à faire prévaloir la conciliation d'accord avec l'empereur, qui combattait de toute son autorité les résolutions extrêmes, et je me trouvais subitement, sous le coup d'une provocation, en face de la guerre [1]. »

Il est impossible que le lecteur ne fasse pas de lui-même un rapprochement entre le langage tenu par M. de Bismarck à lord Loftus et les paroles irritées de M. le duc de Gramont. Tous deux étaient animés des mêmes sentiments ; ils se rencontraient dans les mêmes expressions.

Après les aveux de M. de Bismarck, on aurait mauvaise grâce à nier que la guerre de 1870 soit son œuvre. Mais il faut admettre en même temps

1. Rothan. *Souvenirs diplomatiques. — L'Allemagne*, Paris, 1884, in-18. Cet entretien avec M. Émile Ollivier avait lieu à Moncalieri, près de Turin, le 5 mai 1871.

que notre obstination à insister sur des questions de forme, quand le fond nous était accordé, a fourni au chancelier l'occasion qu'il cherchait de retourner contre notre gouvernement l'échec personnel que M. le duc de Gramont employait tous ses efforts à lui infliger.

III

LA LÉGENDE DU BOUTON DE GUÊTRE

Le lendemain des obsèques du maréchal Le Bœuf, mort en juin 1888, je rencontrai M. B..., ancien magistrat, un des commensaux habituels de M. Émile Ollivier. Il m'apprit que, le dimanche précédent, il avait déjeuné rue Desbordes-Valmore, et qu'après le déjeuner, M. Émile Ollivier s'était absenté plusieurs fois pour prendre des notes dans son cabinet.

« Je veux, avait-il dit à ses invités, profiter de la circonstance pour faire la preuve de ce qu'affirmait Le Bœuf que nous étions prêts, absolument prêts. Si la guerre a mal tourné, c'est que nos troupes étaient commandées par des généraux ineptes. »

M. Émile Ollivier n'a point prononcé le discours

qu'il avait préparé et que tout le monde attendait. Il a chargé le *Figaro* d'expliquer son abstention.

M. Émile Ollivier, disait ce journal, devait parler. La foule impatiente attendait les paroles qui devaient éclaircir tant de points d'histoire. Mais M. Émile Ollivier apprit qu'une sorte de mot d'ordre avait fait comme un devoir aux officiers de se taire, et il n'a pas cru pouvoir, lui, parler d'un maréchal de France, quand aucune voix ne s'élevait devant son cercueil.

Les amis de M. Émile Ollivier ont été d'avis que là ne se trouvaient pas les véritables motifs de son silence, et qu'au fond il avait été bien aise de l'incident qui lui avait permis de se taire.

« Il est visible, me dit M. B..., qu'il lui répugne de s'expliquer en public sur les événements de 1870. »

Le maréchal Le Bœuf est donc descendu dans la tombe, accablé par la légende qui s'attache à son nom et qui fait de lui la cause immédiate de toutes nos défaites. Une chose pourtant paraît aujourd'hui démontrée, c'est que le ministre de la guerre de 1870 n'a jamais prononcé cette phrase : *Il ne nous manque pas un bouton de guêtre*, et que ces paroles grotesques doivent être renvoyées au domaine de la légende.

Mais comment cette légende s'est-elle formée? Comment le prétendu propos du maréchal Le Bœuf a-t-il pris un tel degré de consistance que de graves écrivains ont cru devoir le répéter comme un mot acquis à l'histoire?

C'est ce que j'ai été amené à rechercher à la suite de démarches faites auprès de moi par diverses personnes, pour me demander si je pouvais, au moyen de mes notes, fournir des renseignements sur ce sujet.

Le résultat de mes investigations m'a paru trop intéressant pour ne pas être porté à la connaissance du public.

Je dois d'abord déclarer que je n'ai jamais entretenu avec le maréchal Le Bœuf de relations d'aucune sorte. Après la guerre de 1870, je l'ai quelquefois rencontré chez des amis communs; jamais je n'ai échangé avec lui que de banales politesses. J'ai perdu là sans doute l'occasion d'éclaircir bien des questions restées obscures. Mais le maréchal ne paraissait pas disposé à me fournir des explications, et j'ai cru devoir respecter sa réserve.

Ce que je vais exposer est emprunté à des documents authentiques.

Au cours des discussions soulevées par la candidature du prince Léopold de Hohenzollern au trône d'Espagne, le maréchal Le Bœuf a été appelé, à trois reprises différentes, à s'expliquer sur les forces militaires dont la France pourrait disposer dans le cas où la lutte s'engagerait entre elle et la Prusse.

Le 5 juillet, à la suite de l'interpellation Cochery, l'empereur demanda au ministre de la guerre un état sommaire de la situation de l'armée. Cette note, ainsi que je l'ai montré précédemment, fut remise à l'empereur le lendemain 6 juillet, le jour où fut rédigée en conseil la fameuse déclaration lue par M. le duc de Gramont à la tribune du Corps législatif. Dans cette note, comme on l'a vu plus haut, le maréchal Le Bœuf accusait un effectif disponible de 588.000 hommes.

Le 14 juillet, le maréchal Le Bœuf fut appelé à fournir des explications plus complètes au conseil des ministres. Je n'ai pas à m'étendre sur les chiffres qu'il présenta à ses collègues ; ils ont été cités par tous les historiens de la guerre de 1870. Mais le mot qui terminait son exposé avait son importance ; nous le connaissons par les dépositions de M. le duc de Gramont et de l'amiral Rigault de Genouilly devant la commission d'enquête sur les événements du 4 septembre, et aussi par un article du *Var* du 12 février 1876 reproduisant un discours de M. Émile Ollivier à ses électeurs. Le maréchal Le Bœuf a dit « que nous étions prêts et que nous ne l'avions jamais été davantage » ; ou, suivant la version de M. Émile Ollivier, « que nous n'avions jamais été mieux prêts et que jamais l'armée française n'avait été plus redoutable ».

Le 15 juillet 1870, le maréchal Le Bœuf fut entendu par la commission chargée d'examiner les crédits nécessaires pour mettre notre armée sur le pied de guerre. Des déclarations faites par lui à ce moment décisif, nous avons deux versions ayant toutes les deux un caractère officiel. Il faut les reproduire dans toute leur littéralité, car c'est là le point de départ de la légende du bouton de guêtre.

Dans la séance du 9 août 1870 du Corps législatif, après la double défaite de Forbach et de Werth, M. Jérôme David fit entendre ce cri funeste : « La Prusse était prête, et nous ne l'étions pas ! » M. le comte de Kératry l'interrompit : « M. le ministre de la guerre, dit-il, a déclaré que nous étions prêts, absolument prêts. » Et il ajouta : « Quand M. le ministre est venu dans la commission, il a donné sa parole d'honneur que nous étions prêts, et s'il nous avait dit qu'il n'était pas prêt, nous n'eussions pas voulu voter. »

M. Dréolle, qui avait fait partie, comme M. le comte de Kératry, de la commission du 15 juillet, fut interrogé par la commission d'enquête sur les événements du 4 septembre. Voici les termes de sa déclaration :

« Je dois insister sur une question que nous posâmes devant la commission aux trois ministres : « Mais enfin, nous sommes prêts? » Et alors nous entendîmes les trois ministres, et particulièrement

M. Emile Ollivier et le maréchal Le Bœuf, dire que nous étions prêts pour la lutte, que nous n'avions rien à craindre, que nous avions huit ou dix jours d'avance sur l'ennemi, enfin qu'au point de vue militaire nous étions absolument prêts. »

Ainsi, dans ces deux déclarations, il n'est pas le moins du monde question de bouton de guêtre.

Les désastres surviennent, Sedan arrive, puis le 4 septembre. On maudit ceux qui nous ont précipités dans cette guerre fatale, mais quand on parle du maréchal Le Bœuf, on ne songe pas encore à lui reprocher un mot inepte. C'est pendant le siège de Paris, à la fin d'octobre, dans un obscur journal, *la France en Orient*, qu'on trouve pour la première fois la fameuse phrase sur le bouton de guêtre.

Voici l'article du journal *La France en Orient :*

> M. le maréchal Le Bœuf, entendu dans la commission, déclara que nous étions prêts, archi-prêts.
>
> — Mais enfin, lui objecta M. Granier de Cassagnac, qu'entendez-vous par ces mots : Nous sommes prêts?
>
> — Je veux dire, répliqua le maréchal, que, quand la guerre devrait durer un an, *nous n'aurions pas un bouton de guêtre à acheter.*

Cet article de la *France en Orient* fut reproduit par tous les journaux. Pas un ne parut en suspecter la sincérité ; cependant il suffisait d'un simple examen pour découvrir la supercherie.

M. Granier de Cassagnac est cité comme faisant partie de la commission, et c'est, en lui répondant, que le maréchal Le Bœuf aurait laissé échapper ces mots : « Nous n'aurions pas un bouton de guêtre à acheter. » Or M. Granier de Cassagnac n'était pas membre de la commission, qui se composait de MM. d'Albuféra, de Kératry, Dréolle, de Lagrange, Pinard (du Nord), Sénéca, Chadenet, Millon et de Talhouët, ce dernier rapporteur.

S'il y avait eu des paroles échangées entre M. Granier de Cassagnac et le maréchal Le Bœuf, ce dernier n'aurait pas manqué d'en faire mention dans la brochure qu'il a publiée en 1872 sous ce titre : *A chacun sa responsabilité dans nos désastres*. Or, l'ancien député du Gers ne fait aucune allusion à cette conversation, et cela pour une bonne raison, c'est qu'elle n'avait pas eu lieu.

La version de la *France en Orient* fut reproduite, avec une légère variante, par un journal qui jouissait alors d'une grande publicité. Dans son numéro du 8 décembre 1870, la *Patrie*, s'élevant contre les hommes qui nous avaient précipités dans cette guerre fatale, répéta le mot attribué au maréchal Le Bœuf. Ce journal était d'autant moins excusable qu'il avait eu le temps de s'assurer si véritablement M. Granier de Cassagnac faisait ou non partie de la commission.

A partir de ce moment, la légende du bouton de

guêtre est établie, et tous les publicistes la répètent à l'envi. La *République française* en tympanise le cerveau de ses lecteurs. M. Jérôme Pointu, dans son *Histoire de la chute du second Empire*, la reproduit avec complaisance. C'était le thème obligé de toutes les petites brochures dont on était inondé aux environs de 1874, le *Catéchisme de l'appel au peuple; La Vérité sur Sedan; Une page d'histoire*, etc., etc.

Maintenant, le maréchal Le Bœuf a-t-il eu tort de dire que nous étions prêts, quand, en réalité, nous ne l'étions pas? C'est là une question que je n'ai pas à résoudre. Je me borne à faire remarquer qu'en avril 1867, le maréchal Randon; en mars 1869, le maréchal Niel; en juin 1870, M. Thiers tenaient le même langage que le maréchal Le Bœuf: « Si nous avons la paix, s'écriait ce dernier à la veille de la candidature Hohenzollern, c'est que nous sommes prêts à faire la guerre; la chose est évidente comme la lumière. »

Qui sait si ce ne sont pas les paroles de M. Thiers qui ont accru la confiance que le maréchal Le Bœuf avait dans notre puissance militaire? Le ministre de la guerre professait en outre, comme l'a expliqué le général Lebrun, un respect profond pour les dispositions prises par le maréchal Niel, et il était persuadé qu'en suivant à la lettre ses plans et ses indications, nous ne pouvions pas manquer de devancer l'ennemi sur le champ de bataille.

Le maréchal Le Bœuf n'avait du reste pas tardé à être désabusé sur la valeur du plan de mobilisation que lui avait légué le maréchal Niel. Tout ce plan était basé sur les allégations d'un de nos attachés militaires en Prusse qui disait, dans un de ses rapports, que le gouvernement prussien avait adopté comme base de sa mobilisation le chiffre de vingt-et-un jours. Or, pendant que nous procédions à nos préparatifs, le même attaché militaire faisait savoir au ministre de la guerre que, sous le coup des événements et vu l'urgence, le délai de mobilisation avait été réduit en Allemagne à onze jours. Mais sa dépêche, datée du 15 juillet 1870, ne renfermait pas encore toute la vérité; il a été prouvé que la mobilisation prussiene n'a été ni de vingt-et-un jours, ni même de onze jours, mais bien de sept jours seulement.

Le 23 juillet 1870, le maréchal Le Bœuf reçut la visite de M. Rothan, notre ministre à Hambourg, et s'il lui restait encore quelques illusions, il dut les abandonner en présence des renseignements que lui apportait cet agent diplomatique.

J'ai eu l'occasion de rencontrer souvent M. Rothan au Palais-Royal, au cours de l'année 1870. Le prince Napoléon paraissait lui témoigner une grande confiance, et ils avaient ensemble de longues conversations. Dans les entretiens que j'ai eus avec M. Rothan, il m'est apparu comme un observateur intelligent, possédant à un très haut degré la connaissance des hommes et des choses de l'Allemagne, mais en même temps comme laissant trop voir des tendances pessimistes qui devaient ôter beaucoup de valeur à ses informations. J'ai éprouvé les mêmes impressions en lisant les notes et les souvenirs que M. Rothan a publiés. Sans doute il montre une grande perspicacité; mais il voit tout en noir, et ses notes diplomatiques ont dû souvent être mises à l'écart comme exagérant les périls de notre situation vis-à-vis de l'Allemagne.

Il eût été imprudent de dédaigner les renseignements qu'il apportait au ministre de la guerre; car il parlait de choses qu'il venait de voir.

« — Je désire, lui avait dit le maréchal Le Bœuf, que vous m'appreniez ce que vous savez sur la mobilisation et la formation des armées allemandes.

« — Il paraît notoire, répondit M. Rothan, lorsque je quittai Hambourg, que le 25 juillet toutes les réserves d'infanterie, le 27 juillet toutes les réserves de cavalerie, auront rejoint leurs corps, et que le 2 août au plus tard, l'armée toute entière serait concentrée. J'ajouterai que le ministre de Prusse à Paris, M. le baron de Werther, a annoncé à la foule, à son passage à la gare de Hanovre, qu'il était à même d'affirmer que l'Allemagne avait une forte avance, et qu'elle surprendrait l'armée française en pleine formation.

« En entendant ces mots, dit M. Rothan, les traits du maréchal Le Bœuf se contractèrent; il pâlit, s'agita anxieusement; les questions qu'il m'adressa étaient décousues; elles dénotaient un trouble profond. Il semblait réveillé et surtout sous le coup d'une nouvelle imprévue, décisive pour sa fortune. »

En quittant le ministre de la guerre, notre ministre à Hambourg alla voir M. le duc de Gramont. Il le trouva « hautain dans ses appréciations, superbe dans ses allures ». Le ministre des affaires étrangères croyait à la toute-puissance des mitrailleuses; elles lui représentaient à ce moment le dernier mot de la science diplomatique. Il voyait la Prusse écrasée, implorant la paix, et l'Europe émerveillée, si bien qu'il dédaignait les alliances : « Nous aurons, après nos victoires, disait-il, plus d'alliances que nous n'en voudrons. »

Je ne sais pas ce qu'était à ce moment l'opinion de M. Émile Ollivier; mais, même après nos désastres, il a toujours soutenu une idée que je lui ai entendu exprimer en juin 1884, chez le prince Napoléon. On causait de la guerre de 1870, et M. Émile Ollivier soutenait avec acharnement la thèse qu'avec un petit nombre d'hommes bien disciplinés, ayant de l'élan et surtout bien commandés, on peut avoir raison des plus grandes armées. C'est en vain que le prince Napoléon lui montrait que l'emploi des armes à tir rapide et à longue portée nécessitait l'adoption d'une tactique nouvelle, et que la victoire serait désormais plus que jamais assurée aux gros bataillons; M. Émile Ollivier refusait de se rendre. Avant le nombre, il faisait passer l'intelligence et le courage. Il est probable que, comme M. le duc de Gramont, il eût accueilli très froidement les informations de M. Rothan. Tout me porte à croire qu'il est resté dans les mêmes sentiments.

M. Rothan semble, à ce moment suprême de notre destinée, avoir rempli le rôle de Cassandre. On m'a rapporté cette anecdote qui est bien dans l'esprit du temps :

Le jeune agent diplomatique déjeunait, à la fin de juillet 1870, chez une jolie femme, alors fort à la mode, qui se plaisait à réunir à sa table des écrivains et des hommes politiques. Ce jour-là elle avait comme invités M. le baron Saillard, ancien attaché au cabinet de M. Rouher, M. Émile de Girardin, M. Ernest Baroche, et M. Tissot, depuis ambassadeur à Londres.

La conversation roula tout naturellement sur la déclaration de guerre. On en parla sur le ton du plus complet optimisme. C'était M. Émile de Girardin qui donnait le ton, et, comme lui, tous les convives voyaient déjà les Prussiens chassés au delà du Rhin à coups de crosse de fusil dans le dos.

— Et vous, monsieur Rothan, dit tout à coup la maîtresse de la maison, vous qui venez de là-bas, qu'en dites-vous?

— Moi, Madame, je dis que c'est la fin de l'Empire, répondit le jeune diplomate. La Prusse est puissante. Ce n'est pas une armée, c'est un peuple qu'elle pousse contre nous. Avant six mois, l'empereur sera captif, la dynastie perdue, la France en proie à l'invasion, et Paris peut-être à la guerre civile.

Mme D*** put lire ce reproche muet sur la physionomie de tous les invités : « Quel besoin aviez-vous de nous faire déjeuner avec ce Prussien? »

Depuis que M. Rothan est mort, on s'est habitué à lui faire une réputation de prophète. On a sans doute exagéré son langage ; mais l'attitude de ses compagnons de table n'a rien que de très vraisemblable. J'ai rencontré des sentiments du même ordre chez des gens réputés pour avoir le jugement sûr et la tête solide.

Le jour de la déclaration de guerre, le 18 juillet 1870, je fis la rencontre de M. Valette, l'éminent professeur de l'École de droit, qui sortait de la Chancellerie, où il venait de voir M. Émile Ollivier. C'est lui qui m'apprit que notre chargé d'affaires à Berlin avait reçu l'ordre de dénoncer au gouvernement prussien la rupture des relations diplomatiques.

— C'est fort bien, lui dis-je; mais au moins sommes-nous prêts?

— Baste! me répondit-il, les Français ont toujours battu les Prussiens. Nous les battrons encore plus sûrement, aujourd'hui que leur armée n'est plus qu'une sorte de garde nationale!

Le général Lebrun a écrit un volume sur notre histoire militaire de 1866 à 1870. Il était d'autant mieux placé, pour se rendre compte de la valeur de nos ressources, qu'il avait fait partie de la commission chargée de préparer le projet de loi concernant la réorganisation de l'armée, qu'il avait collaboré avec l'empereur à un plan de composition de l'armée française et que, comme aide-major général de l'armée du Rhin, il avait contribué à la formation de cette armée. Il serait à désirer que son ouvrage fût publié. Il montrerait à travers quelles difficultés multiples, le ministère de la guerre eut à se mouvoir pour envoyer à la frontière en quinze jours un maigre contingent de 235 000 hommes.

Sans doute, il ne manquait pas un bouton de guêtre. Mais ce qui nous faisait défaut, c'était un plan de mobilisation qui nous permît de devancer l'ennemi et de prendre l'offensive.

IV

LE GÉNÉRAL DE MONTAUBAN, COMTE DE PALIKAO

Il n'est pas inutile pour l'histoire de connaître les sentiments qui animaient le général de Montauban, comte de Palikao, pendant les jours qui ont précédé son accession au ministère de la guerre et à la présidence du conseil.

Si l'on en juge d'après certaines lettres qu'il écrivait à un de ses amis, M. le comte de Coëtlogon, ancien préfet de l'Empire, le futur ministre du 10 août devrait être rangé, comme le général Trochu, comme le général de Wimpffen, parmi les mécontents.

Dans ces lettres, la camarilla militaire, qui entourait l'empereur, est traitée sans aucun ménagement. Dès la première lettre, elle est signalée comme écartant systématiquement les généraux qui pourraient lui porter ombrage et qui se recommandent par leurs talents et par leurs services.

Quartier général à Lyon, le 18 juillet 1870.

... J'ai écrit deux lettres au ministre de la guerre et deux lettres à l'empereur pour qu'on ne me fît pas l'affront de me retirer en temps de guerre un corps d'armée (le 4e) que je commande depuis cinq ans.

Il m'a été répondu par Sa Majesté que le service que je lui rendrais en maintenant la tranquillité à Lyon serait au moins aussi utile que les services de guerre.

Je ne suis pas dupe d'une pareille réponse; la camarilla redoute ma concurrence à l'armée, là où la faveur du maître est obligée de s'arrêter devant les services rendus. Malgré l'opinion publique, malgré le désir de l'armée, je suis condamné à un rôle inactif, tandis que des généraux dont le nom n'est précédé d'aucun fait d'armes reçoivent des commandements en chef! Vous pouvez croire d'avance que tous ces commandements seront dévolus à des aides de camp de l'empereur.

Adieu, mon cher préfet, je n'ai pas le courage de vous en écrire plus long. Après m'avoir refusé le titre de maréchal pour le donner à Le Bœuf, on veut me mettre hors d'état de le conquérir par de nouveaux services.

Une seconde lettre est conçue en termes encore plus amers.

Lyon, le 21 juillet 1870.

Mon cher préfet,

Je vous remercie de votre bonne lettre du 20 juillet. L'on est heureux de trouver des sympathies chez des amis dans les mauvais moments. L'opinion publique et l'opinion de l'armée me vengent de mes ennemis; mais il est déplorable que de pauvres sentiments de jalousie et d'envie viennent se faire jour, quand il est question d'une guerre aussi sérieuse.

Les raisons qui m'ont empêché d'être nommé maréchal sont les mêmes qui aujourd'hui me tiennent éloigné de l'armée active.

Croiriez-vous, mon cher préfet, qu'un député de mes amis est allé au ministère, pour savoir les causes qui empêchaient de me donner un commandement que, depuis longtemps, l'opinion publique me décernait? Savez-vous ce qu'on lui a répondu? Que mon âge était le seul motif.

Vous me connaissez, et vous savez si j'ai conservé toute ma vigueur de corps et d'esprit!...

Puis on a ajouté : Employer un général âgé, ce serait blesser l'amour-propre des autres généraux qui sont plus âgés que le général de Montauban et qui sont compris dans ceux qui restent au service sans limite d'âge!

Voilà un mensonge des plus outrecuidants! Que l'on prenne l'*Annuaire* de 1870, et vous trouverez dans la même catégorie que moi quatre généraux : Schramm, Charon, Thiry et Dalesme.

Pas un d'entre eux n'est employé depuis plus de dix ans et le général Schramm a quatre-vingt-quatre ou quatre-vingt-cinq ans; le général Charon a une maladie tres grave de la vessie; le général Thiry est aveugle, et le général Dalesme ne peut sortir de son pays où vous avez pu le connaître, il y a dix ans. C'est un homme incapable du moindre service.

Quelle honte pour un gouvernement de se prêter à de pareilles intrigues!

J'ai... que vous m'avez envoyé; et s'il est reproduit dans d'autres journaux, il doit faire de l'effet dans l'opinion du pays.

Quant à l'histoire d'un commandement sur les côtes de

la Baltique, c'est très probablement encore un leurre pour calmer pendant les premiers moments l'opinion si justement indignée de la manière dont on traite les services que j'ai rendus.

Je ne crois donc à aucun dédommagement; si, par hasard, je me trompe, comptez, mon cher préfet, sur mon amitié pour vous et pour les vôtres.

Je vous serre la main.

GÉNÉRAL CH. DE MONTAUBAN.

Les passages suivants d'une troisième lettre montrent qu'on avait changé de tactique vis-à-vis du commandant de l'armée de Lyon; comme le général Trochu, on l'accusait d'être hostile au gouvernement impérial.

Quartier général de Lyon, le 25 juillet 1870.

... Tous mes amis sont comme vous, mon cher préfet, et comme personne ne veut croire aux sottes raisons données sur mon âge, on a recours à un motif non moins stupide.

On prétend que je suis un orléaniste!

Comprenez-vous quelque chose à de pareilles stupidités?

J'ai connu les princes d'Orléans en Algérie, et alors j'ai appris à estimer leur valeur et leur caractère; mais je n'ai jamais eu directement depuis 1848 aucune relation avec eux.

J'ai deux amis qui professent cette opinion, mais s'il fallait se brouiller avec tous ceux qui ont des sentiments politiques d'un autre nature que les nôtres, il faudrait renoncer à toute espèce d'amitié!

La véritable cause, je vous l'ai dite: j'ai contre moi, dans l'entourage de Sa Majesté, des jaloux et des envieux. Mais ils ont beau faire, ils ne parviendront pas à effacer mon nom de l'histoire, alors qu'on ne saura pas seulement s'ils ont vécu.

Quant au grand commandement de la Baltique, n'en croyez pas plus que moi, un seul mot. C'est une idée jetée par les journaux pour apaiser l'opinion publique, qui s'étonne, après tous les services que j'ai rendus, de me voir ainsi mis de côté.

Tout à vous.

CH. DE MONTAUBAN.

M. le comte de Coëtlogon, à qui ces lettres étaient adressées, était un préfet disgracié. Dans l'espoir de reconquérir une situation, il s'était attaché aux hommes du tiers-parti, et plus particulièrement à M. Latour-Dumoulin, député du Doubs. Il ne se cachait pas pour exprimer son peu de confiance dans la solidité du régime, et il s'en était expliqué avec moi à diverses reprises avec une franchise presque brutale.

C'est M. de Coëtlogon qui, après les défaites de Forbach et de Wœrth avait appelé l'attention des députés qui méditaient le renversement du cabinet Ollivier sur le commandant de l'armée de Lyon. Voilà comment il se fit que, dans la visite qu'ils rendirent à l'impératrice le 8 août 1870 pour réclamer le remplacement du ministère, les délégués de la réunion présidée par M. Jules Brame, en même temps qu'ils demandaient la nomination du général Trochu comme ministre de la guerre, proposaient le général de Montauban pour le commandement de l'armée chargée de couvrir Paris. Il était suspect au gouvernement, c'était un titre à leurs yeux.

Il est bien vrai, comme le déclare le général de Montauban dans ses lettres, qu'on lui avait refusé le bâton de maréchal de France pour le donner au général Le Bœuf. Le fait m'a été confirmé par le général Lebrun, qui a joué un rôle dans cette affaire et qui a pu me donner les vraies raisons mises en avant pour écarter du maréchalat le commandant de l'armée de Lyon.

Lors de l'expédition de Chine, l'empereur Napoléon III avait montré un véritable enthousiasme pour le courage déployé par cette poignée d'hommes qui avait mis en déroute les armées du Céleste Empire. La prise de Pékin lui apparaissait comme un fait comparable à la conquête du Mexique par Fernand Cortez. Aussi son premier mouvement fut-il de couvrir d'honneurs, d'argent et de dignités le général qui avait dirigé l'expédition. C'est, on se le rappelle avec un vif sentiment de dépit que Napoléon III, reculant devant l'opposition unanime du Corps législatif, avait retiré le projet de loi qui accordait une dotation au général qu'il venait de faire sénateur et comte de Palikao.

Depuis, l'empereur s'était refroidi. Le général de Montauban ne lui apparaissait plus à travers l'auréole de l'expédition de Chine; il ne voyait plus en lui qu'un simple divisionnaire qui avait eu, à son heure, son coup d'éclat.

Après la mort du maréchal Niel, le général de Montauban se mit sur les rangs pour le bâton qui était vacant. L'empereur, qui ne s'attendait pas à une pareille prétention de sa part, répondit d'abord par des paroles évasives. Mais le général devint de plus en plus pressant; il écrivit lettres sur lettres. L'empereur sentait bien qu'il n'y avait pas dans l'ancien commandant de l'expédition de Chine l'étoffe d'un maréchal de France; il était bien décidé à répondre par un refus. Mais, comme toujours, hésitant et incertain, il ne savait comment s'y prendre pour formuler une solution définitive.

A la fin, l'empereur crut devoir faire confidence de son embarras au général Lebrun qui était son aide de camp et en l'expérience de qui il avait la plus grande confiance. Le général Lebrun formula un avis très net et très fortement motivé.

—Sans doute, dit-il à l'empereur, la prise de Pékin est un fait d'armes des plus glorieux. Mais il est insuffisant pour que Votre Majesté s'écarte des règles suivies habituellement, quand il s'agit d'élever un général à la plus haute dignité militaire. Le général de Montauban a commandé en chef devant l'ennemi, mais le corps de troupes placés sous ses ordres constituait au plus une simple brigade. On ne peut juger, d'après ce fait unique, de son aptitude à commander soit une armée soit un corps d'armée. Je passe sur des antécédents qu'on a singulièrement grossis et dénaturés; je ferai cependant remarquer à l'empereur que le général de Montauban a reçu déjà la récompense du service rendu. L'empereur l'a fait comte de Palikao; il l'a envoyé au Sénat; de plus, pour l'indemniser de la dotation qui lui a été refusée par le Corps législatif, il lui a fait un don de 600 000 francs pris sur les fonds de l'indemnité chinoise. C'est là la menue monnaie du bâton de maréchal que le commandant de l'expédition de Chine ne pouvait recevoir. Ce que l'empereur n'a pas cru devoir faire alors, il ne peut pas le faire davantage aujourd'hui.

— Mais qui nommer? interrompit l'Empereur.

— Il y a, répondit le général Lebrun, un officier général qui se trouve, lui, dans une situation réglementaire. Il a commandé en chef l'artillerie de l'armée d'Italie et, sur ses états de service, sont inscrits plusieurs faits d'armes. De plus, l'empereur lui a confié des missions importantes. C'est le général Le Bœuf. Celui-là a tous les titres pour être promu au maréchalat.

L'empereur se rendit aux raisons de son aide de camp. Voilà comment le général Le Bœuf fut fait maréchal de France.

Comme le général Le Bœuf était, à ce moment,

ministre de la guerre, et qu'il ne pouvait contresigner sa propre nomination, le décret porte le contre-seing de M. Émile Ollivier, ministre de la justice.

En devenant ministre de la guerre, le général de Montauban recevait une large compensation; c'était bien plus qu'il n'avait osé espérer, lui dont toute l'ambition se bornait à obtenir le commandement soit d'un corps d'armée, soit même d'une simple division devant l'ennemi. Il devenait tout à coup le chef suprême de l'année, et il était mis en situation de déployer, dans la circonstance grave où l'on se trouvait, les grands talents militaires qu'on lui supposait.

La Chambre et le gouvernement de la Régence ont ouvert au général de Montauban un crédit en quelque sorte illimité. On lui a accordé tout l'argent et toutes les troupes qu'il a demandés. Il a, il faut le reconnaître, déployé une grande activité pour tirer parti de ce qui nous restait de forces disponibles; il a improvisé des régiments au moyen des éléments les plus disparates, il a armé les gardes mobiles, il a rassemblé des vivres et des approvisionnements, il a mis Paris en état de défense, il a formé le comité de défense des fortifications de Paris et il a pris les dispositions qui ont permis à la capitale de résister pendant cinq mois aux forces de l'ennemi.

Comme administrateur militaire, le général de

Montauban n'a pas failli à sa tâche, il l'a remplie largement. Mais il a voulu diriger l'armée, et lui tracer des plans de campagne; il n'a réussi qu'à prouver sa parfaite insuffisance.

Après la formation de l'armée de Châlons, il est décidé que cette armée, placée sous le commandement exclusif et immédiat du maréchal de Mac-Mahon, sera employée à couvrir Paris et que c'est à l'abri des forts qu'on attendra l'armée allemande.

Des décrets sont signés, des proclamations sont rédigées pour assurer l'exécution de cette mesure. M. Rouher, qui a été conférer avec l'empereur et avec le maréchal de Mac-Mahon, rapporte toutes ces pièces à Paris.

Aussitôt grand émoi dans le gouvernement de la Régence. « Ce serait un crime d'abandonner Bazaine! » s'écrie-t-on dans l'entourage de l'impératrice. Le général oublie que la tactique passe, en temps de guerre, avant la politique. Sous le coup de préoccupations purement dynastiques, il se met à tracer le plan que Napoléon III n'a pas qualifié trop sévèrement en écrivant à sir John Burgoyne que « c'était le plan le moins stratégique qui fut jamais. » En ordonnant la marche sur Metz, le général de Montauban a sa part de responsabilité dant les nécessités tragiques qui ont porté le maréchal de Mac-Mahon à aller l'engouffrer dans le coupe-gorge de Sedan.

L'homme politique a été encore au dessous du

soldat. Le ministre du 10 août n'a pas dû se faire d'illusions sur la solidité du gouvernement impérial. N'était-il pas le chef d'un cabinet qui s'était intitulé *ministère de la défense nationale*, préparant ainsi les voies au gouvernement qui sera inauguré le 4 septembre? Avait-il foi dans la possibilité de maintenir la Régence? Il est un peu difficile de le savoir. Sans mettre en doute sa loyauté, on peut admettre qu'il n'avait pas une idée bien nette de la situation. Quand il aperçut la réalité, il perdit complètement la tête. Il se proposa naïvement comme lieutenant général de la Régence et, deux heures après, il acceptait la déchéance de la Régence et de l'Empire.

V

LES INDISCRÉTIONS DES JOURNAUX

La presse française a profité, dans une certaine mesure, des leçons de 1870. On ne peut point dire que les journaux aient absolument abandonné leurs mauvaises habitudes d'indiscrétions ; trop souvent encore des faits relatifs à notre organisation militaire et à l'armement de nos troupes sont révélés par eux et portés à la connaissance de l'étranger, qui s'empresse d'en faire son profit. Mais de plus en plus il se rencontre des publicistes disposés à condamner, suivant l'expression de l'un d'eux, « cette monomanie de reportage inconscient, ignorant, puéril, accueillant sans examen toute nouvelle d'où qu'elle vienne ou où qu'elle aille, » qui peut produire les plus détestables conséquences. D'autres ont dit nettement : « cela est dangereux, cela est criminel et doit être puni. »

Déjà même on commence à formuler des dispositions législatives. Au mois de décembre 1888, la *République française* proposait les modifications suivantes à la législation sur la presse :

ARTICLE PREMIER. — En temps de paix, la presse est soumise au droit commun.

ART. 2. — En temps de guerre, il est interdit aux journaux de publier d'autres nouvelles militaires que celles qui ont été officiellement communiquées.

Tout directeur de journaux qui aura enfreint cette interdiction sera traduit, dans les vingt-quatre heures, devant un conseil de guerre, composé d'un sous-officier et de trois caporaux, et, après constatation de son identité, fusillé.

C'était excessif et, dans la plupart des cas, inapplicable. L'auteur d'un pareil projet était évidemment hanté par le souvenir des indiscrétions mortelles du 25 août 1870 ; mais d'autres légistes se sont arrêtés à des dispositions plus pratiques.

Dans une curieuse brochure : *l'organisation du pays en cas de guerre*, M. Pierre, secrétaire de la présidence de la Chambre des députés, a essayé de régler les droits et les devoirs de la nation, principalement en ce qui concerne la presse. Il a édicté toute une série de pénalités frappant les auteurs de révélations sur les mouvements de troupes en cas de guerre. Malheureusement, ces pénalités, dépourvues de tout caractère préventif, ne répareraient pas le mal, s'il était fait, et ne vengeraient pas la nation dont la sûreté se trouverait compromise.

La voie est ouverte; en cherchant bien, on trouvera mieux.

Mais un devoir incombe au gouvernement, lorsque la guerre est déclarée : c'est de ne pas laisser les imaginations s'égarer en privant le pays des nouvelles certaines et authentiques. En 1870, je ne saurais trop le répéter, le gouvernement de la Régence a laissé dire ce qu'il fallait taire, et a constamment cherché à dissimuler ce qu'il n'y avait aucun inconvénient à avouer.

En 1872, une dame qui, pendant la guerre, avait cherché un refuge en Suisse, me donna communication d'un petit cahier qu'il eût été fort intéressant de publier. Cette dame avait eu à sa disposition les journaux français et les journaux étrangers. Chaque jour, elle consignait dans son cahier, en les plaçant en regard les unes des autres, les dépêches françaises et les dépêches allemandes. C'était une sorte de journal de la campagne, où les incidents de guerre étaient notés au fur à mesure qu'ils se produisaient. En parcourant ce journal, tenu très fidèlement, on était tout de suite frappé d'un contraste entre la version française et la version allemande. Les dépêches émanées du quartier général de l'armée allemande disaient toujours la vérité; on la rencontrait rarement dans les dépêches communiquées aux journaux par le gouverneur de la Régence.

J'ai eu moi-même la preuve que le ministère du 10 août cherchait à donner le change au public. Le 1er septembre 1870, je sortais de la Bibliothèque du Corps législatif, et je traversais la salle des Quatre-Statues, quand je fus abordé par M. Busson-Billault, ministre-président du Conseil d'État. Il m'entraîna dans l'embrasure d'une croisée.

— Vous venez, me dit-il, pour savoir des nouvelles; je vais vous montrer celles que nous venons de recevoir. Voici un résumé des dépêches qui nous sont arrivées de sources différentes. Elles n'ont pas un caractère officiel; mais il y a entre elles une grande concordance.

M. Busson-Billault me donna alors lecture d'un récit fort entortillé, duquel il résultait que le maréchal de Mac-Mahon avait attiré les Allemands dans un angle formé par les remparts de Sedan et qu'il leur avait fait subir des pertes très sérieuses.

Ces dépêches portaient la date du 31 août 1870. Le soir, elles s'étalaient à la première page de tous les journaux.

Or, le 31 août, tout le cinquième corps, commandé par le général de Failly, avait été battu à Mouzon, et les dépêches allemandes avaient porté le fait à la connaissance du public. De plus, bien loin que les Allemands eussent été attirés sous les remparts de la forteresse, c'était le maréchal de Mac-Mahon qui, surpris d'avoir affaire à des forces qu'il ne soupçonnait pas être si près de lui, avait perdu la tête et s'était engouffré dans l'entonnoir de Sedan.

Toute la presse savait que nous marchions à un désastre, et les journaux de la Régence essayaient encore de faire croire à la possibilité d'une victoire.

On n'a droit d'imposer le silence à la presse que lorsqu'on est disposé à toujours dire la vérité au pays.

FIN.

TABLE DES MATIÈRES

APPENDICE

ERRATA

Page II, 15e ligne. — Au lieu de : *la question de réorganisation de l'armée*, mettre : *la question de la réorganisation de l'armée.*

Page XII, 4e ligne. — Au lieu de : *Frédéric-Guillaume*, mettre : *Guillaume Ier.*

Page XIV, 18e ligne. — Au lieu de : *Frédéric-Guillaume*, mettre : *Guillaume Ier.*

Page XVI, 6e ligne. — Au lieu de : *communications faites à Frédéric-Guillaume*, mettre : *communications faites au roi Guillaume.*

Page 8, 11e ligne. — Au lieu de 1869, mettre : 1867.

Page 27, 10e ligne. — Au lieu de : *juillet* 1873, mettre : *janvier* 1873.

Page 31, 21e ligne. — Au lieu de : *au mois de juin* 1870, mettre : *le* 25 *mai* 1870.

Page 33, 25e ligne. — Au lieu de : 17 *juillet* 1870, mettre : 27 *juillet* 1870.

Page 48, 10e ligne. — Au lieu de : *Ramès*, mettre : *Rancès.*

Page 48, 14e ligne. — Au lieu de : *Ramès*, mettre : *Rancès.*

Page 62, 6e ligne. — Au lieu de : 5 *juillet*, mettre : 6 *juillet.*

Page 71, 19e ligne. — Au lieu de : *suivre*, mettre : *serrer*.
Page 79, 17e ligne. — Au lieu de : 1878, mettre : 1879.
Page 80, 10e ligne. — Au lieu de : *une femme*, mettre : *ma femme*.
Page 100, 6e ligne. — Au lieu de : 12 *juillet*, mettre : 13 *juillet*.
Page 130, 6e ligne. — Au lieu de : *différents*, mettre : *indifférents*.
Page 154, 23e ligne. — Au lieu de : *sous-aide major général*, mettre : *aide major général*.
Page 165, 16e ligne. — Au lieu de : *avons*, mettre : *avions*.
Page 177, 4e ligne. — Au lieu de : *Pichon*, mettre : *Plichon*.
Page 195, 8e ligne. — Au lieu de : 14 *août*, mettre : 15 *août*.

Paris — Typ. Georges Chamerot, 19, rue des Saints-Pères. — 26768.

Paris. — Typ. G. Chamerot, 19, rue des Saints-Pères. — 26769.

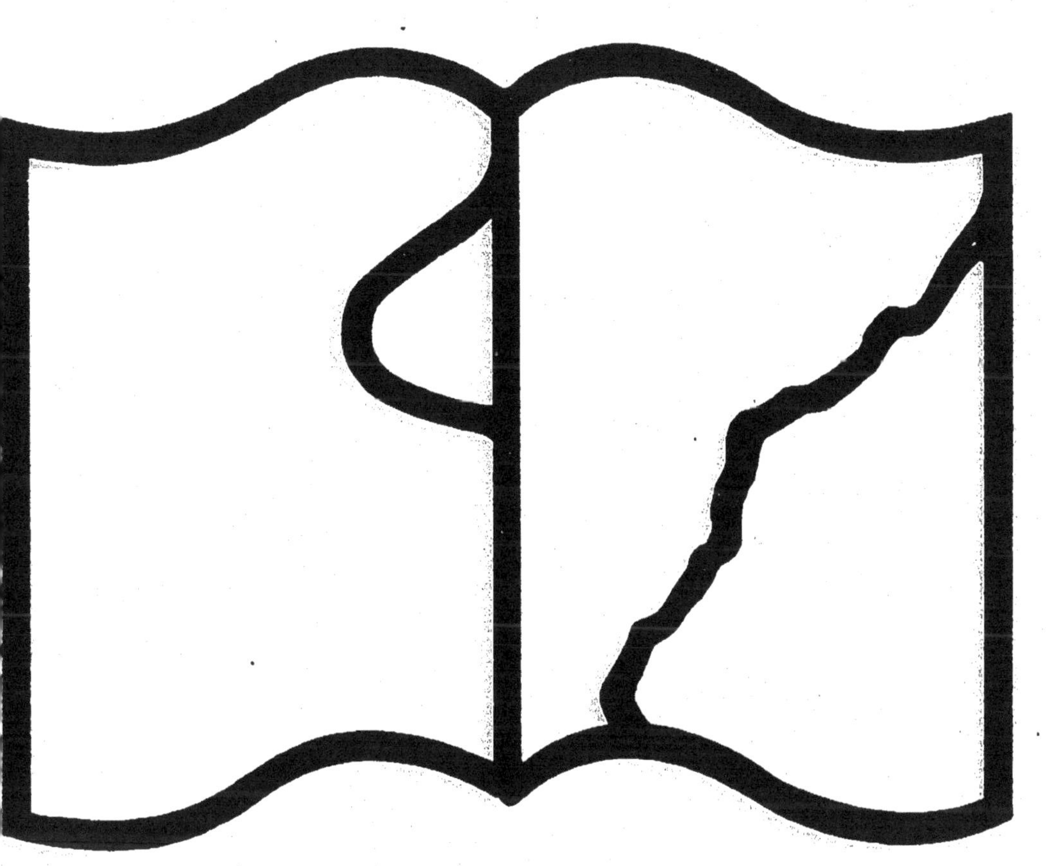

Texte détérioré — reliure défectueuse

NF Z 43-120-11

www.ingramcontent.com/pod-product-compliance
Ingram Content Group UK Ltd.
Pitfield, Milton Keynes, MK11 3LW, UK
UKHW012008240726
13965UKWH00001B/222